Guide de survie à l'usage des étrangers

Droit thaïlandais

Édition 2019

Warunee KADCHIANGSAEN

Avocate associée

Fondatrice du cabinet Themis Legal & Consulting

Copyright © 2018 Warunee KADCHIANGSAEN
All rights reserved.

ISBN-13: 978-1719420617

ISBN-10: 1719420610

À ma famille

qui a toujours été d'un grand soutien.

- INTRODUCTION 14
- LE SÉJOUR DES ÉTRANGERS 20
  - EXEMPTION DE VISA (MOINS DE 30 JOURS) 21
  - LE VISA À L'ARRIVÉE 27
  - LE VISA TOURISTIQUE (60 JOURS + 1 MOIS) 28
  - LE VISA TOURISTIQUE DE 6 MOIS (METV) 29
  - LE VISA NON IMMIGRANT O (90 JOURS) 30
  - LE VISA NON IMMIGRANT O 30
  - LE VISA NON-IMMIGRANT OA (LONG SÉJOUR) 34
  - VISA LONG TERME POUR CONJOINT ÉTRANGER 36
  - VISA NON IMMIGRANT B (VISA TRAVAIL) 36
  - LE VISA NON-IMMIGRANT ED (ÉTUDIANT, MOINE) 39
  - VISA NON-IMMIGRANT O-X (LONG SÉJOUR) 43
  - AUTRES TYPES DE VISAS 48
  - PERMIS DE RÉENTRÉE POUR LE VISA RETRAITÉ 50
  - LA NOTION DE PERMIS DE SÉJOUR (*PERMIT TO STAY*) 50
  - DISTINCTION ENTRE EXTENSION DE SÉJOUR ET PERMIS DE RÉADMISSION (*RE-ENTRY PERMIT*) 51
  - LE REPORTING DES 90 JOURS 52
  - FRONTIÈRES ET DÉCLARATION DES 90 JOURS ? 55
  - OVERSTAY 56
  - QU'EST-CE QUE LA CARTE ELITE ? 57
  - QU'EST-CE QUE LE TABIEN BAAN ? 58
  - QUELS AVANTAGES À POSSÉDER UN LIVRET ? 62
  - INCONVÉNIENTS DU *TABIEN BAAN* ? 63
  - COMMENT OBTENIR UN *TABIEN BAAN* ? 64
  - OBTENIR LA NATIONALITÉ THAÏLANDAISE ? 66
  - DÉMARCHES À SUIVRE UNE NATURALISATION 67
  - LA DOUBLE NATIONALITÉ EST-ELLE POSSIBLE ? 67
  - LA DEMANDE DE PERMIS DE TRAVAIL 69
  - COMMENT SE PRÉSENTE UN PERMIS DE TRAVAIL ? 72
  - L'EMPLOYEUR 73
  - LES DOCUMENTS 73

- Modifications d'un permis de travail....................77
- Sanctions en cas de travail sans permis 78
- Visa d'investissement 79

CRÉER UNE SOCIÉTÉ 80
- La création d'entreprise en Thaïlande..................80
- Domaines interdits aux étrangers 82
- Types d'entreprises autorisées 83
- Certification BOI 86
- L'actionnaire local majoritaire 86
- La Thai Limited Company 88
- Création d'une SARL (Thai Limited Company). 89
- Le compte bancaire de société 96
- Quel visa pour la création d'entreprise ?..............96
- Obligations déclaratives d'une SARL 97
- Les contrats écrits sont-ils exécutoires ?..............98
- Juridiction compétente en matière de droit des contrats..98
- La possibilité de l'arbitrage...................................99
- Recours contre une sentence arbitrale 99
- Action en justice dans le cadre d'un conflit commercial...100
- Où faire les demandes en justice ? 101
- Que doit contenir la demande ?..........................101
- Frais de justice 101
- Récupération des frais de justice........................102
- Durée d'un litige commercial 102
- Faire appel d'un jugement..................................102
- Sursis à exécution 103
- Rendre un jugement exécutoire 103

RECRUTER DU PERSONNEL 104
- Rechercher du personnel....................................105
- Les antécédents d'un candidat............................106
- Le choix contrat de travail ou de service 107

LE CONTRAT DE TRAVAIL	107
CONTRATS SPÉCIFIQUES	109
NOUVEAUX EMPLOYÉS	110
TEMPS DE TRAVAIL	111
SALAIRE	112
CHARGES SALARIALES	113
LE FONDS DE PRÉVOYANCE	115
PRÉAVIS POUR LICENCIEMENT	117
INDEMNITÉS LÉGALES DE LICENCIEMENT	117
INDEMNITÉS POUR RUPTURE INJUSTIFIÉE	119
REPORTING FISCAL	120

FISCALITÉ **122**
- IMPÔT SUR LE REVENU 123
- LE NUMÉRO D'IDENTIFICATION FISCALE 126
- DÉDUCTIONS FISCALES 126
- STATUTS PARTICULIERS POUR LES EXPATRIÉS 127
- LES DÉCLARATIONS DE REVENUS 128
- LE QUITUS FISCAL 128
- IMPÔT SUR LES SOCIÉTÉS 128
- (ภาษีเงินได้นิติบุคคล) 128
- IMPOSITION FORFAITAIRE DES SOCIÉTÉS ÉTRANGÈRES ... 129
- TVA (ภาษีมูลค่าเพิ่ม) 133
- PROCÉDURE D'APPEL EN MATIÈRE DE FISCALITÉ 135

ASSURANCES **136**
- SANTÉ 136
- IMMOBILIER 138
- AUTOMOBILES/DEUX-ROUES 139
- QUELLES EXCLUSIONS ? 145
- ASSURANCES POUR MOTOS 146
- QUE FAIRE EN CAS D'ACCIDENT ? 149

DISTINCTION PÉNAL ET CIVIL **153**
- LA DISTINCTION ENTRE CIVIL ET PÉNAL 153
- LES ACTIONS AU CIVIL 153

Les actions au pénal	154
La responsabilité civile	155
Le dépôt légal (ค่าฤชาธรรมเนียม)	156

PRÉJUDICES CORPORELS 158
Réparations pour préjudices corporels	158
Délai de prescription pour une demande en réparation	159
Indemnisation des blessures	159
Demande depuis l'étranger	159
Type de preuves exigé	160
Portée de l'indemnisation	160
Médiation extrajudiciaire des litiges	162

IMMOBILIER 163
Droit de la propriété	164
Administrations en charge de l'immobilier	165
L'usufruit	166
Le foncier constructible	167
Les diligences avant une acquisition	168
Existe-t-il des notaires en Thaïlande ?	174
Comment posséder une maison ?	175
Transférer la propriété d'une maison existante sans le terrain ?	175
La propriété via une société off-shore	177
Achat conjoint	178
Comment se passe un achat de bien immobilier ?	178
Acheter un bien immobilier avec des fonds locaux ?	182
Le prix de vente au *Land Office*	182
Rapatrier le produit d'une vente immobilière ?	183
Acquisition foncière par un conjoint thaï	183
La popularité du leasehold	185
Durée maximale du *leasehold*	187
Freehold contre *Leasehold*	190

- Différents titres de propriété foncière 191
- Les titres de propriété agricole 193
- Être copropriétaire en Thaïlande 197
- Titre de propriété pour une copropriété 199
- Immeubles d'appartements privés 199
- Les droits de mutation 200
- Qui paie les frais de transfert ? 201
- La taxe professionnelle spécifique 202
- Le droit de timbre 203
- Retenue à la source pour un particulier 203
- La retenue d'impôt pour des sociétés 203
- Taxation des plus-values immobilières 204
- Taxes sur le revenu locatif 207
- Dérogations pour posséder du foncier 208
- Quel système de sûretés ? 208
- Existe-t-il un système d'hypothèque ? 209
- Existe-t-il des crédits hypothécaires ? 210
- Structure d'un contrat de construction 211
- La taxation des biens immobiliers 212
- La collecte des taxes 214
- L'expulsion d'un locataire indélicat 215
- Quid de la TVA sur les loyers ? 215
- Quid de l'impôt engendré par le loyer perçu ? 215
- L'évolution de la taxation en cours 216
- Le droit de superficie 217
- Principaux contrats de location et de droit de superficie 218
- Le titre de copropriété 220
- Les servitudes 222
- La personne morale du condominium 223
- L'assemblée annuelle. 224
- Location 225
- Location courte durée 226
- Les charges du locataire 228

MARIAGE 231
LES PRINCIPES 231
QUI CÉLÈBRE LE MARIAGE ? 233
COMMENT PROTÉGER SES BIENS ? 233
L'ENREGISTREMENT DU MARIAGE 234
CONDITIONS POUR POUVOIR SE MARIER 234
L'ENREGISTREMENT DU MARIAGE 235
L'ENREGISTREMENT DU MARIAGE D'UN ÉTRANGER 236
TRANSCRIPTION D'UN MARIAGE EN DROIT FRANÇAIS 237
LES CONSÉQUENCES DE LA TRANSCRIPTION 237
LE CONCEPT DE DOT 238
LE CONTRAT DE MARIAGE 240
CONDITIONS POUR UN CONTRAT PRÉNUPTIAL 242
LES RÉGIMES MATRIMONIAUX 245
LA PROPRIÉTÉ MATRIMONIALE 246
PROPRIÉTÉ MATRIMONIALE OU COMMUNE 247
LA GESTION DES BIENS PENDANT LE MARIAGE 248
LE CAS SPÉCIFIQUE DES BIENS IMMOBILIERS 249
LES DETTES COMMUNES 251

FILIATION & ENFANTS 253
NAISSANCE 253
COMMENT DEVENIR THAÏLANDAIS ? 254
ENREGISTRER UNE NAISSANCE À L'AMBASSADE ? 254
RECONNAÎTRE UNE FILIATION À L'AMBASSADE ? 255
ENGAGER UNE RECONNAISSANCE EN PATERNITÉ ? 256
UN TEST ADN PEUT-IL ÊTRE IMPOSÉ ? 256
ADOPTION 256

DIVORCE 258
LA PROCÉDURE DE DIVORCE 259
QUI PEUT OBTENIR UN DIVORCE CONTESTÉ ? 262
LES MOTIFS DE DIVORCE CONTESTÉ ? 263
LE DÉPÔT DE LA DEMANDE DE DIVORCE 264
LE DÉPÔT DE LA REQUÊTE 265

- ABSENCE D'UNE PARTIE À L'AUDIENCE..................266
- LE PARTAGE DES BIENS COMMUNS........................266
- QUE FAIRE UNE FOIS LE DIVORCE PRONONCÉ ?............266
- CHANGER DE PROCÉDURE ? 267
- LA PRESTATION COMPENSATOIRE 267

GARDE DES ENFANTS..269
- QUI DÉCIDE DE LA GARDE DE L'ENFANT ? 269
- OBTENIR LA GARDE DE SES ENFANTS 271
- LES DROITS DE GARDE PRÉVUS 272
- LE SOUTIEN FINANCIER AUX ENFANTS 273

DÉCÈS ET SUCCESSION 276
- LES DÉMARCHES EN CAS DE DÉCÈS 276
- ORDRE D'HÉRITAGE SANS TESTAMENT.......................277
- LE TESTAMENT ET L'ORDRE DE SUCCESSION ? 278
- QUELLE DIFFÉRENCE AVEC LA FRANCE ?....................279
- LES DIFFÉRENTS TYPES DE TESTAMENTS ? 280
- QUI PEUT ÊTRE TÉMOIN D'UN TESTAMENT ? 281
- QUI PEUT ÊTRE EXÉCUTEUR TESTAMENTAIRE ?............282
- RÉDIGER UN TESTAMENT EN THAÏLANDE.....................283
- LES BIENS ACQUIS AVANT LE MARIAGE.......................285
- LES BIENS POSSÉDÉS À L'ÉTRANGER..........................285
- LES DROITS DE SUCCESSION 286
- SUCCESSION POUR DES BIENS IMMOBILIERS DÉTENUS PAR UN ÉTRANGER 288
- SUCCESSION POUR UN BIEN EN COPROPRIÉTÉ 288
- HÉRITAGE DES BAUX DE TYPE *LEASEHOLD*...................289
- UNE SOCIÉTÉ PEUT-ELLE POSSÉDER UN BIEN FONCIER ? .290
- HÉRITAGE ET CONTRÔLE DE « SOCIÉTÉ AD HOC »..........291
- SUCCESSION POUR UN HÉRITIER MINEUR 292
- DÉSIGNATION D'UN TUTEUR.......................................294

DOUANES 296
- LES RÈGLES DE DOUANE DU ROYAUME. 296
- PEUT-ON IMPORTER DES ANIMAUX ? 297

- L'IMPORTATION DES DEVISES 299
- L'EXPORTATION DE DEVISES 299
- LES IMAGES DE BOUDDHA 300

LA CONDUITE 301
- CONDUIRE UNE VOITURE 301
- LES RESTRICTIONS 302
- CONDUIRE UNE MOTO 303
- CONDUITE SOUS L'EMPRISE DE L'ALCOOL 303

PRINCIPAUX PROBLÈMES PÉNAUX 305
- UN ÉTRANGER PEUT ENFREINDRE UNE LOI SANS EN ÊTRE CONSCIENT. 305
- VOL À L'ÉTALAGE 306
- LE CRIME DE LÈSE-MAJESTÉ 306
- L'ÂGE DE CONSENTEMENT 308
- RISQUES EN MATIÈRE DE STUPÉFIANTS 309
- MÉDICAMENTS ET SUBSTANCES ILLICITES 312
- LES STÉROÏDES ANABOLISANTS 314

CONCLUSION 315
- GLOSSAIRE 317

LES BUREAUX DE L'IMMIGRATION 322

INTRODUCTION

Pendant ma pratique juridique en tant qu'avocate francophone, j'ai souvent pu constater chez de nombreux étrangers vivant en Thaïlande, une réelle ignorance des règles basiques du droit thaïlandais. Une méconnaissance qui pouvait parfois entraîner des conséquences très fâcheuses comme la perte d'un patrimoine, une expulsion du pays ou, dans certains cas, de lourdes condamnations par les tribunaux.

Si nul n'est censé ignorer la loi, quand celle-ci est écrite dans une langue que l'on ne maîtrise pas, la loi devient vite un labyrinthe aussi inquiétant que dangereux.

Souvent, un citoyen étranger va prendre des décisions en se basant sur le bouche-à-oreille ou sur la rumeur, c'est-à-dire sur des informations peu fiables que lui auront généralement données d'autres expatriés. Mon expérience m'a appris que ces informations s'avèrent souvent inexactes, incomplètes ou périmées.

Cette approche en amateur peut se révéler à l'expérience très coûteuse. Bien sûr, un avocat vous dira, à raison, que la solution idéale est toujours de consulter un cabinet d'avocats thaïlandais compétent, du moins chaque fois que l'on se trouve confronté à un problème juridique. Il vous prouvera, exemples à l'appui, que les petites économies se traduisent souvent par de grandes pertes.

Dans la réalité, nous savons tous que pour des raisons financières et parfois simplement de délais, cela n'est pas toujours possible.

Il m'est alors apparu que la meilleure façon de contribuer à une meilleure connaissance du droit thaïlandais, et donc à un meilleur respect de ce droit, était de rédiger un guide pratique de droit thaï à l'usage du public francophone. Un guide de survie qui pourrait éclairer les lecteurs sur les principales questions auxquelles une personne expatriée peut être confrontée dans sa vie quotidienne en Thaïlande.

Ce guide n'a donc aucunement la prétention de constituer une somme académique et exhaustive sur le droit thaïlandais, sa généalogie, sa jurisprudence et son fonctionnement. Il faudrait des milliers de pages pour espérer y parvenir : une lecture fastidieuse qui découragerait plus d'un lecteur.

L'ambition de ce guide est plus modeste. Elle est simplement de répondre avec pragmatisme aux principales questions pratiques auxquelles un étranger risque d'être confronté en Thaïlande et ceci dans les domaines les plus courants : le séjour des étrangers, l'immobilier, la fiscalité, la famille (mariage, enfants, divorce), le travail, la santé, la constitution de sociétés, l'héritage.

Le droit n'est pas une langue morte. C'est une matière vivante en constante évolution et les mises à jour, aussi fréquentes soient-elles, ne suivent qu'avec retard une inflation législative qui n'épargne malheureusement pas la Thaïlande.

C'est en particulier le cas pour les lois concernant le séjour des étrangers en Thaïlande — un domaine où les changements sont particulièrement fréquents selon que les autorités adoptent successivement une politique de restriction ou d'ouverture.

Par ailleurs, si la loi est la même sur tout le territoire, son interprétation est plus ou moins stricte selon les juridictions. Ainsi, une certaine souplesse existe dans l'interprétation de la loi selon les provinces et les villes. Il arrive fréquemment que des pièces soient exigées lors de certaines procédures dans une ville et pas dans une autre.

Enfin, un guide est toujours un ouvrage de simplification du réel qui ne peut prétendre sur un peu plus de trois cents pages couvrir toute la gamme des situations possibles avec toutes leurs particularités et leurs exceptions.

Je ne saurais que trop recommander au lecteur de consulter un avocat pour les questions auxquelles il est confronté et qui sont souvent plus complexes que les situations académiques que l'on peut aborder dans un guide.

Pour les Francophones qui possèdent quelques notions juridiques, le droit thaï présentera indéniablement certaines familiarités. À la différence des anciens pays colonisés par des puissances occidentales, la Thaïlande n'a pas hérité en bloc du système juridique de l'ancien colonisateur (la *common law* pour les anciennes colonies britanniques et le droit civil pour les anciennes colonies des pays d'Europe continentale comme la France, la Belgique ou les Pays-Bas).

Si la Thaïlande se targue, non sans une certaine fierté, de n'avoir jamais été une colonie européenne, elle a cependant largement puisé dans la modernité européenne et son système juridique a été profondément influencé par l'Europe.

Soucieux de moderniser le droit traditionnel, les souverains thaïlandais successifs se sont ainsi largement inspirés des systèmes juridiques européens pour moderniser leur droit traditionnel et construire un cadre juridique moderne qui est une synthèse à prédominance civile entre plusieurs influences.

La première est basée sur la tradition issue de l'ancien code hindou de Manu, modifié pour se conformer à la coutume locale.

Par la suite, notamment au cours du XIXe siècle, le système juridique siamois a subi l'influence du système de droit civil français s'organisant principalement autour d'un corpus de codes majeurs ressemblant à ceux des juridictions de droit civil européen.

Enfin, des influences de *common law* lui ont donné, sur certains aspects, une patine britannique.

Les principaux codes législatifs qui régissent le pays sont le Code civil et commercial, le Code pénal, le Code de procédure civile, le Code de procédure pénale, le Code des impôts et le Code foncier. L'ensemble constitue un corpus législatif proche du système civil que l'on trouve en France, en Belgique ou en Suisse.

Les lois sont rédigées en termes généraux, en particulier pour les activités commerciales. Des pouvoirs étendus sont ensuite délégués aux ministères qui sont habilités à émettre des décrets ou des réglementations pour en préciser les termes et les contours.

Les cours de justice appartiennent à trois niveaux hiérarchiques : les tribunaux de première instance (Sarn Chunton) ; les cours d'appel (Sarn Uthorn) et la Cour suprême (Sarn Dika).

1) Le Tribunal de première instance (Sarn Chun-Ton ou *ศาลชั้นต้น*) est composé de nombreux tribunaux répartis dans tout le territoire, chacun ayant une juridiction géographique distincte dans laquelle il se prononce sur différents types de litiges. En règle générale, une plainte civile doit être soumise au tribunal dans lequel le défendeur est domicilié, ou au tribunal de la zone dans laquelle la cause de l'action en justice est née, indépendamment du domicile du défendeur.

2) La Cour d'appel (Sarn U-Thorn ou *ศาลอุทธรณ์*) est une juridiction du seconde degré. Elle a compétence pour examiner et juger les recours contre les arrêts des tribunaux de première instance.

3) La Cour suprême (Sarn Dika ou *ศาลฎีกา*) est la plus haute juridiction thaïlandaise. Elle examine les recours contre les jugements des tribunaux inférieurs, généralement ceux de la Cour d'appel.

Toutefois, les jugements des tribunaux spécialisés, tels que le Tribunal du travail, le Tribunal de la propriété intellectuelle et du commerce international, le Tribunal des faillites ou le Tribunal des impôts, peuvent également faire l'objet d'un recours direct devant la Cour suprême.

Par ailleurs, comme nous l'avons dit, il existe des tribunaux distincts pour les mineurs, le travail et les impôts ainsi qu'un certain nombre de tribunaux spécialisés concernant la propriété intellectuelle, le commerce international et les faillites.

Toutes ces juridictions spécialisées ont été créées en vertu de législations propres et elles fonctionnent selon des procédures spécialisées que nous n'aborderons pas ici.

Enfin, comme en France, la constitution thaïlandaise établit un système distinct de justice administrative en charge des questions de droit administratif et de contrats administratifs.

Les questions gouvernementales et constitutionnelles sont pour leur part traitées par la Cour constitutionnelle, équivalent au Conseil constitutionnel français.

Quant aux tribunaux militaires, ils ont notamment été créés pour juger les affaires militaires pénales.

Dans toutes ces cours, les décisions sont prises par des magistrats professionnels. En effet, il n'existe pas en Thaïlande de système de jury populaire comme celui popularisé par les séries télévisées américaines. Un système que l'on retrouve également dans les cours d'assises françaises.

L'arbitrage — une forme de justice privée acceptée par les parties — est également accepté pour faciliter le règlement des différends.

En vertu de la loi sur l'arbitrage, B.E. 2545 (2002), l'accord écrit des parties pour arbitrer un différend a force exécutoire par les cours de justice ou les tribunaux administratifs. Les parties à un accord peuvent ainsi convenir de soumettre certains types de différends à une procédure d'arbitrage. Si un litige survient et qu'une partie porte l'affaire en justice, l'autre partie a le droit de s'y opposer. Dans ce cas, la Cour refusera d'entendre et de juger l'affaire. Elle ordonnera aux parties de régler le différend par la procédure d'arbitrage, conformément aux termes de leur accord initial.

La loi sur l'arbitrage prévoit également que les tribunaux peuvent appliquer des sentences arbitrales étrangères si les parties en cause ont le droit de se prévaloir des termes de conventions internationales pertinentes et valides.

Pour faire exécuter une telle sentence, la Cour exigera que le requérant soumette à titre de preuve les originaux ou des copies certifiées conformes des originaux, ainsi que des traductions en thaï de l'accord et de la sentence arbitrale.

Dans les faits, ce sont surtout les entreprises qui seront concernées par l'arbitrage.

Enfin, quel que soit le domaine juridique concerné, il est très important de garder à l'esprit que les lois thaïlandaises comportent beaucoup de **périodes de prescription**.

Il faut souvent ne pas tarder à introduire une action en justice, sous peine de voir celle-ci invalidée parce que trop tardive. Il n'est pas rare de voir des parties déboutées parce qu'elles ont été trop lentes à réagir, prenant trop de temps de réflexion avant de se résoudre à engager une action en justice.

LE SÉJOUR DES ÉTRANGERS

Tout étranger vivant en Thaïlande doit se soumettre aux règles sur le séjour des étrangers.

Le droit sur le séjour des étrangers est soumis à des injonctions parfois contradictoires combinant une grande ouverture pour les séjours touristiques courts — ouverture qui permet de consolider le succès d'un secteur touristique en croissance rapide qui constitue 16 % du PIB — et une approche prudente, voire frileuse, pour les visas de long séjour afin d'éviter une immigration de masse irréversible.

Les autorités souhaitent conserver la liberté de modifier les règles quand elles le désirent. Elles ne veulent pas se retrouver à devoir gérer une population étrangère importante et hors de contrôle.

Il faut garder à l'esprit que le principe de préférence nationale, très discuté en Europe, est une réalité dans la législation de la Thaïlande.

En conséquence, les permis de résidence sont le plus souvent annuels. Le concept de carte de séjour pluriannuelle est quasi-inexistant en Thaïlande.

Par ailleurs, un contrôle régulier — tous les 90 jours — continue à être exercé via un pointage à l'immigration. Ceci, quel que soit le type de visa.

Enfin, les autorités sont animées par le souci constant de protéger les Thaïlandais d'une concurrence étrangère vue parfois comme une menace.

Cette préférence entend limiter une concurrence au niveau du travail et ne pas imposer de fardeau économique au pays : les étrangers ne peuvent travailler qu'à certaines conditions et dans des secteurs prédéfinis ; leur permis de travail est lié à un employeur et à un emploi ; ils doivent pouvoir subvenir à leurs besoins.

Cette préférence existe également pour l'immobilier afin de freiner la spéculation et de limiter l'effet d'éviction des locaux face à des acheteurs étrangers au pouvoir d'achat souvent supérieur.

Cette schizophrénie se traduit par un nombre croissant de touristes étrangers bénéficiant d'une dispense de visa pour de courts séjours. Ainsi ceux venus de l'Union européenne ou du Canada seront exemptés de visa s'ils restent moins de 30 jours.

Par contre, sur d'autres aspects, les règles se sont nettement durcies avec une limitation du contournement des règles (visa run) et des sanctions plus sévères pour les dépassements de visa. On parle couramment d'overstay ou en thaï de *อยู่เกินกำหนดระยะอนุญาต*.

Malgré ces évolutions, il est rare qu'un étranger qui remplit les conditions et suit les règles se voie refuser un visa de long séjour. Le respect des procédures est souvent la garantie d'obtenir l'autorisation recherchée. Globalement, l'administration thaïlandaise fonctionne plutôt bien et elle est souvent très légaliste.

Pour un étranger souhaitant rester plus de 30 jours, il existe plusieurs types de visas, dont le visa touristique, le visa non immigrant, le visa de travail, le visa famille, le visa retraire et le visa étudiant.

Généralement, les documents demandés sont à présenter uniquement sous forme de format A4 et dans l'ordre demandé par les ambassades/consulats/service de l'immigration.

Les photocopies doivent être de bonne qualité, il arrive que des photocopies couleur soient exigées.

Exemption de visa (moins de 30 jours)

Tout visiteur doit être muni d'un passeport d'une validité de 6 mois minimum à sa date d'entrée en Thaïlande.

Le voyageur remplit un formulaire (Arrival-Departure Card, également connue sous le nom TM 6) qui lui est remis dans l'avion et qui comporte deux volets (un pour l'arrivée et l'autre qui sera conservé jusqu'au départ de Thaïlande).

Le volet *Arrival* dûment rempli sera conservé par la police des frontières. Le tampon dans le passeport à l'arrivée n'est pas un visa, mais une exemption de visa.

Les ressortissants des pays suivants peuvent en bénéficier pour un séjour touristique de moins de 30 jours :

Afrique du Sud, Allemagne, Australie, Autriche, Belgique, Brésil, Bahreïn, Brunei, Canada, Danemark, Espagne, Finlande, France, Grèce, Hong Kong, Islande, Indonésie, Irlande, Israël, Italie, Japon, Corée du Sud, Koweït, Luxembourg, Malaisie, Monaco, Nouvelle-Zélande, Norvège, Oman, Pays-Bas, Pérou, Philippines, Portugal, Qatar, Singapour, Suède, Suisse, Turquie, Émirats arabes unis, Royaume-Uni, États-Unis, Vietnam.

Il est possible d'obtenir une extension de séjour en quittant le territoire et en y revenant à l'issue de la durée du séjour :

Si vous rentrez de nouveau en Thaïlande par voie terrestre vous bénéficierez d'une autorisation de séjour de 30 jours (et non plus 15 jours comme avant), mais contrairement à la situation antérieure, vous ne pourrez le faire que 2 fois par an.

Cette mesure vise clairement à lutter contre la pratique des visas run (วีซ่ารัน) qui consiste à faire une sortie-entrée de Thaïlande pour obtenir ainsi une nouvelle exemption de visa.

En arrivant en Thaïlande par avion, les ressortissants des 45 pays précités obtiendront leurs 30 jours d'exemption de visa, quel que soit le nombre de fois où ils sont déjà venus dans l'année.

Toutefois, depuis 2015, il est interdit de prolonger son séjour en profitant des facilités des exemptions de visas pour plus de 90 jours par période de 6 mois. La durée totale du séjour en Thaïlande, dès lors qu'il a été obtenu sans visa, ne peut excéder 90 jours sur une période de 6 mois.

Par conséquent, le voyageur qui a déjà un tampon récent dans son passeport au moment de franchir une frontière thaïlandaise peut se voir refuser l'entrée s'il dépasse cette limite.

En cas de dépassement de la durée accordée par le visa ou par l'exemption de visa (overstay), la sanction s'est longtemps limitée à une amende de 500 bahts par jour de dépassement (avec une amande maximum de 20 000 bahts pour 40 jours). L'amende devait être réglée au moment du départ au guichet au contrôle des passeports de l'aéroport et les sanctions s'arrêtaient là.

Récemment, la politique a changé et les sanctions pour dépassement de visa ont été considérablement alourdies, avec la mise en place d'une liste noire des personnes en situation irrégulière.

Des peines additionnelles d'interdiction de territoire ont été mises en place.

Extension du visa de 30 jours

Si vous êtes entrée en Thaïlande dans le cadre d'une exemption de visa, vous pouvez demander une extension de 30 jours en faisant une demande dans un bureau de l'immigration thaïlandais.

Pièces à fournir pour l'extension du visa de 30 jours

1. Le passeport.

2. Un formulaire dûment rempli

3. Une photo d'identité en couleur

4. Une copie de la page principale du passeport (celle avec la photo d'identité)

5. Une copie de la *Departure Card* — TM6 (le volet blanc agrafé au passeport qui a été tamponné par l'immigration lors de l'entrée en Thaïlande)

6. Une copie de la page du passeport où se trouve le tampon du visa de 30 jours

7. Le formulaire rempli *Application For Extension of Temporary Stay In The Kingdom*, que vous trouverez au bureau de l'immigration.

Le demandeur devra indiquer son adresse en Thaïlande, il devra donc se munir des coordonnées de son lieu de résidence (hôtel ou autre).

Le coût de cette extension est de 1900 bahts.

Attention à ne pas vous y rendre un jour férié (liste en annexe pour 2018). Globalement, les lundi et vendredi sont les jours les plus fréquentés.

Les principaux centres d'immigration du pays sont les suivantes :

Bangkok

Immigration Division 1 Immigration Bureau Bâtiment B 120 Mu 3 Chaeng Watthana Soï 7, Thung Song Hong, Laksi *กองบังคับการตรวจคนเข้าเมือง 1 อาคาร บี เลขที่ 120 หมู่ 3 ถนนแจ้งวัฒนะ แขวงทุ่งสองห้อง เขตหลักสี่ กรุงเทพมหานคร* **10210 adresse en thaï**

Tél. : 02141-9889

Lundi-vendredi : 8 h 30–16 h30, pause : 12 h–13 h

Le bureau de l'immigration est éloigné loin du centre-ville de Bangkok et proche de l'aéroport de Don Muang.

Le plus simple pour s'y rendre est de prendre le BTS pour Mo Chit ou le MRT pour Chatuchak Park, puis de prendre un bus ou un taxi.

Des minivans partent du parc de Chatuchak jusqu'à Chaeng Wattana pour 25 bahts.

Ils sont identifiables avec le signe suivant :

ต10 "จตุจักร-ปากเกร็ด"

Le trajet en taxi de Mo Chit au bureau de l'immigration prend environ 20 minutes et il coûte environ 100 bahts.

Un taxi depuis le centre de Bangkok (Sukhumvit) reviendra à environ 300 bahts.

Quand vous pénétrez dans le vaste complexe administratif de Chang Wattana, les bureaux de l'immigration sont situés dans le bâtiment le plus éloigné de la rue. Assurez-vous que le taxi vous y dépose et ne s'arrête pas à l'entrée du complexe. Généralement, les taxis sont habitués à cette course.

Si vous vous retrouvez au début de la rue, vous pouvez toujours prendre un taxi-moto pour environ 20 bahts.

Peu d'étrangers savent qu'il est également possible de rejoindre ce complexe par le train. En effet, la gare de Lak Si est située au début de Chang Wattana Road et à seulement 5 minutes en taxi-moto du bureau de l'immigration.

Vous pouvez prendre un train depuis la gare de Hua Lampong près de Chinatown, ou de la gare de Bang Sue dans le quartier de Chatuchak.

Les trains quittent Hua Lampong à 8 h 20, 8 h 30, 9 h 25, 10 h 5, 10 h 50, 11 h 20, 11 h 40, 12 h 55 et 14 h 5, cet horaire est la dernière option, car le bureau de l'Immigration ferme à 16 h.

Les trains partent de Hua Lampong et s'arrêtent à la gare de Bang Sue vingt minutes plus tard avant de continuer jusqu'à la gare de Lak Si. Comme souvent en Thaïlande, le train est lent, il met entre 30 minutes et une heure pour atteindre Lak Si.

Les deux gares (Hua Lampong et Bang Sue) sont également connectées au réseau du MRT. Un billet de Hua Lampong ou Bang Sue jusqu'à la gare de Lak Si coûte 20 bahts.

Depuis la gare de Lak Si, vous devrez prendre un taxi-moto jusqu'au bureau de l'immigration, ce qui vous prendra environ 5 minutes.

Pattaya

Bureau d'immigration de Pattaya :

Soï 5 Moo 12, Jomtien beach Rd, Nongprue, Banglamung, Chonburi 20150.

Sur la route de plage de Jomtien, après le poste de police de Dongtan, tournez à gauche sur le Soï 5. Après environ 300 m, le bureau de l'immigration se trouve sur la droite.

Tél. : 038 252 750 — Fax : 038 252 751

Horaires : de 8 h 30 à 16 h 30 (du lundi au vendredi)

Phuket

Phuket Immigration Office

482 Phuket Road, Muang Phuket 83000

Tel.:   076 340 477

Fax: 076 212 108

Email: info@phuketimmigration.com

Hua Hin

Bureau de l'immigration à Hua Hin (Singkorn)

17/26 Hua Hin 21 Alley, Tambon Hua Hin, Amphoe Hua Hin, Chang Wat Prachuap Khiri Khan 77 110

Horaires : 8 h 30 – 12 h, 13 h – 16 h 30

Téléphone : 032 522 656

Beach road près de 19 Rai Queen Sirikit Park.

Tél. : +66 32-526556.

Le bureau est situé en bord de mer dans la zone connue localement sous le nom de 19 Rai. Un lieu qui est souvent utilisé pour de grands concerts et pour les marchés.

Pour se repérer, il y a une aire de jeux pour enfants située en face du nouveau bureau.

Depuis le 9 mai 2017, une antenne est ouverte au centre commercial Bluport Resort Mall sur Petchakasem Road.

Le bureau se trouve au sous-sol sous l'entrée principale et est ouvert du lundi au vendredi de 10 h à 18 h.

Le visa à l'arrivée

Le VISA ON ARRIVAL permet aux détenteurs de passeport de 19 pays (liste ci-dessous) d'entrer en Thaïlande à condition qu'ils répondent aux exigences suivantes :

- La visite est strictement à finalité touristique.
- Le passeport doit être authentique et valide pendant au moins 30 jours.
- Le demandeur doit avoir une adresse valide en Thaïlande c'est-à-dire que le lieu de villégiature (hôtel ou appartement) doit pouvoir être vérifié.
- Le demandeur doit justifier d'un billet de retour par avion confirmé dans les 15 jours suivant l'entrée. Les billets open ne sont pas acceptés, ni les sorties par voies terrestres en train, bus, etc. vers le Cambodge, le Laos, la Malaisie (y compris en route vers Singapour), le Myanmar. En l'absence de billet, l'entrée en Thaïlande sera probablement refusée.

- Le demandeur possède au moins 10 000 bahts par personne et 20 000 bahts par famille pour le séjour en Thaïlande.
- Une photo d'identité en couleur 6x8 cm sera exigée. Des frais de 2 000 bahts sont demandés. Ils sont payables en espèces et en monnaie thaïe à l'entrée et sont sujets à changement sans préavis.

Il est à noter qu'un service de « Demande en ligne de visa à l'arrivée » est désormais disponible uniquement pour les passagers arrivant en Thaïlande via l'aéroport de Suvarnabhumi.

La demande en ligne peut être faite à l'avance sur le site :

https://extranet.immigration.go.th/voaonline/voaonline/VoaonlineAction.do

Liste des pays éligibles au visa à l'arrivée :

Andorre, Bulgarie, Bhoutan, Chine, Chypre, Éthiopie, Fidji, Inde, Kazakhstan, Lettonie, Lituanie, Maldives, Malte, Maurice, Ouzbékistan, Papouasie Nouvelle-Guinée, Roumanie, Saint-Marin, Arabie Saoudite, Taïwan, Ukraine.

Le visa touristique (60 jours + 1 mois)

Le visa touristique est valable 3 mois après la date de dépôt du dossier. Il donne le droit à un séjour de 60 jours à partir de la date d'entrée en Thaïlande.

Attention, une fois que le titulaire a quitté le territoire thaïlandais, le visa est annulé automatiquement. Ceci même si le demandeur n'a passé qu'une seule journée en Thaïlande.

Comme pour l'exemption de visa, le visa touristique peut être prolongé pour 1 mois supplémentaire dans un des services d'Immigration moyennant 1900 bahts sans sortir du pays. Cela explique que l'on parle de visa 60 jours + un mois.

Les pièces à fournir pour le visa touristique sont :

1. Le passeport (original et photocopie). Le passeport doit être valable au minimum 6 mois à partir de la date de départ.

2. Un formulaire dûment rempli.

3. Une photo d'identité en couleur.

4. Une photocopie de titre de séjour (uniquement pour les titulaires de titre de voyage).

5. Une photocopie de la réservation de billet d'avion avec les détails (billet pour l'entrée et la sortie du territoire thaïlandais dans un délai inférieur à 90 jours).

6. Une photocopie du justificatif financier. Par exemple un relevé de compte bancaire récent avec un solde créditeur minimal de 1000 € (le relevé bancaire imprimé sur Internet n'est pas recevable, à moins d'être signé et tamponné par la banque) ou une attestation bancaire.

7. La somme de 30 € (uniquement en espèces)

Le visa touristique à multiples entrées est disponible pour les personnes de toutes les nationalités résidant légalement en France.

Le visa touristique de 6 mois (METV)

La validité du visa est de six mois et la durée du séjour est de soixante jours par visite.

1. Le passeport (original et photocopie). Le passeport doit être valable au minimum 6 mois à partir de la date du départ.

2. Un formulaire dûment rempli (3 exemplaires pour les pays suivants : Algérie, Afghanistan, Arabie Saoudite, Bangladesh, Chine, Corée du Nord, Égypte, Inde, Irak, Iran, Libye, Liban, Maroc, Népal, Nigéria, Pakistan, Palestine, Soudan, Syrie, Sri Lanka, Tunisie, Yémen).

3. Un justificatif de domicile.

4. Une photo d'identité couleur pour chaque formulaire.

5. Pour les étrangers hors UE : une photocopie du titre de séjour valide.

6. Une attestation de travail de votre employeur, ou un extrait K-Bis si vous êtes votre propre employeur.

7. Une photocopie de la réservation du billet d'avion avec les détails pour le premier séjour, la mention des aéroports de départ et d'arrivée en Thaïlande. Chaque séjour sur place ne doit pas excéder 60 jours.

8. La réservation de l'hôtel pour le premier séjour (celui-ci doit représenter au moins la moitié du séjour).

9. Les relevés bancaires des 6 derniers mois avec un solde créditeur minimum de 5000 euros pour chaque mois.

L'original d'une attestation bancaire justifiant le solde créditeur demandé pendant une période de six mois. L'exemplaire du relevé bancaire imprimé sur Internet n'est pas recevable à défaut d'être signé et tamponné par la banque.

10. La somme de 150 € (uniquement en espèces).

Le visa non immigrant O (90 jours)

Le visa non immigrant O ne permet pas de travailler et ne donne droit qu'à une seule entrée sur le territoire thaïlandais pour un séjour de 90 jours.

Toute sortie du territoire entraîne l'annulation du visa et requiert une nouvelle demande de délivrance pour pénétrer à nouveau sur le territoire thaïlandais.

Le titulaire de ce visa peut prolonger ou changer de type de visa au service de l'immigration après son entrée en Thaïlande.

Le visa non immigrant O

Il est destiné aux personnes.

1. Ayant une famille thaïlandaise.

L'époux/épouse en cas d'union par le mariage.

La Thaïlande ne reconnaît pas l'union par un Pacte civil de solidarité (PACS) ni le mariage entre personnes de même sexe.

Les documents suivants sont requis :

1. Le passeport (original et photocopie). Le passeport doit être valable au minimum 6 mois à partir de la date de départ.
2. Un formulaire dûment rempli (signé et daté uniquement par le demandeur).
3. Une photo d'identité en couleur.
4. Une photocopie du livret de famille (page époux-épouse et/ou page enfant) et de l'acte de mariage
5. Une photocopie du passeport d'un membre de famille thaïlandais avec la mention « สำเนาถูกต้อง » (conforme à l'original) inscrite par la personne thaïlandaise datée et signée.
6. Un relevé bancaire récent avec un solde créditeur minimum de 5000 euros (l'exemplaire de relevé bancaire imprimé sur Internet n'est pas recevable, à défaut, cet exemplaire doit être signé et tamponné par la banque). Sinon l'original d'une attestation bancaire justifiant le solde créditeur demandé est exigé.
7. Une photocopie de la réservation de billet d'avion avec les détails (billet, entrée du territoire thaïlandais)
8. La somme de 60 € (uniquement en espèces)

2. Accompagnant le titulaire d'un visa OA ou B

Les personnes ayant un membre de famille titulaire d'un visa OA ou B peuvent prétendre à ce type de visa, si ce membre est :

- L'époux/épouse (union par le mariage). La Thaïlande ne reconnaît pas l'union par un Pacte civil de Solidarité ni le mariage entre personnes de même sexe.
- Les enfants mineurs (moins de 20 ans selon la loi thaïlandaise).

Dans ce cas, ils doivent fournir :

1. Le passeport (original et photocopie). Le passeport doit être valable au minimum 6 mois à partir de la date de départ.
2. Un formulaire dûment rempli (signé et daté uniquement par demandeur).
3. Une photo d'identité en couleur.
4. Une photocopie du livret de famille (page époux-épouse et/ou page enfant) et de l'acte de mariage
5. Une photocopie du passeport d'un membre de famille titulaire d'un visa OA ou B avec la mention « copie conforme à l'original » inscrite par le titulaire du visa OA ou B daté et signé.
6. Une photocopie du visa OA ou B d'un membre de famille titulaire d'un visa OA ou B.

La somme de 60 € (uniquement en espèces)

3. Participant à une mission humanitaire ou à du bénévolat.

La personne souhaitant prétendre à ce visa ne doit pas être rémunérée par l'organisation. Dans le cas contraire, le demandeur devra solliciter le visa B « affaires ».

L'organisation d'accueil doit posséder une licence auprès des autorités thaïlandaises.

Les pièces à fournir sont les suivantes :

1. Le passeport (original et photocopie). Le passeport doit être valable au minimum 6 mois à partir de la date de départ.
2. Un formulaire dûment rempli (signé et daté uniquement par demandeur).
3. Une photo d'identité en couleur.
4. L'original de la lettre professionnelle ou de la lettre d'invitation de l'organisation d'accueil.
5. Une photocopie de la pièce d'identité de la personne habilitée à signer le document exigé au point 4 (cf. ci-dessus) avec la mention «copie conforme à l'original» ou «สำเนาถูกต้อง» inscrite par la personne habilitée datée et signée.
6. Une photocopie de la licence de l'organisation d'accueil.
7. Un relevé bancaire récent, au nom de demandeur, avec un solde créditeur minimum de 5000 euros (l'exemplaire de relevé bancaire imprimé sur Internet n'est pas recevable, à défaut, cet exemplaire doit être signé et tamponné par la banque) ou l'original d'une attestation bancaire justifiant le solde créditeur demandé.
8. Une photocopie de la réservation de billet d'avion avec les détails (billet, date d'entrée sur le territoire thaïlandais).

La somme de 60 € (uniquement en espèces)

4. *Ayant plus de 50 ans.*

Ce visa O est destiné aux personnes âgées de plus de 50 ans.

Les pièces à fournir sont les suivantes :

1. Le passeport (original et photocopie). Le passeport doit être valable au minimum 6 mois à partir de la date de départ.

2. Un formulaire dûment rempli (signé et daté uniquement par demandeur).
3. Une photo d'identité en couleur.
4. Trois relevés bancaires de 3 derniers mois avec un solde créditeur minimum de 5000 euros pour chaque mois (l'exemplaire de relevé bancaire imprimé sur Internet n'est pas recevable, à défaut, cet exemplaire doit être signé et tamponné par la banque) ou l'original d'une attestation bancaire justifiant le solde créditeur demandé pendant une période de trois mois.
5. Une photocopie de la réservation de billet d'avion avec les détails (billet, date d'entrée sur le territoire thaïlandais).
6. L'attestation de travail ou le justificatif de retraite
7. La somme de 60 € (uniquement en espèces).

Le visa non-immigrant OA (long séjour)

Ce visa est destiné aux personnes âgées de plus de 50 ans qui sont considérées comme retraitées. Ceci, même si elles ne touchent pas encore leur retraite officielle.

C'est un type de visa très populaire auprès des expatriés.

Ce type de visa donne droit à un séjour d'un an avec multiples entrées, mais il ne permet pas de travailler.

Entre chaque entrée, si le séjour dépasse 90 jours, le titulaire devra se présenter au service de l'immigration ou se déclarer par courrier ou Internet.

Ce visa peut être obtenu auprès d'une Ambassade de Thaïlande ou auprès du service de l'immigration.

Une fois le titulaire sur place, ce visa peut être prolongé chaque année auprès du service de l'immigration.

Attention : à partir de la seconde demande de ce type de visa auprès de l'Ambassade, des preuves de revenu ou de patrimoine sont obligatoires. Ce peut être un dépôt bancaire de 800 000 bahts dans une banque en Thaïlande depuis au moins 60 jours. Celle-ci prendra la forme d'une attestation bancaire récente ou d'un carnet bancaire actualisé.

Le département de l'immigration accepte également une attestation de revenus fournie par l'Ambassade du pays d'origine. Cette attestation doit attester d'un revenu minimal de 65 000 bahts par mois, elle remplace avantageusement le dépôt bancaire.

Les pièces à fournir sont :

1. Le passeport (original et photocopie). Le passeport est valable au minimum un an et 6 mois à partir de la date de départ.
2. Trois formulaires dûment remplis (signé et daté uniquement par demandeur).
3. Trois photos d'identité en couleur.
4. Trois photocopies du passeport.
5. Trois exemplaires de certificat médical
6. Trois exemplaires d'extrait du casier judiciaire. Pour les Français, cet extrait.
7. Trois exemplaires de justificatifs de domicile en France (facture d'électricité, télécom, etc.).
8. Trois exemplaires de justificatifs de ressources : un dépôt bancaire du demandeur à présenter sous forme d'une attestation bancaire récente (original) Attention : à partir de la 2e demande de ce type de visa auprès de l'Ambassade, un dépôt bancaire de 800 000 bahts dans une banque en Thaïlande est obligatoire, et à présenter sous forme d'une attestation récente ou d'un carnet bancaire bien

actualisé (moins d'un mois). Une attestation de revenu d'au moins 65 000 bahts/mois.
9. Trois CV (professions exercées pendant les 10 dernières années avant la retraite)
10. La somme de 150 € (uniquement en espèces)

À noter : les avis d'imposition et les attestations d'un organisme des retraites ne sont pas acceptés.

Les attestations de revenu mensuel peuvent être fournies par votre ambassade et par certains consulats.

L'Ambassade de France à Bangkok la produit sur une base déclarative de la personne, le tarif de l'acte consulaire était de 1027 bahts en 2017.

Visa long terme pour conjoint étranger

Il faut d'abord obtenir un visa de 90 jours ou un O visa non immigrant 1 an à partir du pays d'origine ou du pays de résidence avant de faire une demande de visa de mariage thaïlandais.

Les conditions sont les suivantes :

— être marié à un ressortissant thaïlandais.

— absence d'antécédents criminels et d'interdiction d'entrée sur le territoire de Thaïlande.

— exigence financière : une caution de 400 000 bahts sur un compte bancaire ouvert auprès d'une banque thaïlandaise et maintien de ce solde pendant au moins 2 mois avant la demande de visa ; ou un revenu mensuel d'au moins 40 000 bahts. Ou une lettre de l'ambassade de l'étranger attestant de ce revenu

Visa non immigrant B (visa travail)

Ce type de visa est destiné aux personnes souhaitant travailler en Thaïlande.

Il donne droit à une seule entrée sur le territoire thaïlandais, et de rester en Thaïlande pour un séjour de 90 jours.

Toute sortie du territoire entraîne l'annulation du visa et requiert une nouvelle demande de délivrance pour pénétrer à nouveau sur le territoire thaïlandais).

Le titulaire de ce visa peut prolonger le visa une fois entré en Thaïlande au service immigration.

Le visa Non Immigrant B est destiné aux personnes :

1. Souhaitant travailler

Le passeport (original et photocopie). Le passeport doit être valable au minimum 6 mois à partir de la date de départ.

Un formulaire dûment rempli (signé et daté uniquement par demandeur)

Une photo d'identité en couleur

L'original d'une lettre professionnelle ou d'une lettre d'invitation de l'entreprise d'accueil

Une photocopie de la pièce d'identité de la personne habilitée à signer le document exigé au point 4 (cf. ci-dessus) avec la mention «copie conforme à l'original» ou «*รับรองสำเนาถูกต้อง*» inscrite par la personne habilitée datée et signée

Le formulaire WP3 (ตท 3) déposé auprès du Département de l'Emploi par l'employeur ou la lettre d'acceptation de BOI selon l'article 24 et/ou 25

Le registre de commerce de l'organisation d'accueil

La somme de 60 € (uniquement en espèces)

2. Enseignant

Le passeport (original et photocopie). Le passeport doit être valable au minimum 6 mois à partir de la date de départ.

Un formulaire dûment rempli (signé et daté uniquement par demandeur)

Une photo d'identité en couleur

L'original d'une lettre professionnelle ou d'une lettre d'invitation de l'école ou l'université d'accueil

Une photocopie de la pièce d'identité de la personne habilitée à signer le document exigé au point 4 (cf. ci-dessus) avec la mention « copie conforme à l'original » ou « *รับรอง*สำเนาถูกต้อง » inscrite par la personne habilitée datée et signée

L'attestation déposée auprès du Département de l'éducation

La licence de l'école ou l'université d'accueil

L'extrait de casier judiciaire

La somme de 60 € (uniquement en espèces)

3. *Exerçant une mission professionnelle*

Le passeport (original et photocopie). Le passeport doit être valable au minimum 6 mois à partir de la date de départ.

Un formulaire dûment rempli (signé et daté uniquement par demandeur)

Une photo d'identité en couleur

L'original de la lettre d'invitation de l'entreprise en Thaïlande

Une photocopie de la pièce d'identité de la personne habilitée à signer le document exigé au point 4 (cf. ci-dessus) avec la mention « copie conforme à l'original » ou « *รับรอง*สำเนาถูกต้อง » inscrite par la personne habilitée datée et signée

Le registre de commerce complet de l'organisation d'accueil en Thaïlande

L'attestation de travail par l'employeur en France indiquant le poste du demandeur, la nature et la durée de la mission et le nom de l'entreprise d'accueil en Thaïlande

Une photocopie de la réservation du billet d'avion avec les détails (billet, date d'entrée sur le territoire thaïlandais)

La somme de 60 € (uniquement en espèces).

Généralement, ce visa est la première étape pour une demande de permis de travail en Thaïlande.

4. Visa MICE (meetings, incentives, conferences and exhibition)

Les étrangers entrant en Thaïlande dans le but d'animer des conférences ou des séminaires sont considérés comme travaillant sous le *Foreigner Working Act* du B.E. 2551 (2008).

Ils doivent demander un permis de travail auprès du ministère du Travail, sauf sur des questions urgentes et nécessaires pendant une période maximale de 15 jours. Et doivent soumettre un formulaire Tor Tor 10.

Les étrangers entrant en Thaïlande dans un cadre MICE parrainé par *Thailand Convention and Exhibition Bureau* (TCEB), mais sans avoir l'intention de percevoir un revenu seront considérés comme des touristes B.E. 2522 (1979).

Le parrainage du Thailand Convention and Exhibition Bureau peut être obtenu aux coordonnées suivantes :

Tél. : +66 2 69 46 000 Mail : info@tceb.or.th

Site : www.tceb.or.th

Le visa non-immigrant ED (étudiant, moine)

Le visa non-immigrant ED est un type de visa qui ne permet pas de travailler et donne le droit de rester en Thaïlande pour un séjour de 90 jours (le visa donne droit à une seule entrée sur le territoire thaïlandais.

Toute sortie du territoire entraîne l'annulation du visa et requiert une nouvelle demande de délivrance pour pénétrer à nouveau sur le territoire thaïlandais).

Le titulaire de ce visa peut prolonger ou changer le type de visa une fois entré en Thaïlande.

Le visa non immigrant ED est destiné aux situations suivantes

1. Stage

Le passeport (original et photocopie). Le passeport doit être valable au minimum 6 mois à partir de la date de départ.

Un formulaire dûment rempli (signé et daté uniquement par demandeur).

Une photo d'identité en couleur.

L'original d'une lettre professionnelle ou une lettre d'invitation de l'organisation d'accueil.

Une photocopie de la pièce d'identité de la personne habilitée à signer le document. exigé au point 4 (cf. ci-dessus) avec la mention « conforme à l'original » ou « *รับรอง*สำเนาถูกต้อง » inscrite par la personne habilitée datée et signée.

Le registre de commerce complet de l'organisation d'accueil.

L'original de la lettre de l'établissement scolaire en France indiquant les détails de stage de l'étudiant(e).

Une convention du stage.

Une photocopie de la réservation du billet d'avion avec les détails (billet, date d'entrée sur le territoire thaïlandais).

La somme de 60 € (uniquement en espèces).

2. Apprentissage du thaï.

Le passeport (original et photocopie). Le passeport doit être valable au minimum 6 mois à partir de la date de départ.

Un formulaire dûment rempli (signé et daté uniquement par demandeur).

Une photo d'identité en couleur.

L'original de la lettre d'acceptation de l'école.

Une photocopie de la pièce d'identité de la personne habilitée à signer le document exigé au point 4 (cf. ci-dessus) avec la mention «copie conforme à l'original» ou «*รับรองสำเนาถูกต้อง*» inscrite par la personne habilitée datée et signée.

La licence complète de l'école de langues.

L'emploi du temps des cours (5 heures par jour et 5 jours par semaine).

Un extrait du casier judiciaire.

Un justificatif des ressources : un dépôt bancaire de 20 000 € par demandeur à présenter sous forme d'une attestation bancaire récente (original).

Une photocopie de la réservation du billet d'avion avec les détails (billet, date d'entrée sur le territoire thaïlandais).

La somme de 60 € (uniquement en espèces).

Ce type de visa est souvent considéré comme une alternative au visa retraité pour les personnes âgées de moins de 50 ans.

De plus en plus souvent, les officiers vérifient que le demandeur d'un renouvellement de ce visa a bien acquis des connaissances linguistiques.

3. *Echange scolaire/universitaire*

Le passeport (original et photocopie). Le passeport doit être valable au minimum 6 mois à partir de la date de départ.

Un formulaire dûment rempli (signé et daté uniquement par demandeur).

Une photo d'identité en couleur.

L'original de la lettre d'acceptation de l'université en Thaïlande.

Une photocopie de la pièce d'identité de la personne habilitée à signer le document exigé au point 4 (cf. ci-dessus) avec la mention «copie conforme à l'original» ou «*รับรอง*สำเนาถูกต้อง» inscrite par la personne habilitée datée et signée.

La lettre de l'établissement en France (une photocopie du certificat de scolarité ou l'attestation de scolarité).

L'extrait du casier judiciaire.

Une photocopie de la réservation du billet d'avion avec les détails (entrée sur le territoire thaïlandais).

La somme de 60 € (uniquement en espèces).

4. Scolarisation à l'école internationale

Le passeport (original et photocopie). Le passeport doit être valable au minimum 6 mois à partir de la date de départ.

Un formulaire dûment rempli (signé et daté uniquement par demandeur).

Une photo d'identité en couleur.

L'original de la lettre d'acceptation de l'école en Thaïlande.

Une photocopie de la pièce d'identité de la personne habilitée à signer le document exigé au point 4 (cf. ci-dessus) avec la mention «copie conforme à l'original» ou «*รับรอง*สำเนาถูกต้อง» inscrite par la personne habilitée datée et signée.

La licence de l'école (document complet).

Les attestations de travail des parents.

Trois relevés bancaires des parents de 3 derniers mois. L'exemplaire de relevé bancaire imprimé sur Internet n'est pas recevable ; à défaut, cet exemplaire doit être signé et tamponné par la banque. Sinon l'original d'une attestation bancaire justifiant le solde créditeur demandé pendant une période de trois mois.

Une photocopie de la réservation du billet d'avion avec les détails (billet, date d'entrée sur le territoire thaïlandais)

La somme de 60 € (uniquement en espèces).

5. Conférence d'une organisation internationale

Le passeport (original et photocopie). Le passeport doit être valable au minimum 6 mois à partir de la date de départ.

Un formulaire dûment rempli (signé et daté uniquement par demandeur).

Une photo d'identité en couleur.

L'original de la lettre d'acceptation de l'organisation internationale en Thaïlande

Une photocopie de la pièce d'identité de la personne habilitée à signer le document exigé au point 4 (cf. ci-dessus) avec la mention « copie conforme à l'original » ou « *รับรองสำเนาถูกต้อง* » inscrite par la personne habilitée datée et signée

L'attestation de travail par l'employeur en France

Une photocopie de la réservation du billet d'avion avec les détails (billet, date d'entrée sur le territoire thaïlandais)

La somme de 60 € (uniquement en espèces)

Visa non-immigrant O-X (long séjour)

Le 22 novembre 2016, le Gouvernement thaïlandais a approuvé un nouveau système qui permet aux ressortissants de 14 pays de séjourner en Thaïlande pendant une période maximum de 10 ans.

Afin de bénéficier de ce nouveau système, les demandeurs doivent faire une demande de visa Non-Immigrant « O-X » (long séjour) — également dénommé visa Non-O-X — auprès de l'Ambassade royale de Thaïlande/Le Consulat général royal de Thaïlande (quand la demande de visa est effectuée hors de la Thaïlande) ou au Bureau de l'Immigration (quand la demande est effectuée en Thaïlande).

L'objectif de ce type de visa est de promouvoir les longs séjours pour les voyageurs étrangers en Thaïlande. Les ressortissants de ces 14 pays, âgés de 50 ans et plus, peuvent faire une demande de visa Non-O-X à entrées multiples et séjourner dans le Royaume pour une période maximum de 10 ans (5 ans selon la validité du visa puis une prolongation de 5 autres années). Les frais de visa sont de 10 000 bahts (ou l'équivalent en monnaie locale si la demande est effectuée hors de la Thaïlande).

Conformément à la notification du Ministère de l'Intérieur relative à la réautorisation pour certains groupes étrangers d'entrer dans le Royaume pour cas exceptionnels ou longs séjours conformément à la résolution du gouvernement du 22 novembre 2016 (2559 Ère Bouddhique) en vigueur à partir du 11 août 2017, les étrangers répondant aux conditions et possédant les pièces justificatives ci-dessous mentionnées peuvent faire une demande de visa Non-O-X à entrées multiples.

Conditions requises des demandeurs de visas.

Être âgé de 50 ans et plus.

être titulaires des nationalités et des passeports suivants : Japon, Australie, Danemark, Finlande, France, Allemagne, Italie, Pays-Bas, Norvège, Suède, Suisse, Royaume-Uni, Canada, États-Unis.

Conditions financières

A. Les demandeurs doivent être titulaires d'un compte bancaire provisionné d'au moins 3 millions de bahts ouvert auprès d'une banque thaïlandaise en Thaïlande ou

B. Les demandeurs doivent être titulaires d'un compte bancaire ouvert auprès d'une banque thaïlandaise en Thaïlande — compte provisionné d'au moins 1,8 million de bahts — et avoir des revenus annuels d'au moins 1,2 million de bahts. Une fois en Thaïlande, les demandeurs disposent d'une année pour déposer au moins 3 millions de bahts dans une banque thaïlandaise.

Les fonds (a) et (b) doivent être conservés sur un compte bancaire au moins un an avant de pouvoir être retiré et, au bout d'une année supplémentaire encore, ce même compte bancaire doit présenter un solde créditeur de 1,5 million de bahts. Par ailleurs, ces fonds doivent être dépensés en Thaïlande.

Les demandeurs ne doivent pas être porteurs de pathologies ci-dessous mentionnées selon la réglementation ministérielle n° 14 (E. B. 2535) : lèpre, tuberculose, éléphantiasis, toxicomanie et syphilis (3e stade).

Les demandeurs de visas doivent être titulaires d'une assurance médicale thaïlandaise reconnue par le Bureau de la commission des assurances et qui couvrira leurs frais médicaux pendant leur séjour en Thaïlande au-delà de 40 000 bahts pour les patients externes et 400 000 bahts pour les patients hospitalisés.

Documents requis :

Passeport valable au moins six mois à compter de la date du voyage.

3 formulaires de demande remplis et 3 photographies (4 x 6 cm) prises lors des 6 derniers mois.

Curriculum Vitae.

Justificatifs financiers.

4.1 Attestation bancaire (banque thaïlandaise en Thaïlande) comportant les informations sur la banque, la photocopie du livret bancaire et un relevé de compte montrant un compte créditeur d'au moins 3 000 000 bahts.

OU

4.2 Attestation bancaire (banque thaïlandaise en Thaïlande) comportant les informations sur la banque, la photocopie du livret bancaire et un relevé de compte montrant que le compte créditeur d'au moins 1 800 000 bahts.

ET un document attestant de revenus annuels d'au moins 1,2 million de bahts (ou l'équivalent en monnaie locale soit 2630 EUR/mois au cours de 38 bahts pour un EUR). Une fois en Thaïlande, les demandeurs doivent détenir — dans l'année — sur un compte bancaire ouvert auprès d'une banque thaïlandaise en Thaïlande un solde créditeur d'au moins 3 millions de bahts).

5 Casier judiciaire vierge du pays d'origine. Lorsque les demandeurs résident à l'étranger, ils doivent également fournir un extrait de leur casier judiciaire vierge de leur pays d'origine ainsi que celui du pays où ils résident.

6 Certificat médical du pays où ils font leur demande de visa attestant qu'ils ne sont pas porteurs de pathologies — comme stipulé dans la réglementation ministérielle N° 14 (E.B. 2535) — telles que : la lèpre, la tuberculose, l'Elephantiasis, la toxicomanie, la syphilis (3e stade). Le certificat médical ne doit pas dater de plus de trois mois.

7 Attestation d'assurance, comme le stipule le Bureau de la Commission des Assurances, et d'assurance maladie couvrant les frais médicaux au-delà de 40 000 bahts pour les patients externes et 400 000 bahts pour les patients hospitalisés.

De plus amples informations concernant les assurances sont disponibles sur le site : http://longstay.tgia.org.

8 Payer les frais de visa : 10 000 bahts (l'équivalent 300 euros). Les époux et les enfants âgés de moins de 20 ans du titulaire peuvent faire une demande de visa Non-O-X à condition de répondre aux conditions suivantes :

Le conjoint (sans condition d'âge) doit fournir une copie du certificat de mariage ainsi que tous les documents requis aux points 1 à 8.

Les enfants de moins de 20 ans doivent fournir une copie du certificat de naissance ou bien prouver qu'ils sont des enfants légitimes et fournir les documents requis aux points 1 à 3 et 7 à 8.

Comment faire une demande de visa non-O-X ?

Les étrangers qui remplissent les conditions et possèdent les documents requis aux points 1 à 7 peuvent faire leur demande de visa Non-O-X auprès de l'Ambassade ou du Consulat général de Thaïlande de leur pays d'origine (nationalité) ou du pays où ils résident.

Les autorités consulaires vérifient le respect des conditions et les documents requis des demandeurs de visas puis elles les tiennent informés des suites qu'elles donneront à leur requête.

Si le visa est accordé, les étrangers (le demandeur principal, le conjoint, l'enfant légitime de moins de 20 ans) obtiendront un visa non-O-X à entrées multiples valable pendant 5 ans.

À leur arrivée en Thaïlande, l'officier du service de l'immigration leur accordera un permis de séjour dans le Royaume aux personnes détentrices d'un visa Non-O-X pour une période maximale de 5 ans selon la validité du visa.

Les détenteurs de visas non-O-X bénéficient d'avantages particuliers

1) Ils peuvent travailler en tant que bénévoles (selon une liste établie par le ministère du Travail)

2) Ils peuvent acheter un véhicule (selon les dispositions légales sur les véhicules à moteur)

3) Ils peuvent acheter un appartement en copropriété (conformément à la loi sur le condominium)

— Les étrangers qui sont déjà en Thaïlande avec un autre type de visa/ou une dispense de visa peuvent se rendre auprès du Bureau de l'Immigration pour faire une demande de visa Non-O-X.

— Les étrangers qui entrent en Thaïlande avec un visa de type non-O-X peuvent changer leur visa de type non-O-X en tout autre type de visa et soumettre leur requête auprès du Bureau de l'Immigration. L'accord du changement de visa de l'époux et des enfants dépendra du statut du demandeur principal. Le conjoint peut faire une demande de visa Non-O-X s'il répond aux conditions requises.

— Dans le cas contraire, le conjoint ou les enfants qui ne remplissent pas les conditions d'obtention du visa Non-O-X peuvent faire une demande de tout autre type de visa non immigrant afin de pouvoir séjourner en Thaïlande avec le détenteur de visa Non O-X

— Au terme de leur séjour de 90 jours en Thaïlande, les étrangers doivent signaler au Bureau de l'Immigration leur adresse de résidence en Thaïlande et devront répéter cette notification tous les 90 jours.

— Les étrangers doivent rendre compte — en personne — une fois par an au Bureau de l'Immigration qui vérifiera les conditions et les documents requis.

— Le permis de séjour des détenteurs de visa Non-O-X peut être retiré dans les cas suivants :

1) Les étrangers ne répondent pas aux critères financiers requis, à savoir :

– Le montant du solde créditeur de leur compte bancaire est inférieur à 3 millions de bahts au terme de leur première année de séjour en Thaïlande.

– Le montant du solde créditeur de leur compte bancaire est inférieur à 1,5 million de bahts au terme de leur deuxième année de séjour en Thaïlande, et/ou l'argent dudit compte bancaire a été dépensé hors de Thaïlande.

2) Les étrangers ne disposent pas d'assurance répondant aux critères requis.

3) Les étrangers représentent une menace pour la paix et la sécurité.

4) Les étrangers travaillent sans permis de travail.

Autres types de visas

1. Diplomatique (D)

Le passeport (original et photocopie). Le passeport est valable au minimum 6 mois à partir de la date de départ.

Un formulaire dûment rempli (signé et daté uniquement par demandeur).

Une photo d'identité en couleur.

La note verbale ou l'ordre de mission.

2. Officiel (F)

Le passeport (original et photocopie). Le passeport est valable au minimum 6 mois à partir de la date de départ.

Un formulaire dûment rempli (signé et daté uniquement par demandeur).

Une photo d'identité en couleur.

La note verbale ou l'ordre de mission.

3. Média (M)

Le passeport (original et photocopie). Le passeport est valable au minimum 6 mois à partir de la date de départ.

Un formulaire dûment rempli (signé et daté uniquement par demandeur).

Une photo d'identité en couleur.

L'attestation de travail.

Un extrait du casier judiciaire.

La lettre d'autorisation délivrée par le ministère des Affaires étrangères.

4. Média pour un tournage de film

Le passeport (original et photocopie). Le passeport est valable au minimum 6 mois à partir de la date de départ.

Un formulaire dûment rempli (signé et daté uniquement par demandeur).

Une photo d'identité en couleur.

L'ordre de mission délivrée par la société de production en France.

La lettre d'invitation délivrée par la société de production en Thaïlande.

L'autorisation de tournage de film délivrée par le ministère du Tourisme et du Sport de Thaïlande.

La somme de 60 € (uniquement en espèces).

5. Chercheur (RS)

Le passeport (original et photocopie). Le passeport est valable au minimum 6 mois à partir de la date de départ.

Un formulaire dûment rempli (signé et daté uniquement par demandeur)

Une photo d'identité en couleur

L'attestation délivrée par Département de recherche de Thaïlande

La lettre d'acceptation de l'organisme d'accueil

Une photocopie de la réservation de billet d'avion avec les détails (billet, date d'entrée sur le territoire thaïlandais)

Permis de réentrée pour le visa retraité

Si le titulaire d'un visa O-A (visa retraité pour une année) sort du territoire thaïlandais pendant cette année, il doit demander une réentrée soit pour une sortie (1 000 bahts), soit une réentrée multiple (3 900 bahts), sinon son visa est annulé.

Lors du renouvellement de son visa pour une année supplémentaire, il est donc préférable de demander — juste après ce renouvellement — une réentrée. Cette double demande est parfois difficile à comprendre pour des étrangers, mais c'est la procédure actuellement en cours : visa et réadmissions n'obéissent pas aux mêmes règles et le droit de rester pour une certaine durée en Thaïlande ne vous autorise pas à en franchir les frontières à votre gré.

Cette demande n'a pas à être forcément faite le même jour même si, pour des raisons pratiques, c'est le plus souvent le cas.

La notion de permis de séjour (*permit to stay*).

Contrairement à d'autres pays, un « visa » et un « permis de séjour » sont différents en Thaïlande. Un visa doit être obtenu auprès d'une ambassade ou d'un consulat thaïlandais, tandis qu'un permis de séjour est accordé à l'arrivée.

La durée de l'autorisation de séjour dépend du type de visa détenu par l'étranger à l'entrée. L'autorisation de séjour peut être prolongée, en fonction de la raison et du type de visa initialement obtenu pour l'entrée.

Par exemple, une personne qui s'inscrit avec un visa « B » (Affaires) non immigrant reçoit initialement un permis de séjour de 90 jours.

Ce type de visa autorise une prolongation d'un an de l'autorisation initiale de séjour si un permis de travail est obtenu et parrainé par un employeur local qualifié. On parle de *permit to stay* ou d'*extension to stay* (extension de séjour).

Distinction entre extension de séjour et permis de réadmission (*re-entry permit*)

De nombreux étrangers confondent l'extension de séjour avec le permis de réadmission. Pour clarifier, leurs définitions respectives sont les suivantes :

Le visa, tel que délivré à l'ambassade, au consulat thaïlandais ou au Département de l'immigration détermine la durée pendant laquelle l'individu est autorisé à rester dans le Royaume.

Il doit quitter la Thaïlande avant la date affichée dans son passeport, sinon il viole les lois de l'immigration du Royaume. Un permis de travail et un permis de réadmission supposent un visa valide.

Le permis de réadmission (multiple ou unique) permet à l'individu de quitter la Thaïlande (une fois ou plusieurs) avant l'expiration de la validité de son visa et d'entrer à nouveau dans le Royaume pour utiliser le temps restant sur son visa.

Si un permis de réadmission n'est pas demandé, le visa sera automatiquement annulé en quittant le pays, même si le visa n'a pas expiré.

Ce permis de réentrée ou réadmission n'est pas obligatoire pour ceux qui ne sortent jamais du pays, mais ils doivent savoir que sortir du pays sans celui-ci invaliderait visa et permis de travail. D'un autre côté, un permis de réentrée est également invalidé si le visa expire.

Les deux documents doivent donc être valides. Un permis de réadmission multiple (utilisation illimitée) est à conseiller, car il donne plus de souplesse à son titulaire.

Le reporting des 90 jours

Selon la loi sur l'immigration B.E. 2522 (1979), article 37 (5), tout étranger résidant en Thaïlande doit se rendre au bureau de l'immigration tous les 90 jours pour une *Notification de rester dans le Royaume plus de 90 jours.*

L'étranger doit demeurer à l'adresse signalée à l'autorité d'immigration, sauf impossibilité, auquel cas le changement du lieu de séjour doit être signalé à l'autorité d'immigration dans les 24 heures selon le paragraphe 37 (2)

Un étranger qui sort et rentre à nouveau dans le pays doit compter cette durée de 90 jours à partir de sa nouvelle date d'entrée, ainsi les étrangers qui voyagent souvent ont rarement à effectuer cette démarche.

Si un étranger séjourne dans le royaume pendant plus de 90 jours sans en informer le bureau de l'immigration ou en avisant le bureau de l'immigration après la période fixée, une amende de 2 000 bahts sera perçue.

Si un étranger qui n'a pas fait la notification de rester plus de 90 jours est arrêté, il sera condamné à une amende de 4 000 bahts.

La notification doit être faite dans les 15 jours avant ou dans les 7 jours après l'expiration de la période de 90 jours.

2) La première demande de prolongation de séjour par l'étranger équivaut à la notification de séjour dans le Royaume de plus de 90 jours.

Il y a 4 façons de demander et d'obtenir votre document d'enregistrement de 90 jours.

1) *En personne*

Il faut se rendre en personne au bureau d'immigration dont vous dépendez. La première fois, c'est généralement une expérience déroutante et frustrante. Beaucoup de personnes viennent tôt le matin et l'attente peut être longue pour une démarche administrative en elle-même rapide et dont l'utilité n'apparaît pas évidente à première vue, puisque les résidents doivent renouveler leur visa chaque année.

Les documents demandés sont :

Le passeport

Le formulaire de notification de séjour de plus de 90 jours (TM47) rempli.

Une photocopie de la carte de départ (volet TM6)

Le rapport des 90 jours précédent

Une photocopie de la page de la photo dans votre passeport

Une photocopie du dernier visa

Première étape

Au guichet clientèle de l'immigration, dire que l'on vient pour le rapport de 90 jours. Un numéro d'attente vous sera délivré avec le temps d'attente estimé.

Deuxième étape

Remplir le formulaire TM47 et signer chaque page des photocopies.

Troisième étape

Lorsque votre numéro est appelé (l'attente peut aller de 10 minutes à quelques heures), présentez les documents au personnel du guichet. Ils vous diront de vous asseoir et d'attendre à nouveau.

Quatrième étape

Après 5 à 10 minutes, votre nom ou numéro sera appelé pour récupérer votre passeport.

2) par une agence spécialisée

Des agences peuvent faire cette démarche à votre place moyennant des frais souvent compris entre 1000 et 2000 bahts.

3) Par courrier recommandé

Ceci est une possibilité méconnue. Il faut pour cela envoyer les pièces suivantes dans une enveloppe en courrier recommandé, y compris l'enveloppe de retour timbrée pour le courrier de l'immigration.

Photocopies <u>signées</u> des pages suivantes de votre passeport

_ Remplir le formulaire TM47 et signer

– Première page montrant le nom, le prénom

– Visa actuel

– Dernier timbre d'entrée de l'immigration

– Dernière extension de visa

– Une enveloppe timbrée à votre adresse.

Votre courrier recommandé doit être envoyé au bureau d'immigration au moins 15 jours avant la date limite de notification. L'adresse pour Bangkok est :

90 DAYS REGISTRATION,

IMMIGRATION DIVISION 1

Chalermprakiat Government Complex

120 MOO 3, CHAENGWATTANA ROAD, SOI 7,

LAKSI, BANGKOK. 10210

Votre nouveau formulaire sera tamponné à la date d'expiration de votre ancien reçu.

Veuillez garder votre reçu de votre courrier recommandé en cas de courrier perdu.

Votre document ne peut pas être traité si vous avez dépassé la limite des 90 jours. Vous devez alors venir au bureau d'immigration le plus proche ou à la division d'immigration en personne pour payer une amende de 2 000 bahts.

En l'absence de réponse à votre courrier pendant un mois, il vous faudra contacter le bureau de l'immigration avec votre reçu de courrier recommandé qui atteste de votre bonne foi.

Attention, la notification d'un séjour dans le royaume de plus de 90 jours n'est en aucun cas équivalente à une prolongation de visa.

4) *En ligne*

https://www.immigration.go.th/content/online_serivces

Ce service est officiellement disponible, mais il est peu fiable. Moins de dix pour cent des personnes qui tentent de se connecter y parviennent. Il semblerait que le type de navigateur Web soit la principale cause de ces dysfonctionnements et qu'il vaille mieux éviter Safari ou Chrome et préférer Internet Explorer.

Pour utiliser cette fonctionnalité, le demandeur doit conserver l'adresse figurant déjà dans son dossier d'immigration. Si son adresse physique change, le reporting en ligne ne peut pas être utilisé.

Une fois que vous aurez rempli votre demande, vous obtiendrez un statut « en cours ». L'immigration prend généralement autour de 7 jours ouvrables pour traiter un dossier Internet. Vous pouvez vérifier votre statut de demande en ligne 7 jours après la soumission.

Une fois la demande approuvée, le statut changera à nouveau et vous pourrez imprimer le reçu. Celui-ci est à conserver dans votre passeport pour être présenté aux autorités sur demande. Sur le reçu figurera la prochaine date d'échéance pour le prochain rapport des 90 jours.

Rappelons que des hotlines peuvent être utiles en cas de question ou de difficultés au 1178 (immigration) ou 1111 (doléances plus générales).

Frontières et déclaration des 90 jours ?

Est-ce que la police des frontières vérifie la déclaration des 90 jours à l'aéroport ?

À notre connaissance, ce n'est pas le cas. Ils ne sont pas intéressés par votre rapport de 90 jours seulement par la validité du visa et l'éventuel *overstay*.

Le rapport de 90 jours est sous la surveillance de votre bureau local de l'immigration. Assurez-vous que vous avez obtenu un permis de retour (re-entry permit ou multi-entry permit) avant de quitter le pays ou vous invaliderez votre visa.

Overstay

Qu'est-ce que risque un étranger en délit de dépassement de visa (overstay) ?

Jusqu'à récemment, tout dépassement de visa entraînait une amende de 500 bahts par jour avec un plafond de 20 000 bahts (500 €).

Mais récemment, le problème des étrangers en situation de dépassement de visa a été considéré comme grave. Selon le quotidien anglophone *The Nation*, au moins 100 000 étrangers vivraient en Thaïlande avec des visas expirés.

Le vice-premier ministre, le général Prawit, a déclaré que bon nombre de ces personnes sont impliquées dans des activités criminelles telles que la traite des êtres humains, le commerce d'armes et le trafic de drogue. Par ailleurs, ces dépassements engendrent des problèmes de corruption de l'administration comme l'a montré une affaire récente à Phuket.

En réponse à cette situation, des peines d'interdiction du territoire de la Thaïlande se sont ajoutées aux amendes susmentionnées. Leur montant dépend de la durée du dépassement et du fait que l'étranger se soit rendu spontanément aux autorités ou qu'il ait été arrêté :

Si l'étranger en dépassement se rend aux autorités :

- Plus de 90 jours   – interdiction d'un an.

- Plus d'un an — interdiction de 3 ans.
- Plus de 3 ans — interdiction de 5 ans
- Plus de 5 ans — interdiction de 10 ans.

Si l'étranger est arrêté lors d'un contrôle de police :

- Expiration de moins d'un an — Interdiction de 5 ans.

- Expiration depuis plus d'un an — Interdiction de 10 ans.

Les peines peuvent inclure l'inscription sur une liste noire des personnes sous statut de « Persona Non Grata » interdites d'entrée sur le territoire **sans limitation de durée**.

Elles peuvent inclure également de la prison ferme dans certains cas.

Qu'est-ce que la carte Elite ?

La carte Elite est un programme gouvernemental mis en place le 29 juillet 2003 par le Ministère du Tourisme et qui octroyait contre une somme élevée des privilèges à vie. Il n'est pas nécessaire d'être déjà en Thaïlande pour postuler à ce programme.

Le formulaire peut être soumis par voie électronique sur le site Web.

Ce programme a été abandonné en avril 2011, laissant une perte financière de plus d'un milliard de bahts au gouvernement thaïlandais.

Le programme a ensuite été réactivé avec des ajustements et il comprend désormais 6 formules différentes.

Le principe reste inchangé : il permet moyennant le paiement d'une somme importante de bénéficier de services (conciergerie, accès aux terrains de golf et à des spas, check-up annuel, accueil VIP à l'aéroport avec lounge, limousine et passage plus rapide au contrôle des passeports) et surtout, d'un **visa long terme pluriannuel**

(5 ans pour 500 000 bahts, voire 20 ans pour 2 millions de bahts).

En effet, il n'existe pas de visas pluriannuels en Thaïlande comme c'est le cas en France avec la carte de séjour de dix ans. La carte Elite comble cette lacune, mais elle réserve ce privilège à un nombre limité de happy few.

Par ailleurs, la déclaration des 90 jours est facilitée puisqu'il suffit de donner son passeport avec le formulaire TM47 rempli au bureau Elite de 9 h à 15 h tous les mardis et de le récupérer plus tard.

Les membres ne sont en effet pas dispensés du reporting d'adresse tous les 90 jours de séjour continu. Le personnel d'Elite prendra le passeport et le formulaire TM47 et ira au bureau de l'immigration le mercredi.

Le passeport peut être récupéré au bureau le jeudi de 9 h à 15 h. Vous n'aurez donc pas à vous rendre en personne au bureau de l'immigration, mais ce service n'est disponible que dans les villes suivantes : Bangkok, Pattaya, Chiang Mai et Phuket.

Qu'est-ce que le Tabien Baan ?

Ce livret non obligatoire est également nommé *House Registration Book* en anglais mais il est connu pour les Thaïlandais sous le vocable de Tabien Baan (terme parfois orthographié Tambien Baan, en thaï *ทะเบียนบ้าน*).

Ce document se présente sous la forme d'un livret, bleu pour les Thaïlandais (Thor Ror Sip Sii ou Thor Ror 14 en thaï *ทร.*14) et de couleur jaune pour les étrangers (Thor Ror Sip Saam ou Thor Ror 13 en thaï *ทร.*13).

Les deux livrets ont le même usage.

Contrairement à une idée largement répandue, il ne s'agit en aucun cas d'un titre de propriété.

Dans une certaine mesure, il pourrait être comparé au **livret de famille français** à la différence du fait que les personnes qui y figurent ne forment pas obligatoirement une famille unie par un mariage (ou un PACS) ou par des liens familiaux, mais des **personnes vivant officiellement sous le même toit**.

La notion de *foyer* est celle qui s'en rapproche le plus.

À la différence d'un livret de famille qui n'est pas lié à un lieu physique, le *Tabien Baan* est toujours rattaché à une adresse physique. Les mots signifient en thaï « Tabien » (enregistrement ou ทะเบียน) et Baan (maison ou บ้าน).

Un terrain sans bâtiment n'aura pas de livret de résidence. Pour les nouveaux projets, la demande de ces livrets est essentiellement faite par les promoteurs ou les architectes qui construisent un bâtiment.

Au départ, ce livret est attribué par la mairie au propriétaire du logement en question. Un locataire ne peut posséder de *Tabien Baan* à son nom et certaines adresses n'ont pas de *Tabien Baan* (par exemple une maison louée par un propriétaire qui est lui-même domicilié ailleurs).

Attention, bien qu'on parle d'enregistrement de la maison, ce document ne définit pas qui en est le propriétaire, mais plutôt qui est le principal titulaire ainsi que les autres résidents de la maison.

Le titulaire du Tabien Baan — qui n'est donc pas nécessairement le « chef de famille » — pourra y faire ajouter les personnes qui vivent sous son toit.

Généralement, cela correspond effectivement à la famille proche (parents et enfants, éventuellement ascendants), mais il est également possible d'y inscrire des oncles, des cousins, un beau-frère, la petite amie du fils et même des amis de la famille.

Il n'existe pas de règle précise en la matière, l'ajout d'un membre est à la discrétion de tout un chacun, et bien sûr du titulaire du *Tabien Baan*.

La modification du titulaire du *Tabien Baan* intervient à son décès, ou lorsque le logement concerné est vendu.

En l'absence de démarches, lorsque le titulaire d'un *Tabien Baan* déménage, toutes les personnes inscrites sur l'ancien livret le suivent administrativement à son nouveau domicile.

En cas de désaccord d'une des personnes du foyer, celle-ci devra le signaler à la mairie où elle restera domiciliée en attendant de faire son changement d'adresse définitif.

Lorsqu'une personne non titulaire d'un *Tabien Baan* désire s'inscrire à une nouvelle d'adresse, elle devra demander au propriétaire de sa nouvelle adresse d'effectuer auprès de sa mairie les démarches nécessaires pour que son nom soit transféré sur son *Tabien Baan*.

On le voit, les choses sont loin d'être simples. Concrètement, beaucoup de Thaïlandais ne font jamais ces démarches de mutation d'adresse.

Fréquemment, les enfants restent, après leur majorité, domiciliés à l'adresse de leurs parents, parfois toute leur vie même s'ils ont déménagé entre temps à plusieurs reprises.

C'est par exemple le cas s'ils ne possèdent pas de propriété. Ils sont donc « résidents » dans le « carnet de résidence de la famille » même si en réalité, ils travaillent dans une autre ville ou province.

Ce système où le titulaire « emmène » ceux figurant sur son *Tabien Baan* peut créer des situations kafkaïennes où une personne aura changé d'adresse avec le titulaire de son *Tabien Baan* sans même le savoir.

Présenté ainsi, ce système peut sembler anachronique, il constitue cependant le fondement principal de l'état civil en Thaïlande. Le *Tabien Baan* est un document essentiel pour les Thaïlandais, car il est indispensable pour la plupart des démarches administratives comme : le transfert d'une propriété immobilière, le transfert de la propriété d'un véhicule, la circonscription de vote.

Les employeurs en demandent souvent une copie et en cas de poursuites judiciaires, l'adresse à laquelle seront envoyés les documents de Cour sera celle du *Tabien Baan* avec pour conséquence le fait qu'un Thaïlandais devra faire ses démarches administratives dans la mairie où son *Tabien Baan* est inscrit et dont il devra posséder une copie.

Si le titulaire a déménagé entre temps, celui qui est attaché au titulaire peut se trouver rattaché à une autre mairie sans le savoir. Il devra alors engager une démarche pour en changer.

Tous les Thaïs doivent posséder une copie de leur *Tabien Baan* (celui où ils sont enregistrés). Ce document est indispensable pour de nombreuses démarches (faire une carte d'identité, un passeport, se marier, acheter un véhicule, ouvrir un compte bancaire, s'inscrire à l'université, créer une société…)

Cela explique que de nombreux Thaïlandais doivent retourner dans leur village d'origine pour effectuer la moindre démarche d'état civil, comme par exemple le renouvellement d'une carte d'identité.

Il est intéressant de noter que les individus sont rattachés à un propriétaire, comme dans l'ancien système d'exploitation agricole thaïlandais.

Un étranger résident en Thaïlande peut se faire inscrire sur un *Tabien Baan*. Cela n'est ni obligatoire ni interdit, mais c'est pratique, car ce *Tabien Baan* lui servira de justificatif de domicile dans ses démarches auprès des administrations thaïlandaises : ouverture de compte bancaire, obtention du permis de conduire, achat d'un véhicule.

Le *Tabien Baan* peut faciliter une acquisition immobilière en ne rendant pas obligatoire le versement des fonds depuis l'étranger et en facilitant l'obtention d'un crédit bancaire hypothécaire.

Le livret est gratuit et il remplace avantageusement le certificat de résidence qui peut être obtenu au bureau d'immigration et qui est payant à chaque fois.

Quels avantages à posséder un livret ?

Posséder un livret permet de se débarrasser en grande partie des démarches administratives que l'administration imposées aux résidents étrangers. Pour les résidents qui envisagent de résider à long terme en Thaïlande, ce livret est très utile.

Ce *Tabien Baan* permet par exemple à son titulaire d'acheter un certain nombre de biens en nom propre, alors qu'en son absence, le bien sera au nom du conjoint thaïlandais.

Le fait de posséder ce livret permet de se protéger en cas de rupture avec son conjoint. Cela ne change pas les règles de la répartition des biens après un divorce (communauté réduite aux acquêts) — mais cela rend l'application de ces règles plus faciles que si l'ensemble des biens est au nom du conjoint thaïlandais.

Le résident étranger recevra un « numéro de citoyen » (en thaï *เลขประจำตัว*) comparable au numéro INSEE français. Bien sûr, il n'est pas citoyen thaïlandais, mais c'est ainsi que cela se traduit en français. Il est officiellement enregistré dans le système administratif thaïlandais : une étape extrêmement précieuse pour la vie quotidienne notamment lors des contacts avec des organismes gouvernementaux et des services publics.

Le *Tabien Baan* sera souvent utilisé comme preuve d'une présence légale dans ce pays. Le numéro de citoyen remplacera par exemple sur le permis de conduire le numéro de passeport étranger.

Le triptyque — passeport, visa et *Tabien Baan* — permettra d'éliminer une grande partie de la paperasserie imposée aux résidents étrangers.

Par ailleurs, il sera aussi plus facile d'ouvrir un compte dans n'importe quelle banque thaïlandaise, même celles qui imposent habituellement les critères les plus stricts pour les titulaires de compte expatriés.

Il y a d'autres avantages à posséder un *Tabien Baan* en Thaïlande. Le plus notable est de pouvoir obtenir un permis de construire basé sur un *Tabien Baan* et, par conséquent, d'obtenir plus facilement un droit de superficie (droit de propriété des bâtiments) pour des structures construites sur une propriété thaïlandaise. Par exemple, sur le bâtiment construit sur un terrain appartenant à son conjoint thaïlandais.

Les banques thaïlandaises sont également plus coopératives en ce qui concerne l'octroi de prêts hypothécaires aux étrangers qui sont notés sur un *Tabien Baan*.

Le *Tabien Baan* induit généralement une plus grande acceptation dans la société thaïlandaise. Un facteur qui ne doit pas être sous-estimé.

Inconvénients du *Tabien Baan* ?

Si vous êtes inscrit au *Tabien Baan* en tant que propriétaire, vous devez remplir les obligations légales déclaratives suivantes :

Notifications de naissance — quand il y a une naissance qui a eu lieu dans la maison, l'un des parents, ou vous, devrez informer l'état civil local dans les 15 jours.

Notifications de décès — quand quelqu'un est décédé dans la maison, vous devez en informer le bureau de district ou la police dans les 24 heures.

Déplacement de notification — quand quelqu'un déménage dans ou hors de la maison, vous devez informer le bureau de district dans les 15 jours.

Demande de numéro de maison — lorsque vous prévoyez de démolir une maison existante, vous devez en informer le bureau de district et demander un permis de démolition.

Vous devez demander un permis de construction avant de pouvoir construire une nouvelle structure. Vous devez ensuite demander un nouveau numéro de maison auprès du bureau de district dans les 15 jours suivant la fin de la construction.

Le titulaire du *Tabien Baan* est donc en quelque sorte un agent d'état civil délégué.

Comment obtenir un *Tabien Baan* ?

Tout étranger vivant légalement en Thaïlande peut demander un *Tabien Baan* jaune. Ceci dès l'instant où il est légalement propriétaire, par exemple d'un appartement en copropriété.

Cependant, de nombreux bureaux d'Amphur (prononcé Em'peu) qui gèrent l'état civil sont réticents à les délivrer aux étrangers. D'autres peuvent être plus coopératifs.

Au-delà de ces sensibilités locales, la loi est très claire : si vous vivez légalement en Thaïlande, il n'existe aucune raison légale pour un *Amphur* de vous refuser un *Tabien Baan*.

Si un agent de l'administration vous montre la porte affirmant que vous ne pouvez pas obtenir un *Tabien Baan* en tant qu'étranger, alors vous pourrez lui rappeler courtoisement l'article 38 de la loi sur l'état civil.

Combiné à la révision de la loi de 2008, la loi contient les éléments : **พระราชบัญญัติการทะเบียนราษฎร**

Civil Registration Act 2008:

Section 38. The district or local registrar shall issue a household registration for persons without Thai nationality having been permitted to stay temporarily and those having been giving leniency for temporary residence in the Thai Kingdom as a special case in accordance with law on immigration and the declaration of the Cabinet and their children born within the Thai Kingdom. In a case of permission of temporary residence overdue, the registrar shall immediately dispose of such persons.

En français :

Loi sur l'enregistrement civil de 2008 :

Article 38. Le registraire de district ou local délivre un enregistrement du ménage pour les personnes n'ayant pas la nationalité thaïlandaise ayant été autorisées à rester temporairement et celles ayant accordé la clémence pour la résidence temporaire dans le Royaume de Thaïlande comme cas particulier conformément à la loi sur l'immigration et la déclaration du Cabinet et leurs enfants nés dans le Royaume de Thaïlande. Dans le cas d'une autorisation de résidence temporaire en retard, le registraire doit disposer immédiatement de ces personnes.

Si les blocages perdurent et que vous êtes plus que jamais résolu à obtenir votre *Tabien Baan*, il faudra intervenir à un niveau hiérarchique plus élevé en contactant le Département de l'Administration provinciale (DOPA) pour leur demander leur avis.

La présence d'un avocat thaïlandais lors de ces démarches facilite généralement les choses. Il est à noter que de nombreux étrangers se sont vu réclamer le paiement d'une taxe pour obtenir leur *Tabien Baan*.

Libre à chacun d'accepter ou pas ces demandes, mais normalement obtenir un *Tabien Baan* est un acte administratif gratuit.

Quoi qu'il en soit, il faut des mois pour traiter une demande, ceci même avec le personnel d'*Amphur* le mieux disposé à l'égard des étrangers.

La procédure de demande est interprétée et appliquée très différemment selon l'*Amphur*. Il est donc difficile de donner ici une liste universelle de documents demandés dans toutes les provinces et il faudra donc impérativement contacter l'*Amphur* local pour obtenir la liste des documents exigés.

Vous devrez montrer des preuves légales d'identité, qui peuvent inclure des photos. La plupart des *Amphur* exigent une lettre de votre ambassade indiquant que vous résidez en Thaïlande et une traduction certifiée de votre passeport.

Dans tous les cas, il faut cependant s'enregistrer à la même adresse que celle figurant auprès du ministère de l'Immigration.

Si ce n'est pas le cas, il faudra d'abord modifier cette adresse avant de demander un *Tabien Baan*.

En effet, l'*Amphur* écrira alors à l'immigration en demandant la confirmation de votre existence à l'adresse mentionnée dans le dossier de demande.

Il faut parfois longtemps (plusieurs mois) pour que la réponse leur parvienne. Le titulaire de la résidente principale et du *Tabien Baan* devra également être présent pour signer un certain nombre de documents avant la délivrance du *Tabien Baan*.

Il est fortement recommandé de faire les démarches avec un locuteur thaïlandais (par exemple le titulaire du Tabien Baan ou/et un juriste/avocat) afin de résoudre les obstacles administratifs qui ne manqueront pas de surgir.

L'avantage est que ce livret est définitif. Il n'a pas à être renouvelé régulièrement.

Le livret contiendra un numéro d'identification à 13 chiffres dont le préfixe (premier chiffre) indiquera votre statut, qui vous sera propre et vous suivra au long de votre vie administrative.

Obtenir la nationalité thaïlandaise ?

Selon l'article 7 du *Nationality Act* du 21 juillet 1965, le droit du sol ne s'applique pas en Thaïlande. Contrairement à la France, voir le jour sur le sol thaïlandais n'est en aucun cas une condition suffisante pour devenir un ressortissant du royaume. C'est juste un élément favorable pour la constitution d'un dossier de naturalisation.

Pour déposer ce dossier, il convient de s'adresser au ministère de l'Intérieur qui étudie chaque demande au cas par cas.

Dans le cas d'un mineur dont un des parents est thaïlandais, le droit du sang s'applique. Quel que soit le pays de naissance, tout enfant d'un ressortissant du royaume pourra jouir de la nationalité thaïlandaise.

Démarches à suivre une naturalisation

En vertu du *Nationality Act* de 1965 complété par un décret de 1992, les étrangers qui souhaitent obtenir la nationalité thaïlandaise doivent satisfaire plusieurs conditions plus ou moins précises.

Ce sont les suivantes : être *sui juris* (juridiquement indépendant) en accord avec la loi thaïlandaise et de son pays d'origine, avoir toujours eu un comportement irréprochable, un emploi stable, être domicilié dans le royaume depuis cinq années consécutives, être titulaire d'un certificat de résidence permanente depuis dix années consécutives au moins, être âgé de plus de 40 ans et maîtriser parfaitement la langue thaïe.

Une fois ces conditions réunies, le requérant doit remplir un dossier de demande de naturalisation dont l'acceptation ou le refus est à la discrétion du ministère de l'Intérieur.

La procédure est longue et peut durer jusqu'à trois ans. Son issue demeure incertaine.

Quelles sont les exceptions à cette procédure ?

Une exception peut être faite si le demandeur, marié à une personne de nationalité thaïlandaise, se trouve être le père ou la mère d'un enfant né en Thaïlande ou ayant étudié dans un collège ou une université du royaume.

En règle générale, une femme étrangère mariée à un mari thaïlandais a souvent plus de facilités à se faire naturaliser, les demandes sont en effet plus rares.

La double nationalité est-elle possible ?

Le principe de double nationalité ne s'applique pas en Thaïlande.

Le *Nationality Act* stipule qu'un citoyen thaïlandais qui acquiert, par filiation, déclaration ou naturalisation une seconde nationalité devra renoncer à sa nationalité thaïlandaise.

Si cette acquisition se fait par la naissance, l'intéressé devra théoriquement choisir à sa majorité (le vingtième anniversaire en Thaïlande).

Dans les faits, la double nationalité est tolérée et il n'est pas rare que d'anciens premiers ministres possèdent une seconde nationalité.

Il faudra cependant veiller aux éléments suivants :

– la personne qui possède les deux nationalités ne pourra faire valoir sa seconde nationalité sur le territoire thaïlandais.

– Si la personne binationale entre en Thaïlande en présentant son passeport étranger, il lui faudra accomplir les mêmes démarches que les étrangers (demande de visa…).

La solution consiste donc à voyager avec 2 passeports présentant le passeport étranger à l'immigration étrangère et le passeport thaï à l'immigration thaïe. Elle est tolérée et très couramment utilisée.

Du côté des lois françaises, suisses, canadiennes et belges, rien ne s'oppose à ce qu'un individu possède en plus la nationalité thaïlandaise.

TRAVAILLER

Les étrangers entrant en Thaïlande ne sont pas autorisés à travailler, quel que soit leur type de visa, à moins d'obtenir un permis de travail.

Ceux qui ont l'intention de travailler en Thaïlande doivent entrer avec le bon type de visa (visa non immigrant B obtenu avant d'entrer en Thaïlande) pour pouvoir ensuite déposer une demande de permis de travail.

Pour travailler légalement en Thaïlande, un étranger doit ensuite demander un permis de travail. Ce document indique le poste, la profession et l'entreprise thaïlandaise pour laquelle il travaille.

L'obtention d'un permis de travail est une démarche lourde, il arrive fréquemment que des entreprises proposent de travailler pendant la période d'essai — généralement les 3 premiers mois — sans permis. Cet arrangement a beau être fréquent, il n'en demeure pas moins illégal.

La loi thaïlandaise interdit aux étrangers 39 professions dont la liste est annexée à l'*Alien Employment Act*. Un document qui comprend des métiers manuels et artisanaux (menuisier, maçon, coiffeur, chauffeur-livreur, etc.), l'agriculture, le travail de secrétariat, la médecine, la comptabilité et de nombreux autres métiers.

Certains secteurs sont autorisés, mais de facto, ils sont difficiles d'accès pour des raisons linguistiques. C'est le cas pour les professions juridiques, la communication ou les ressources humaines.

La demande de permis de travail

La délivrance de permis de travail relève des compétences du ministère du Travail. L'article 8 du *Foreign*

Business Act stipule que le futur employeur peut demander ce permis de travail au nom de l'étranger, mais le permis de travail lui-même ne peut être délivré que lorsque l'étranger est en Thaïlande, ceci conformément aux lois sur l'immigration. De plus, un permis de travail ne sera pas délivré à un étranger qui n'a pas de visa de non-immigrant.

L'employeur peut demander un permis de travail alors que l'employé est encore en dehors de la Thaïlande ; cependant, le permis de travail ne sera pas accordé tant que l'employé étranger ne se sera pas personnellement rendu au bureau du travail en Thaïlande.

Cette demande exige la <u>détention préalable d'un visa non immigrant B</u>, obtenu si possible auprès d'une ambassade ou d'un consulat thaïlandais. Idéalement, il doit donc être obtenu avant l'arrivée en Thaïlande.

Toutefois dans certains cas, il est possible de convertir un visa touristique en un visa non immigrant sans quitter la Thaïlande.

Une fois complète, la demande sera soumise au département de l'Emploi (grom gan jat ha ngan *กรมการจัดหางาน* en thaï) du ministère du Travail (gra-suang raeng ngan *กระทรวงแรงงาน*) pour votre province ou région.

Le processus de traitement prend généralement de deux à quatre semaines. Mais ce délai est très variable et peut aller d'environ 7 jours ouvrables à Bangkok jusqu'à deux mois comme à Phuket.

L'employeur devra fournir les documents indispensables à la demande de permis de travail, et vérifier que la profession que son employé effectuera n'est pas interdite aux étrangers.

L'employé devra également recevoir un salaire minimum conformément à la réglementation sur les travailleurs étrangers (salaire minimum de 50 000 bahts pour les ressortissants français, belges, suisses et canadiens).

Une fois le permis prêt, son titulaire sera convoqué au bureau pour payer son permis, le signer et recevoir son petit livre bleu (WP4). Celui-ci doit être conservé avec lui ou à son lieu de travail pendant ses heures de travail.

Dans la plupart des cas, la validité du permis de travail ne dépassera pas la période de validité du visa « B » non-immigrant du demandeur.

Lorsque vous demandez votre permis de travail, il ne sera délivré que pour la durée de validité de votre visa. Ainsi, vous recevrez votre permis jusqu'à la date d'expiration de votre visa.

Environ un mois avant la date d'expiration de votre visa, vous pouvez demander la prolongation de votre visa jusqu'à la fin d'une année complète. Si vous avez obtenu d'abord 90 jours, l'immigration vous accordera 275 jours supplémentaires pour un total de 365.

Vous devez détenir un permis de travail valide afin de prolonger votre visa. Des frais de 1 900 bahts seront perçus.

Une fois la prolongation du visa obtenue, vous pouvez retourner au bureau du travail pour prolonger votre permis de travail jusqu'à la fin de la période de validité de votre visa.

Les années suivantes, les choses seront plus simples. Vous pourrez demander la prolongation du visa pour une année supplémentaire. Une fois cette prolongation accordée, vous pourrez alors prolonger votre permis de travail pour une autre année.

Depuis 2010 cependant, les permis de travail peuvent être délivrés pour 1 an (3000 bahts) ou 2 ans (6000 bahts).

C'est très pratique si vous prévoyez de travailler pendant plus d'un an en Thaïlande — vous pouvez limiter vos extensions de permis de travail à une fois tous les 2 ans, même si votre visa aura toujours besoin d'être renouvelé chaque année.

Comment se présente un permis de travail ?

Le permis de travail se présente comme un livret bleu de la taille d'un passeport ou d'un livret bancaire avec un Garuda sur la couverture.

L'information collectée lors de votre demande va figurer dans le livret, y compris votre poste, la description du travail, l'emplacement du bureau, le nom de l'employeur et la période d'emploi.

Vous remarquerez également un champ intitulé «Localité autorisée à travailler (province) จังหวัด». Elle indique la province où vous êtes légalement autorisé à travailler. Pour travailler à l'extérieur de cette zone, vous devrez faire une demande d'ajout au permis.

Un permis de travail mentionne le nom de votre employeur. Il ne permet pas à un étranger de travailler pour une autre entreprise. Celui-ci est en quelque sorte dépendant de son employeur. S'il en change, il devra demander un nouveau permis de travail.

La dernière page du permis de travail donne un avertissement avec les 4 règles suivantes et les sanctions correspondantes :

1. Le permis de travail doit être détenu par le titulaire sur son lieu de travail pendant les heures de travail afin qu'il puisse être inspecté par les fonctionnaires à tout moment (amende n'excédant pas 1000 bahts en cas de manquement).

2. Le titulaire du permis ne doit pas effectuer de travaux en dehors des conditions spécifiées sur le permis de travail sans autorisation préalable (peine de prison

n'excédant pas un mois et/ou une amende n'excédant pas 2 000 bahts).

3. Le permis doit être renouvelé avant sa date d'expiration si le titulaire du permis souhaite continuer à travailler (peine d'emprisonnement n'excédant pas 3 mois et/ou amende n'excédant pas 5 000 bahts).

4. Si le titulaire du permis démissionne avant l'expiration du permis de travail, le permis doit être remis à l'administration dans les sept jours suivant la démission (amende n'excédant pas 1 000 bahts).

Rappelons que le permis de travail peut être utilisé comme preuve officielle d'adresse en Thaïlande, ce qui est utile pour un grand nombre de démarches : achat d'une voiture, demande d'un permis de conduire.

L'employeur

D'autre part, l'employeur du demandeur doit être une entité juridique ayant un capital minimum intégralement libéré de 2 millions de bahts ainsi que 4 employés thaïlandais (critères applicables par employé étranger).

Toutefois, lorsque l'employé étranger a un conjoint thaïlandais, la capitalisation enregistrée peut être réduite à un million de bahts.

Les entités commerciales étrangères qui ont créé une filiale en Thaïlande peuvent demander des permis de travail pour leurs employés s'ils apportent dans le pays au moins trois millions de bahts par employé.

Certaines exceptions s'appliquent, notamment pour les sociétés promues par le *Board of Investment* ou pour les bureaux de représentation ou les bureaux régionaux, dont les démarches sont centralisées auprès du one-stop-service.

Les documents

Le demandeur doit soumettre les documents suivants (traduction certifiée pour les documents qui ne sont pas en langue thaïlandaise) :

Original du passeport — avec copie de chaque page. Chaque copie doit être signée par l'employé.

Visa non immigrant.

Carte de départ TM.6.

Diplôme d'études (copie signée).

Transcription (copie signée).

Certificats ou licences détenus par le demandeur (copie signée)

CV signé avec le détail des postes, fonctions, performances, durée et lieu de travail passés du candidat. Il est à noter que pour travailler en Thaïlande sans problème, un bac plus 3 ou un savoir-faire professionnel rare en Thaïlande est préférable.

Photos, trois, dans un format 5 x 6 centimètres avec visage intégral et tenues de ville (aucun chapeau, de plus certaines juridictions exigent costume et cravate). La photo doit avoir été prise dans les six mois avant la demande.

Certificat médical.

Lettre d'embauche.

Adresse en Thaïlande avec attestation de domicile.

Dans le cas où le demandeur est marié à un ressortissant thaïlandais, les documents supplémentaires suivants doivent être annexés à la demande :

- Le certificat de mariage avec les photocopies signées.
- Carte d'identité thaïlandaise et *Tabien Baan* du conjoint ou du ménage.
- Certificats de naissance des enfants et l'enregistrement du ménage.

Les fonctionnaires thaïlandais peuvent vous demander de traduire ces documents en langue thaïlandaise et exiger leur certification par l'ambassade du pays d'origine.

Ceci nécessite d'avoir votre diplôme, votre CV, votre licence ou votre certificat pour aller à votre ambassade qui certifiera qu'il s'agit d'un document authentique.

L'employeur doit fournir pour sa part :

Certificat d'entreprise et objectifs.

États financiers.

Photocopies signées du passeport et du permis de travail du directeur.

Carte localisant le siège des bureaux.

Lettre d'embauche indiquant le poste et le salaire du candidat.

Contrat de travail.

Liste des actionnaires certifiée par le Département d'enregistrement commercial.

Licence d'usine (si nécessaire) délivrée par le département d'usine, ministère de l'Industrie.

Certificat de TVA — Phor Phor 20 ภ.พ. 20

Dépôt de TVA — Phor Phor 30 ภ.พ. 30

Retenue à la source dans le cas où la demande de permis de travail est un renouvellement — Phor Ngor Dor 1 ภ.ง.ด.1

Dépôt de paiement de la sécurité sociale.

La description du poste doit démontrer que le candidat possède l'ensemble des compétences requises pour occuper un emploi que les travailleurs thaïlandais ne peuvent occuper de manière satisfaisante.

La Thaïlande applique une politique de préférence nationale et il s'agit de réserver en priorité la disponibilité des emplois aux citoyens thaïlandais. Même si un dossier est complet, il est toujours possible que le permis de travail ne soit pas accordé par le ministère du Travail.

Une fois le permis de travail accordé, le particulier devra également obtenir une carte d'identification fiscale par l'entremise de son employeur. Sa carte d'identification fiscale comprendra le numéro d'identification fiscale (NIF), qui sera utilisé pour les relations avec le fisc (*Thailand Revenue Department*).

Le titulaire du permis de travail possède alors un visa non immigrant B et son permis de travail. Il peut demander un permis de multientrées.

Le titulaire du permis doit l'avoir en permanence sur son lieu de travail pendant les heures de travail. Il faut noter que le permis de travail est accordé pour les fonctions décrites dans la demande et que le titulaire peut seulement effectuer le travail indiqué dans le permis de travail et pour l'employeur spécifiquement mentionné dans son permis.

Un permis de travail n'est en aucun cas un droit de travailler dans la fonction désirée et pour l'employeur désiré. Il est octroyé pour un employeur et une fonction.

Toute modification, tout transfert ou toute cessation d'emploi (démission ou licenciement) doit être notifié au ministère du Travail dans les 15 jours. En outre, en cas de rupture de son contrat de travail, l'employé étranger doit retourner le permis de travail au ministère du Travail dans les 10 jours suivant cet évènement sous peine d'une amende de 1 000 bahts.

Les frais sont les suivants pour une demande de permis de travail.

Demande 100 bahts/formulaire.

Le permis lui-même (également en cas d'extension) :

Validité jusqu'à trois mois : 750 bahts/livret

Entre trois et six mois de validité : 1 500 bahts/livret

Entre six mois et un an de validité : 3 100 bahts/livret

Renouvellement pour un an ou plus : 3 100 bahts plus le montant correspondant à la durée excédant une année.

Remplacement d'un permis 500 bahts

Changement ou ajout dans la description de poste 1 000 bahts

Changement ou ajout d'employeur 3 000 bahts

Changer ou ajouter un lieu ou un lieu de travail 1 000 bahts/heure.

Modifier ou ajouter d'autres conditions 150 bahts/heure.

Suspension du permis de travail 100 bahts/heure.

Une fois la nouvelle loi de 2008 appliquée, le Département du travail sera en mesure de facturer des frais supplémentaires de 10 000 bahts lorsqu'une entreprise embauchera un employé étranger qui est un travailleur non qualifié ou non spécialisé.

Modifications d'un permis de travail

Les changements apportés aux détails d'un permis de travail sont principalement de deux ordres.

Un changement dans la description du poste ou dans le lieu de travail sera rapide et facile à faire au bureau des permis de travail, moyennant des frais de 1 000 bahts par changement.

Un changement d'employeur est un peu plus compliqué. Si vous avez un contrat d'un an et souhaitez signer un contrat avec un nouvel employeur pour l'année suivante, vous pouvez demander à votre nouvel employeur de préparer les documents nécessaires pour obtenir votre permis de travail comme lors de la demande initiale.

Cela comprendra notamment votre nouveau contrat. Le dépôt du dossier permettra de demander la prolongation de votre permis de travail auprès de votre nouvel employeur et coûtera 3000 bahts.

Il est légal d'avoir plus d'une description de travail dans un permis de travail. Vous pouvez par exemple avoir 2 descriptions d'emploi différentes dans 2 provinces différentes de la Thaïlande dans votre permis de travail.

Votre permis de travail est la preuve officielle de votre statut de travailleur en Thaïlande.

Tout travail effectué sans celui-ci est illégal et peut entraîner des conséquences graves comme des amendes et des peines d'emprisonnement.

Pour un renouvellement, il peut être utile de se munir de preuves que le travail est bien effectif comme des photos avec son équipe, attestant de la réalité du travail.

Au cours de la période récente, nous assistons à un contrôle plus important de l'attribution des permis de travail. Cette tendance devrait perdurer.

Sanctions en cas de travail sans permis

Travailler sans un permis de travail spécifique ou dans une occupation ou un lieu autre que celui spécifié dans son permis de travail est une infraction pénale.

Récemment, le pays a renforcé ses sanctions contre le travail illégal. En vertu des nouvelles lois publiées dans la Royal Gazette datée du 22 juin 2017, et qui sont entrées en vigueur, les employeurs qui emploient illégalement des étrangers devront faire face à des sanctions plus sévères. Les contrevenants étant passibles d'amendes de 800 000 bahts pour chaque étranger employé illégalement.

Même si le travailleur est en règle avec son permis de travail, les employeurs pourraient toujours être condamnés à une amende de 400 000 bahts par travailleur si l'emploi occupé est différent de celui déclaré aux autorités.

Le propriétaire d'un logement abritant un étranger entré illégalement dans le Royaume est coupable d'une infraction pénale passible d'une peine d'emprisonnement pouvant aller jusqu'à cinq ans et/ou d'une amende pouvant aller jusqu'à 50 000 bahts.

Les étrangers qui travaillent sans permis de travail sont passibles d'amendes comprises entre 2 000 et 100 000 bahts et d'une peine maximale d'emprisonnement de 5 ans.

Les étrangers qui effectuent un travail différent de celui enregistré sur leur permis de travail peuvent se voir infliger une amende pouvant atteindre 100 000 bahts.

Travailler dans des professions interdites peut entraîner une peine d'emprisonnement pouvant aller jusqu'à cinq ans de prison ou de lourdes amendes.

Ces durcissements de la loi ont entraîné un exode de nombreux travailleurs étrangers.

Appliqués à la lettre, ces textes peuvent aller théoriquement jusqu'à rendre problématiques de simples déplacements professionnels dans une province autre que celle figurant dans le permis de travail.

Ils peuvent aussi rendre illégal un travail qui n'est pas strictement décrit dans le poste autorisé par le permis de travail.

Visa d'investissement

Les étrangers réalisant un investissement en Thaïlande à hauteur de 10 millions de bahts sont en droit d'obtenir un visa d'investissement d'un an renouvelable.

Les types d'investissement sont néanmoins limités, et doivent consister en l'achat (ou location de longue durée) d'un condominium neuf, le dépôt de fonds sur un compte d'épargne fixe auprès d'une banque thaïlandaise, l'achat de bonds du gouvernement ou d'entreprises d'État, ou la combinaison de ces divers types d'investissement.

CRÉER UNE SOCIÉTÉ

Plusieurs lois et règlements régissent l'étendue de la participation étrangère dans les activités commerciales en Thaïlande. La principale loi applicable est le *Foreign Business Act*, B.E. 2542 (1999) (le «FBA»). Ces lois restreignent les domaines dans lesquels les étrangers peuvent monter des affaires.

La philosophie du FBA est protectrice pour les nationaux thaïlandais. Cet acte limite les droits des étrangers à exercer certaines activités commerciales en Thaïlande.

Les investisseurs qui souhaitent développer de nouvelles entreprises doivent préalablement consulter attentivement le FBA. Un étranger peut entièrement être propriétaire d'une entreprise en Thaïlande, sauf si l'activité spécifique de cette entreprise est restreinte en vertu de la FBA ou est interdite par une autre loi.

La création d'entreprise en Thaïlande

La FBA définit les «étrangers» comme des personnes physiques ou des entités juridiques (sociétés, partenariats enregistrés, etc.) qui ne possèdent pas la nationalité thaïlandaise.

Les sociétés sont considérées comme «étrangères» si 50 % ou plus de leur capital social appartiennent à des personnes ou à des entités juridiques étrangères.

Les partenariats sont considérés comme étrangers si 50 % ou plus des associés sont des personnes étrangères ou si le partenaire ou gérant est un étranger.

La FBA définit trois catégories, ou des programmes, des activités commerciales contrôlées (énoncées dans l'annexe A) :

L'annexe 1 comprend les activités commerciales dont les étrangers sont exclus pour des « raisons spéciales » et pour lesquels ils ne peuvent obtenir de licence ;

L'annexe 2 dresse la liste des entreprises susceptibles d'avoir une incidence sur la sécurité ou la sûreté nationale, l'art, la culture, les coutumes, la production manufacturière indigène ou l'artisanat, les ressources naturelles ou l'environnement.

Les étrangers ne peuvent s'engager dans les entreprises de l'annexe 2 que s'ils obtiennent la permission du ministre du Commerce, qui à son tour ne peut être délivré qu'en vertu d'une résolution du Cabinet.

En outre, les ressortissants thaïlandais doivent détenir au moins 40 % du capital de cette personne morale étrangère et les deux cinquièmes (2/5) des administrateurs doivent être thaïlandais.

Une résolution du Cabinet du ministre du Commerce peut assouplir ces exigences, mais en aucun cas le pourcentage de participation thaïlandaise dans une entreprise de l'annexe 2 ne peut être inférieur à 25 %.

L'annexe 3 contient des activités commerciales dans lesquelles les Thaïlandais sont considérés comme n'étant pas suffisamment préparés pour être compétitifs sur un pied d'égalité avec les étrangers. Les étrangers ne peuvent exercer ces activités qu'après avoir reçu la permission du Directeur général du Département du développement des entreprises, le ministère du Commerce, avec l'approbation du *Foreign Business Board*.

Si une entreprise étrangère reçoit cette autorisation, la personne juridique étrangère peut être détenue à 100 % par des étrangers et aucun nombre minimum d'administrateurs thaïlandais n'est alors requis.

Le *Foreign Business Board* doit examiner les entreprises énumérées dans les annexes au moins une fois par an et proposer au ministre du Commerce les modifications nécessaires.

Les pénalités pour non-respect des restrictions imposées sont lourdes et peuvent entraîner une peine d'emprisonnement de trois ans et/ou une amende comprise entre 100 000 bahts et 1 000 000 bahts.

Domaines interdits aux étrangers

La *Foreign Business Act* établit qu'une série d'activités commerciales et industrielles ne peuvent être exercées par des étrangers sauf obtention d'une licence ou d'une exemption.

Cette interdiction inclut les sociétés enregistrées à l'étranger ou des sociétés enregistrées en Thaïlande détenues majoritairement par des étrangers et elle comprend les domaines suivants :

- Édition de journaux, radiodiffusion ou télédiffusion
- Riziculture, agriculture arable ou verger
- Élevage de bétail
- Sylviculture et transformation du bois issu des forêts (cultivées naturellement)
- Pêche, uniquement en relation avec la vie marine dans les eaux thaïlandaises et la zone économique spécifique
- Extraction d'herbes médicinales thaïlandaises
- Commerce/vente aux enchères d'antiquités thaïlandaises ou ayant une valeur historique pour le pays
- Fabrication ou moulage d'images de Bouddha et de bols d'aumône
- Commerce de biens immobiliers

Types d'entreprises autorisées

Le droit des sociétés en Thaïlande est complexe. En outre, différentes structures organisationnelles peuvent convenir davantage à différents types d'activités commerciales.

Nous ne saurions trop insister sur le fait d'inviter des investisseurs étrangers en Thaïlande à consulter un avocat d'affaires compétent avant de se lancer dans des opérations commerciales en Thaïlande.

Il existe différentes structures d'entreprises.

Société à responsabilité limitée (Private Thai Limited Company)

La société à responsabilité limitée, en particulier dans sa forme de société privée thaïlandaise, est la forme la plus populaire de structures commerciales en Thaïlande.

Nous lui consacrerons un chapitre complet.

Partenariat thaïlandais

Le partenariat ordinaire est une entreprise créée par un minimum de deux personnes.

Les personnes sont des coassociés qui partagent une responsabilité illimitée pour toutes les obligations de la Société.

Il n'est pas obligatoire d'enregistrer un partenariat ordinaire, mais les partenaires peuvent choisir de le faire comme prévu à la section 1064 de la CCC thaïlandaise, se lit en partie «Un partenariat ordinaire peut être enregistré.»

Chaque partenaire est personnellement et solidairement responsable des dettes et des impôts de la société. Par exemple, si les actifs de la société en commandite sont insuffisants pour satisfaire les réclamations d'un créancier, les biens personnels des associés sont assujettis à la saisie et à la liquidation pour payer les dettes de l'entreprise.

Chaque partenaire peut être tenu conjointement et solidairement responsable de l'acte répréhensible ou délictueux d'un co-partenaire vis-à-vis d'un tiers.

Sauf disposition contraire de l'accord de partenariat, nul ne peut devenir membre du partenariat sans le consentement de tous les partenaires.

Société en commandite (Limited Partnership)

Une société en commandite est, à plusieurs égards, semblable à un partenariat ordinaire, sauf qu'elle prévoit deux types de partenaires : un partenaire dont la responsabilité est limitée et l'autre partenaire dont la responsabilité est illimitée.

Elle fait la distinction entre les commanditaires et les partenaires de gestion. Cette situation est différente de celle d'un partenariat ordinaire où tous les partenaires ont une responsabilité conjointe et illimitée.

Contrairement à un partenariat thaïlandais ordinaire, les **sociétés en commandite doivent être enregistrées**.

Dans le cas d'une société en commandite, le ou les associés commandités assument une responsabilité conjointe et illimitée, tandis que les commanditaires ne sont responsables que jusqu'à concurrence de leurs contributions respectives.

Cependant, il existe une exception importante selon laquelle un commanditaire peut être tenu conjointement et indéfiniment responsable s'il « interfère » dans la gestion du partenariat. Selon l'article 1088 du code civil et commercial :

« Si un associé à responsabilité limitée interfère avec la direction du partenariat, il devient conjointement, et sans limites responsable de toutes les obligations du partenariat.

Les options et les conseils, les votes donnés pour la nomination ou la révocation des dirigeants dans les cas prévus par le contrat de partenariat, ne sont pas considérés comme une ingérence dans la gestion de la société. »

Bureau de représentation

Un bureau de représentation est limité sur les activités, comme indiqué ci-dessous :

Rapport sur les mouvements d'affaires en Thaïlande.

Fournir des conseils sur les produits vendus à des distributeurs ou à des clients

Achats de biens et de services en Thaïlande

Inspecter et contrôler la qualité et la quantité de biens achetés ou commandés pour être fabriqués en Thaïlande

Présentation d'informations concernant de nouveaux produits ou services

Bureau régional

La structure est ce qui sépare les bureaux régionaux et leurs homologues des succursales. Le bureau régional exercera ses activités en Thaïlande au nom de son siège social situé en dehors du royaume thaïlandais.

Un bureau régional est limité à l'exécution de sept activités spécifiques, qui relèvent toutes de la liste trois de la loi sur les entreprises étrangères « FBA Act 1999 », les activités susmentionnées sont énumérées ci-dessous.

Communiquer, coordonner et diriger, au nom du siège social.

L'exploitation des succursales et des sociétés affiliées situées dans la région.

Fournir des services de conseil et de gestion.

Formation et développement du personnel.

Direction financière.

Contrôle du marketing et planification de la promotion des ventes.

Développement de produit.

Services de recherche et développement

Il convient également de noter qu'une société étrangère doit avoir au moins une succursale active ou une filiale en Asie. Les bureaux régionaux sont également empêchés de gagner un revenu, d'acheter, de vendre et de négocier sur le sol thaïlandais.

Certification BOI

Le Conseil thaïlandais des investissements (*Board of Investment* ou BOI) est un organisme gouvernemental créé en 1997 pour attirer en Thaïlande certains investissements dans les domaines à forte valeur ajoutée.

Une entreprise thaïlandaise peut bénéficier d'une série d'avantages en étant certifiée par le BOI : exonérations fiscales (droits de douane, Impôt sur les sociétés), permis de travail multiples sans obligation de présenter quatre employés thaïlandais par permis, délais de traitement accéléré pour les permis de travail avec un guichet unique, propriété foncière même si l'entreprise est contrôlée majoritairement par des ressortissants non thaïlandais.

Il est important de garder à l'esprit que la certification BOI est réservée aux investisseurs ayant une certaine taille critique. Le processus de certification peut être long et laborieux.

Il faut savoir que cette possibilité existe, mais il serait illusoire de résumer les subtilités du processus en quelques pages.

L'actionnaire local majoritaire

Lors de la création d'une société en Thaïlande, le partenaire étranger devra s'adjoindre un actionnaire local thaïlandais pour la société soit considérée comme thaïlandaise. Ce partenaire peut être une société elle-même à majorité thaïlandaise.

Il arrive que cet actionnaire soit choisi pour satisfaire à la législation mais sans avoir de participation financière substantielle ni de réel intérêt dans la société constituée. On parle d'un actionnaire « de nom seulement ». Un terme français usuel est celui d'« homme de paille » ou d'actionnaire prête-nom. On peut également parler de portage.

Cette pratique est utilisée par les investisseurs étrangers afin de respecter formellement la législation tout en conservant la réalité du contrôle de l'entreprise.

En vertu de la loi thaïlandaise sur les affaires étrangères de 1999 et de la loi foncière thaïlandaise, cette pratique usuelle est une infraction pénale punie par des amendes ou des peines d'emprisonnement substantielles : jusqu'à 3 ans de prison et une amende pouvant aller jusqu'à un million de bahts.

Même si l'actionnariat étranger est minoritaire, rien ne s'oppose légalement à ce que cet actionnaire minoritaire exerce le contrôle effectif d'une entreprise et en soit le directeur général.

À cet égard, un étranger peut choisir de former une société à majorité thaïlandaise dans laquelle le partenaire thaïlandais aura une participation de 51 % dans la société et l'associé étranger de 49 % sans devoir en céder la gestion effective. Bien entendu, il importe que le choix des partenaires locaux soit judicieux afin d'éviter de mauvaises surprises.

La principale raison de ce choix d'un partenariat est de bénéficier de certains avantages. En effet, une société à majorité thaïlandaise, par opposition à une société étrangère, exige moins de capital et est soumise à des procédures plus souples au moment de sa création et pendant sa vie.

Un autre avantage d'avoir des partenaires thaïlandais vient du fait qu'une société à majorité thaïlandaise est en mesure d'acheter des terrains. L'achat de biens fonciers est d'ailleurs une des causes majeures de création de sociétés de ce type.

Dans tous les cas, cette société devra respecter la loi thaïlandaise qui exige une adresse fixe, une comptabilité et le dépôt des bilans annuels.

Il faut également garder à l'esprit qu'une entreprise qui ne génère aucun revenu, risque d'être radiée du registre du commerce par les autorités.

La Thai Limited Company

La Thai Limited Company บริษัทจำกัด est, de loin, le type de société le plus populaire parmi les étrangers propriétaires d'entreprises. La responsabilité des actionnaires est limitée à tout montant restant impayé sur leurs actions.

Il y a une séparation entre les propriétaires et la direction.

L'article 1096 du Code civil et commercial thaïlandais (CCC) établit que « Une société à responsabilité limitée est constituée d'un capital divisé en parts égales et la responsabilité des actionnaires est limitée au montant, le cas échéant, impayé. sur les actions détenues respectivement par eux. »

Les principaux avantages de ce type de société, comparable à la SARL française, sont d'une part que la responsabilité des actionnaires est limitée à la valeur des actions qu'ils possèdent et d'autre part que la structure permet la séparation de l'organe actionnarial et de l'organe de direction qui exerce le contrôle effectif de l'entreprise.

Depuis juillet 2008, il faut seulement trois actionnaires pour constituer une société à responsabilité limitée thaïlandaise, contre au moins sept auparavant.

En vertu de la loi sur les sociétés, une société qui compte 50 % ou plus d'actions étrangères sera considérée comme une entité étrangère.

En pratique, cela signifiera que l'entreprise aura besoin d'un plus grand nombre d'autorisations (licences et autorisations d'exploitation).

Il faut noter que dans une société, il n'est pas possible de laisser des actions sans propriétaire ni de les transférer au propriétaire étranger en violant le seuil des 50 % ; ces titres doivent être transférés à un autre citoyen thaïlandais sous peine de violer la loi.

En effet, les transferts d'actions doivent être déclarés dans le rapport annuel.

Création d'une SARL (Thai Limited Company).

La création d'une société à responsabilité limitée nécessite :

Un minimum de trois actionnaires.

Au moins un directeur.

Un auditeur-comptable.

Un protocole d'association ou *Memorandum of Association*.

Une réunion statutaire *Statutory Meeting* doit être convoquée pour procéder à toutes les nominations.

L'enregistrement des documents de création.

Un avocat sera indispensable dans le processus de création d'entreprise en Thaïlande. Il sera chargé d'enregistrer le nom de la société, de rédiger les statuts et d'inscrire la société à la sécurité sociale et à la TVA.

La direction

Une société est dirigée par au moins un directeur sous le contrôle de l'assemblée générale des actionnaires. Il assume entre autres les responsabilités suivantes :

l'existence et la tenue régulière de livres et de documents conformément à la loi (www.rd.go.th) ;

le paiement effectif des actions par les actionnaires ;

la distribution appropriée des dividendes d'intérêt conformément à la loi ;

la bonne application des résolutions des assemblées générales.

La tenue des assemblées générales annuelles de la société et l'invitation à l'assemblée générale des actionnaires. En cas de premier manquement à convoquer une assemblée générale des actionnaires conformément aux dispositions du code civil et commercial, une amende de 20 000 bahts sera imposée.

En fonction de ses activités, une société à responsabilité limitée peut être tenue de s'inscrire à la taxe sur la valeur ajoutée ou à la taxe professionnelle spécifique.

Elle doit également suivre les procédures comptables spécifiées dans le code civil et commercial, le code des impôts et la loi sur les comptes. Un bilan doit être préparé une fois par année et déposé auprès du ministère du Revenu et de l'Enregistrement commercial.

En outre, les entreprises sont tenues de retenir l'impôt sur le revenu du salaire de tous les employés réguliers.

Réservation de dénomination sociale

La première étape est la réservation d'un nom de société et d'un logo. Ceci peut être fait en ligne avec le *Department of Business Registration*.

Vous devez proposer trois noms différents classés par préférence, pour votre entreprise pour le cas où ces noms seraient déjà utilisés.

Le logo est très important, car il vous permettra de créer le tampon de votre entreprise. Ce tampon n'est pas un gadget en Thaïlande. Dès que vous signez un document officiel vous devrez apposer votre tampon, faute de quoi le document n'est pas conforme.

L'approbation du nom prend généralement jusqu'à 3 jours.

Il existe des lignes directrices sur les réservations émises par le Département de l'enregistrement commercial du ministère du Commerce.

Certains noms associés à la famille royale, les noms de ministères et d'autres unités gouvernementales, les noms proches de ceux d'autres sociétés entraînant une confusion, les noms heurtant la morale publique, les noms qui sont trompeurs, ne sont pas autorisés. La raison sociale approuvée est valide pour 30 jours.

L'approbation ou le refus du nom proposé peut être obtenu en une ou deux journées. La validité de la réservation de dénomination sociale approuvée est limitée à 30 jours, mais elle peut être réservée pour 30 jours supplémentaires à l'expiration de ce délai.

Déposer un acte d'association :

L'acte constitutif de la société doit être déposé auprès du service d'enregistrement commercial (*Registrar of companies*) et doit inclure : le nom réservé de la société, son siège social, ses objectifs commerciaux, le montant du capital et sa division en parts (actions), le nom des trois promoteurs qui signent le Mémorandum.

Au moins trois personnes doivent signer le protocole d'association. Ces personnes peuvent être des étrangers et des ressortissants thaïlandais, chaque promoteur doit être actionnaire de la société.

Pour être thaïlandaise, la part des actionnaires thaïlandais doit être majoritaire. Comme nous l'avons souligné, cette contrainte pousse les entrepreneurs étrangers à utiliser des actionnaires thaïlandais comme prête-noms. Un système très répandu qui n'en demeure pas moins interdit en vertu du *Foreigner Business Act*.

Dans le cas où 40 % au moins des actions sont détenues par des étrangers, ou si un ou plusieurs administrateurs de l'entreprise sont des étrangers, les actionnaires thaïlandais doivent être capable de démontrer que les fonds qu'ils ont versés pour leurs actions leur appartiennent et qu'ils n'agissent pas en tant que prête-noms.

Si l'investisseur étranger a un partenaire thaïlandais qui sera l'administrateur autorisé de l'entreprise, et qu'il ne veut pas de permis de travail, alors le capital peut être aussi peu que 5 bahts par action.

Comme une entreprise a besoin d'au moins 3 actionnaires, le capital social peut être aussi faible que 15 bahts.

Cependant, les frais d'enregistrement d'une société en Thaïlande sont les mêmes pour le capital de 15 bahts ou de 1 million de bahts.

Le capital doit être libéré à hauteur d'au moins 25 %. Rien n'empêche cependant l'entreprise de reprêter une partie de son capital à ses actionnaires, ce qui permet de limiter l'investissement net.

En général, le montant enregistré du capital doit être suffisant pour développer les activités commerciales ou industrielles prévues.

Dans certains cas, un montant minimum de capital doit être versé, selon la nature de l'entreprise, ou si celle-ci emploie des étrangers (2 millions bahts).

Vous pouvez installer votre entreprise chez vous, néanmoins si vous êtes locataire, il vous faudra obtenir l'accord écrit de votre propriétaire.

Verser les frais d'administration

L'enregistrement de l'entreprise commence par la réservation de son nom auprès du ministère.

Le mémorandum est alors déposé et approuvé par le Ministère. Les frais se montent à 0,05 % du capital, avec un minimum de 500 bahts et un maximum de 25 000 bahts.

Tenir l'assemblée statutaire des actionnaires

Une fois la structure actionnariale définie, une assemblée statutaire est convoquée au cours de laquelle les statuts de la société sont approuvés, le conseil d'administration est élu et un comptable désigné.

Cette réunion sera convoquée après la description de la structure actionnariale. Le Foreign Business Act (FBA), qui s'applique aux investissements étrangers, stipule que le capital minimum d'une entreprise détenue par des étrangers doit être de 2 millions de bahts (soit 40 000 € environ).

Si la création de l'entreprise est soumise à l'obtention d'autorisation spécifique, son capital minimum sera de 3 millions de bahts.

Les actions peuvent être ordinaires ou préférentielles, et peuvent avoir des clauses pour augmenter ou réduire leur droit de vote. Toutes les actions doivent cependant avoir la même valeur (au moins cinq bahts).

Au moins 25 % de la valeur des actions souscrites doit être libérée lors de l'enregistrement de la société.

L'entreprise doit émettre un reçu aux actionnaires lors du paiement, qui doit être approuvé par le ministère du Commerce.

Dans certains types d'entreprises, un montant minimum précis de capital doit être entièrement payé.

D'autre part, un montant minimum de capital doit être intégralement payé lorsque l'entreprise souhaite employer des salariés étrangers.

L'entreprise concernée doit avoir un capital social d'au moins 2 millions de bahts, entièrement libéré pour chaque permis de travail.

Preuve de paiement du capital

Si la société est constituée avec plus de 5 millions de bahts de capital ou si une augmentation de capital de plus de 5 millions de bahts est réalisée, alors la preuve du paiement de ce capital devra être produite au Ministère de Commerce dans un certain délai.

Demande d'enregistrement

La demande d'enregistrement de l'entreprise doit être rédigée dans les trois mois qui suivent la première assemblée générale.

La demande doit inclure le compte-rendu de l'assemblée générale, la liste des actionnaires, et les objectifs de la société, qui doivent être validés par le ministère et le règlement interne de la société.

Les frais d'enregistrement se montent à 0,5 % du capital, avec un minimum de 5 000 bahts, et un maximum de 250 000 bahts.

Immatriculation à l'impôt sur le revenu des sociétés

Une société nouvellement établie assujettie à l'impôt sur le revenu doit obtenir un numéro d'identification fiscale auprès du *Revenue Department* dans les 60 jours de la constitution ou le début des opérations pour être soumise à l'impôt sur le revenu des sociétés et obtenir une carte d'identité fiscale et un numéro afférent.

D'une manière générale, l'impôt sur les sociétés ou *corporate income tax* («CIT») s'applique à une base fiscale correspondant à l'ensemble des revenus de la société au cours de cette année fiscale, déduction faite des dépenses admises et de l'amortissement des investissements.

À l'heure actuelle, le taux général d'imposition des sociétés est de 20 % du revenu net (voir fiscalité).

Une société étrangère exerçant son activité en Thaïlande est également soumise à une taxe de 10 % sur le transfert de ses bénéfices hors de Thaïlande.

Cette taxe peut faire l'objet d'une exemption en vertu d'une convention de double imposition applicable.

Une société de siège d'exploitation régionale (ROH) peut obtenir une exonération fiscale sur les revenus provenant d'opérations à l'étranger et bénéficier d'un taux d'imposition préférentiel de 10 % sur les autres bénéfices nets éligibles.

Deux déclarations de revenus des sociétés doivent être déposées chaque année, la première est due deux mois après la fin des six premiers mois de l'année fiscale de la société.

La moitié de l'impôt estimé dû pour l'année entière doit être payé avec cette déclaration. La déclaration finale doit être produite dans les 150 jours suivant la fin de l'année d'imposition de l'entreprise, date à laquelle la taxe totale restante doit être payée.

Enregistrement pour la taxe sur la valeur ajoutée

Une entreprise individuelle, un partenariat ou une entreprise dont le revenu brut est de 300 000 bahts par mois ou de 1 800 000 bahts par an est assujetti à la TVA si elle fournit des services ou des biens assujettis à la TVA. Certains services sont à taux zéro et d'autres sont exonérés de la TVA. Si la société n'est pas inscrite à la TVA, elle devra le faire au plus tard dans les 30 jours suivant la date où elle atteint 1,8 million de bahts de chiffre d'affaires.

Les commerçants qui ne sont pas tenus de s'inscrire à la TVA peuvent s'inscrire volontairement s'ils le souhaitent. Par exemple, cela serait approprié pour les entreprises exportatrices qui sont à taux zéro pour permettre au commerçant de récupérer la TVA payée en amont sur l'achat de matériaux ou de services.

Les déclarations de TVA doivent être déposées mensuellement. La TVA à payer est généralement la différence entre la TVA perçue (clients) moins la TVA payée à d'autres entreprises (fournisseurs).

Le taux de TVA général actuel est de 7 %, mais une augmentation de ce taux à 9 % au 1er octobre 2018 est prévue. La date ayant déjà été reportée, il est difficile de dire si l'augmentation prévue aura vraiment lieu.

Certaines activités sont détaxées. Les déclarations de TVA doivent être déposées même si le contribuable ne paie pas ou ne perçoit pas de TVA dans un mois donné.

Charges sociales

Une entreprise doit également déduire mensuellement les retenues à la source de l'impôt sur le revenu et des charges sociales (sécurité sociale, cotisations annuelles d'indemnisation des travailleurs) sur les salaires des employés.

Le compte bancaire de société

Si votre entreprise est nouvelle et de petite taille, il se peut que la banque ne vous donne pas de compte courant lors de l'ouverture de votre compte d'entreprise.

Vous pouvez obtenir seulement un compte d'épargne, dans lequel vous pouvez seulement retirer de l'argent. Notez que vous n'obtiendrez pas de carte de retrait pour distributeur automatique avec un compte d'entreprise.

Pour retirer des fonds, il faut le faire au guichet de la banque avec un bordereau de retrait comportant la signature autorisée et dûment estampillé avec le cachet de la société.

La banque rédigera des chèques bancaires individuels sur demande. Vous paierez vos clients en espèces, ou alors vous pourrez transférer des fonds de compte à compte.

Gardez à l'esprit que l'accès au crédit est difficile à obtenir auprès des banques locales. Obtenir un prêt de votre banque à l'étranger peut être plus facile, même si vous transférez ensuite les fonds obtenus en Thaïlande.

Quel visa pour la création d'entreprise ?

Pour entrer en Thaïlande dans le but de faire des affaires, vous aurez besoin d'un visa « B » non immigrant (visa d'affaires). Cela vous autorise légalement à mener des activités commerciales en Thaïlande, et cela inclut la prospection dans le but de créer une entreprise.

Vous pouvez demander ce visa particulier auprès d'une ambassade thaïlandaise ou d'un consulat dans votre pays d'origine.

Les frais de visa sont de 2 000 bahts pour une entrée unique avec une validité de trois mois et de 5 000 bahts pour les entrées multiples avec une validité d'un an.

Obligations déclaratives d'une SARL

Les entreprises doivent respecter les procédures comptables et tenir des livres tels que spécifiés dans le Code civil et commercial, le Code des Recettes et la loi sur les comptes.

Les comptes doivent être conservés, et les déclarations doivent être produites en thaïlandais, bien qu'il soit permis de préparer des traductions dans d'autres langues pour les besoins internes de l'entreprise.

L'impôt sur les sociétés est généralement fixé à 20 % et est dû deux fois par an, comme décrit ci-dessus.

Les entreprises doivent déduire l'impôt sur le revenu mensuel des salaires des employés et l'envoyer au département des recettes. À l'heure actuelle, le taux de base de la TVA est de 7 % et doit être payé mensuellement comme décrit ci-dessus.

Comptes annuels : les comptes vérifiés doivent être préparés chaque année par le comptable et approuvés par les actionnaires lors de l'assemblée générale, puis déposés auprès du Département du registre du commerce, ministère du Commerce, dans les cinq mois suivants la fin de l'exercice et dans les 150 jours auprès du Département des recettes.

CONTRATS COMMERCIAUX ET CONTENTIEUX

Les étrangers, personnes physiques ou morales, peuvent conclure des contrats et établir des relations contractuelles avec des ressortissants thaïs.

Le lieu où les obligations du contrat doivent être exécutées peut être la Thaïlande ou le pays de résidence de l'étranger, et les salariés des parties dont découlent les obligations peuvent être principalement non Thaïs et ne pas résider en Thaïlande.

Les contrats écrits sont-ils exécutoires ?

Les contrats écrits seront généralement mis en application dans les tribunaux thaïs selon des principes semblables à ceux existant dans les pays occidentaux.

Juridiction compétente en matière de droit des contrats

Il est possible d'inclure dans un contrat une clause faisant référence à la juridiction compétente et ayant force exécutoire, mais la juridiction doit être d'une certaine manière liée avec le sujet de l'accord ou avec les parties.

Spécifier la compétence de tribunaux étrangers pour résoudre des conflits aura peu d'intérêt en pratique, car les jugements de tribunaux étrangers ne sont pas exécutoires en Thaïlande.

Il faut cependant noter que :

Des jugements étrangers peuvent être utilisés à titre de preuve si un procès séparé en Thaïlande est engagé

Des sentences arbitrales étrangères sont exécutoires

La possibilité de l'arbitrage

La loi sur l'arbitrage de 2002 prévoit un cadre législatif qui régit la conduite de l'arbitrage en Thaïlande.

Contrairement à d'autres pays, tels que Singapour, Hong Kong ou la Malaisie, la loi thaïlandaise sur l'arbitrage ne distingue pas les régimes d'arbitrage nationaux et internationaux qui sont soumis à la même loi.

L'accord des deux parties est nécessaire pour procéder à un arbitrage, à moins qu'il y ait une disposition spécifique dans le contrat stipulant que n'importe quel conflit devra être tranché par un arbitre.

Recours contre une sentence arbitrale

La sentence arbitrale est définitive et elle lie les parties à la procédure d'arbitrage. En vertu de la loi, aucune des parties ne peut faire appel du bien-fondé de la sentence arbitrale, que ce soit devant le tribunal arbitral ou devant les tribunaux.

Le seul recours disponible pour la partie perdante dans l'arbitrage est de demander à un tribunal compétent d'annuler la sentence.

La requête en annulation d'une sentence arbitrale doit être soumise au tribunal compétent dans les 90 jours à compter de la date de réception de la sentence contestée.

La demande d'annulation doit stipuler un, ou plusieurs, des motifs suivants pour annuler la sentence :

(i) une partie à la convention d'arbitrage est en état d'incapacité conformément à la loi applicable à cette partie ;

(ii) la convention d'arbitrage n'est pas valide en vertu des lois applicables, les parties conviennent mutuellement, ou en l'absence d'un tel accord se réfèrent à la loi thaïlandaise ;

iii) la partie demandant l'annulation de la sentence n'a pas été dûment informée de la procédure ou de la nomination d'un tribunal arbitral, ou n'a pu défendre l'affaire dans la procédure arbitrale pour d'autres raisons ;

(iv) la décision porte sur un différend qui ne relève pas de la convention d'arbitrage ou de l'accord visant à soumettre le différend au tribunal arbitral.

Si la décision de la sentence qui traite de l'affaire en dehors de la portée de l'accord des parties peut être séparée de la décision qui entre dans le cadre de la convention d'arbitrage, les tribunaux peuvent annuler cette partie de la sentence ;

(v) la composition du tribunal arbitral ou la procédure arbitrale ne sont pas conformes à l'accord des parties, ou en l'absence de l'accord des parties, la composition ou la procédure est contraire à la loi ;

(vi) la sentence porte sur un différend qui n'est pas arbitrable en vertu de la loi ;

(vii) la reconnaissance ou l'exécution de la sentence est contraire à l'ordre public ou aux bonnes mœurs de la Thaïlande.

Action en justice dans le cadre d'un conflit commercial

N'importe quelle personne physique ou morale peut initier une action en justice en Thaïlande.

Notez que si le demandeur est un ressortissant étranger et non domicilié en Thaïlande, une ou plusieurs des conditions suivantes doivent s'appliquer :

Le demandeur se trouve en Thaïlande

Le défendeur potentiel est domicilié en Thaïlande — c'est-à-dire est physiquement présent dans le Royaume, ou a exercé son activité ou y a été représenté dans les 2 ans avant que l'action en justice ne soit intentée.

Où faire les demandes en justice ?

Cela dépend de la nature de la réclamation, mais les demandes se feront généralement par écrit au :
- Tribunal de première instance dans la juridiction de résidence du défendeur, ou la juridiction où la cause de l'action a pris naissance.
- Centre de propriété intellectuelle et à la Cour commerciale internationale de Bangkok, si le demandeur est une société, ou autre entité juridique enregistrée, ou résidant, en dehors de la Thaïlande.

Que doit contenir la demande ?

La nature de la réclamation doit être clairement exposée, au même titre que les allégations et le montant des dommages et intérêts demandés.

Frais de justice

Les frais de justice payables lors du dépôt d'une réclamation sont calculés en fonction du montant de la réclamation ou de la valeur des biens en litige.

Dans le cas où le montant de la réclamation ou la valeur de la propriété n'excède pas 50 millions de bahts, les frais d'inscription au tribunal seront calculés à hauteur de 2 % du montant de la réclamation ou de la valeur de la propriété avec un plafond de 200 000 bahts.

Si le montant de la réclamation ou la valeur de la propriété est supérieure à 50 millions de bahts, les premiers 50 millions de bahts sont soumis à un montant de 200 000 bahts et le montant de la réclamation sur la valeur de biens qui dépasse 50 millions de bahts à un supplément de 0,1 % du montant excédentaire, ceci sans plafond.

La responsabilité finale des coûts sera supportée par la partie perdante. Cependant, le tribunal a le pouvoir discrétionnaire d'ordonner que les coûts soient supportés par la partie gagnante, ou que chaque partie supporte ses propres frais, en tenant dûment compte du caractère raisonnable et de la bonne foi des arguments des parties ou de la conduite de l'affaire par les parties.

Récupération des frais de justice

Un jugement peut obliger la partie perdante à prendre en charge les honoraires d'avocats, mais ceux-ci ne sont pas entièrement récupérables puisque le système juridique thaï considère qu'il ne s'agit pas d'un préjudice résultant directement du manquement de l'autre partie.

Le tribunal dispose également d'une faculté discrétionnaire pour en fixer le montant. Généralement, il prendra en compte les facteurs tels que : la difficulté du cas, le temps passé et la quantité de travail effectué pour traiter le litige.

Le tribunal est aussi lié par les tarifs minimaux et maximaux prescrits dans le Code de procédure civil.

Durée d'un litige commercial

La durée pour la résolution d'un cas varie selon la complexité de la question. Bien qu'un jugement puisse être rendu dans les six mois suivant la demande introductive, il n'est pas rare qu'une affaire peu compliquée puisse durer plus d'une année en Thaïlande.

Généralement, la première audience sera tenue environ trois mois après que le dépôt de la demande et des audiences courtes seront prévues une ou deux fois par mois ensuite.

Les audiences de la Cour commerciale internationale et de la propriété intellectuelle sont statutaires et se tiennent en continu.

Ainsi, ces affaires sont résolues beaucoup plus rapidement. En moyenne, la plupart des affaires sont jugées dans l'année.

Faire appel d'un jugement

Avec l'absence complète de jurés en matière criminelle ou civile en Thaïlande, les appels peuvent être interjetés tant sur des questions de fait qu'en droit. Cependant, l'appel ne sera possible que sur des questions de fait (par opposition aux questions de droit) si la valeur en litige excède 50 000 bahts.

Les demandeurs peuvent saisir la Cour suprême, mais seulement sur des questions de fait si la valeur en litige dépasse 200 000 bahts. Les appels doivent être interjetés dans le mois suivant le jugement, à moins que le demandeur puisse apporter des raisons valables pour demander une extension de ce délai.

Il faut noter que l'on peut faire appel directement devant la Cour suprême des décisions rendues par la Cour commerciale internationale et de la propriété intellectuelle (ainsi que d'autres juridictions spéciales).

Les procès en appels tant devant la Cour d'appel que devant la Cour suprême peuvent durer 3 ans.

Sursis à exécution

Si une partie souhaite obtenir un sursis à exécution d'un arrêt rendu en appel, la cour l'accordera normalement à la condition que le demandeur apporte des garanties nécessaires. Il pourra s'agir du blocage de la somme à laquelle la société est condamnée plus le montant des intérêts durant la période d'appel.

Rendre un jugement exécutoire

Une demande est faite au tribunal pour nommer un officier d'exécution qui rassemblera les détails des biens du débiteur.

Les biens pourront alors être liquidés si besoin est. La détermination des actifs est de la responsabilité du créancier, pour cette raison, un inventaire des biens devra être réalisé.

RECRUTER DU PERSONNEL

La Thaïlande connaît une situation de quasi-plein emploi avec un chômage inférieur à 1 % soit très en dessous du chômage de friction estimé à 4 %.

En réalité, le personnel non qualifié occupe souvent des métiers du secteur informels (vendeurs et cantines de rues) qui sont plus rémunérateurs et moins contraignants que des emplois salariés mal payés dans le bâtiment ou l'industrie.

Les salaires étant faibles, il est fréquent que des salariés développent des business en parallèle allant de la commercialisation d'assurances à la vente de crèmes de beauté sur Facebook.

Cette situation paradoxale oblige le pays à importer une main-d'œuvre nombreuse des pays voisins (Myanmar, Laos, Cambodge) notamment pour le bâtiment, l'industrie, les pêcheries ou comme ouvriers agricoles.

En ce qui concerne le personnel qualifié, le pays fait face à une importante pénurie de cadres et de techniciens qui est difficile à résoudre tant les restrictions posées à l'emploi des étrangers freinent leur embauche.

La main-d'œuvre thaïlandaise est peu syndiquée, même si les syndicats jouent un rôle plus actif au cours des dernières années.

En réalité, le véritable pouvoir d'un salarié est de donner sa démission pour aller travailler ailleurs. Un pouvoir que les salariés thaïlandais n'hésitent pas à utiliser.

Les salariés sont régis par la loi sur les relations de travail, B.E. 2518 (1975) plus que par les conventions collectives.

Rechercher du personnel

Trouver et conserver du personnel de qualité peut souvent se révéler un véritable défi souvent sous-estimé.

Les entreprises étrangères choisissent parfois de publier des offres sur des sites de recherche d'emploi.

Comme en Europe, le recrutement se fait de plus en plus par le biais de sites Internet comme http://th.jobsdb.com/th pour les anglophones, ou Jobthai.com pour le personnel parlant thaïlandais.

Il existe également le site :

http://bangkok.craigslist.co.th/search/jjj.

Pour les francophones, le site de la chambre de commerce franco-thaï peut également être intéressant.

Il existe également de nombreux cabinets de recrutement spécialisés qui, une fois mandatés, effectueront le processus de recherche et de vérification pour l'entreprise. L'avantage est d'avoir un interlocuteur expérimenté pour détailler sa demande de profil. Par ailleurs, le premier contact se fera entre Thaïlandais et sera donc plus facile.

Enfin, l'entreprise peut avoir un interlocuteur auprès duquel se plaindre ou se retourner, si l'un des employés engagés ne répond pas à ses exigences.

Ces cabinets demandent une rémunération comprise entre un et deux mois de salaire de la personne recrutée.

Dans les faits, le personnel technique est souvent sélectionné en fonction de la présence de mots-clés dans un CV, ceci sans réelle vérification du niveau de compétence. C'est la principale limite concernant les cabinets de recrutement : leur savoir-faire demeure limité dans les domaines techniques.

Certaines entreprises ont institué une prime de parrainage pour les membres du personnel qui recommande un candidat si celui-ci est embauché. Le réseau est important en Thaïlande.

De plus, un candidat qui connaît déjà une personne dans l'entreprise sera plus enclin à y accepter un poste. Les relations interpersonnelles sont importantes en Thaïlande.

Plusieurs remarques méritent cependant d'être soulignées :

Un candidat peut apparaître occidentalisé en étant plus franc et direct, alors que pour un Thaï, il manquera de tact.

Les candidats ont tendance à se comporter différemment dans une langue étrangère où ils possèdent un spectre de nuances plus restreint. Ils peuvent parfois apparaître plus timides, moins sûrs d'eux.

Il importe de faire également interviewer le candidat par une personne thaïe de l'entreprise qui percevra dans sa personnalité des nuances qui risquent de vous échapper.

Une seconde opinion locale vous aidera également à corriger des erreurs potentielles dans votre jugement.

Laisser parler le candidat avec sa future équipe lui permettra de poser des questions qu'il n'osera pas formuler en anglais ou en votre présence.

Par ailleurs, cela vous permettra d'avoir un retour de l'équipe et de savoir assez vite si la recrue va s'intégrer humainement au sein de l'équipe déjà en place.

L'équilibre du groupe est un élément majeur en Thaïlande et parfois, il vaudra mieux renoncer à une embauche au profil intéressant si celle-ci risque de déstabiliser le groupe.

Les antécédents d'un candidat

Aucune loi ne restreint ou n'interdit spécifiquement la vérification des antécédents.

Bien que cette recherche de renseignements auprès de sources accessibles au public soit autorisée, certaines informations, comme les rapports de santé, les casiers judiciaires et les renseignements personnels conservés sous le contrôle des organismes gouvernementaux pertinents, ne peuvent être obtenus sans le consentement écrit de la personne qui est le sujet de cette information.

Dans le cas d'un recrutement via un cabinet de recrutement, ce sera une des tâches du consultant de procéder à cette enquête.

Le choix contrat de travail ou de service

La loi thaïlandaise distingue les employés sous contrat de travail et les entrepreneurs indépendants en relation avec l'entreprise dans le cadre d'un contrat de service.

Les décisions de la Cour suprême thaïlandaise indiquent qu'un contrat de travail est différent d'un contrat de service en ce sens que l'employeur en vertu d'un contrat de travail a le pouvoir de superviser l'employé pendant le processus de travail.

L'employé est tenu de travailler selon les heures de travail spécifiées pour recevoir une compensation salariale, indépendamment de l'achèvement du travail.

L'employeur dans un contrat de service ne peut pas superviser les processus, les horaires et les méthodes du travail effectué par l'entrepreneur indépendant.

En contrepartie, celui-ci n'aura le droit de recevoir la totalité du paiement que lorsque les travaux prévus dans le contrat de service seront achevés.

Le contrat de travail

Bien que les parties aient le droit de s'entendre sur le choix de la loi applicable dans leur contrat de travail, la loi sur les conflits d'intérêts B.E. 2481 (1938) prévoit que la loi étrangère ne peut être appliquée que dans la mesure où elle n'est pas contraire à la réglementation thaïlandaise.

Les principales exigences juridiques qui ne peuvent être affectées par un accord mutuel entre les parties comprennent, sans s'y limiter, les exigences suivantes :
- Salaire minimum.
- Temps de travail, horaires et rémunération des heures supplémentaires.
- Indemnité de licenciement.
- Périodes de préavis.
- Jours fériés.

Toutefois, lorsqu'une disposition d'une loi étrangère est plus favorable au salarié que les dispositions prévues par la législation du travail thaïlandaise, le tribunal peut considérer la clause de choix du droit comme une intention claire des parties d'être liées par ces exigences légales plus favorables, et la justice thaïlandaise appliquera alors cette disposition étrangère « mieux-disante » conformément à l'intention des parties.

Il est important de noter que les salariés doivent être au moins âgés de 15 ans. Pour les travailleurs de moins de 18 ans, l'employeur doit obtenir une autorisation préalable de l'inspecteur du travail.

Par ailleurs, les travailleurs de moins de 18 ans ne peuvent exercer certains travaux dangereux. Il leur est également interdit de faire des heures supplémentaires, de travailler les jours fériés ou la nuit entre 22 heures et 6 heures du matin.

Dans certains métiers, des limites spécifiques existent dans un but de protection des salariés. Par exemple, il faut avoir au moins vingt ans pour travailler dans un bar.

Un employé a droit à un congé de maladie pour les jours où il est réellement malade, mais il n'a droit qu'à une rémunération de 30 jours maximum de congés maladie par année. Il n'est pas rare que des salariés considèrent ces jours comme un complément de congés.

Lorsqu'un employé ne peut pas travailler en raison d'une blessure ou d'une maladie découlant de son travail, cet accident du travail ne peut être considéré comme un congé maladie.

Lorsqu'un employé prend un congé maladie de trois jours consécutifs ou plus, l'employeur peut exiger un certificat médical délivré par un médecin de première classe ou une clinique gouvernementale. En l'absence de certificat médical, l'employé devra donner une explication à son employeur.

Une employée enceinte a droit à un congé de maternité maximal de 90 jours par grossesse, y compris les jours fériés, et elle a droit à une rémunération pouvant aller jusqu'à 45 jours. Avec un certificat médical, un changement temporaire des fonctions soit avant et/ou après la naissance de l'enfant peut être demandé.

Il est également interdit aux femmes enceintes de faire des heures supplémentaires, de travailler les jours fériés ou la nuit entre 22 heures et 6 heures du matin.

Les employeurs ne sont pas autorisés à licencier une employée en raison d'une grossesse.

Il importe de signer des contrats de travail légaux et appropriés qui protégeront l'employeur en cas de problèmes ultérieurs ou d'action au prud'homme d'un salarié. De plus, un contrat bien rédigé donnera confiance aux employés et montrera que l'employeur travaille dans une stricte légalité.

Contrats spécifiques

Il existe plusieurs catégories d'employés en vertu de la loi sur la protection du travail. Des règlements et droits spécifiques peuvent ainsi s'appliquer à certaines catégories d'employés.

Par exemple les travailleurs d'industries spécifiques (secteur pétrolier, hôtellerie, transports) peuvent être soumis à des règles particulières sur les heures de travail et les périodes de repos. Un peu comme dans ce que l'on appelle en France une branche professionnelle.

Les travailleurs dont l'emploi est fixé pour une période limitée (ne dépassant pas deux ans) et dont la relation de travail prend fin au terme de cette période n'auront droit à aucune indemnité de départ.

Ceci dès l'instant où cet emploi concerne :
- un projet spécifique, qui n'est pas usuel dans le domaine d'activité de l'employeur,
- une activité avec un calendrier comprenant une date de commencement et une date d'achèvement des travaux.
- Un travail saisonnier.

Ce type de contrat ressemble au nouveau CDI de projet mis en place en France.

Bien qu'un entrepreneur indépendant ne soit pas un employé en vertu de la loi sur la protection du travail, la relation entre l'entrepreneur et son employeur est régie par les dispositions sur la «location de travail» en vertu du Code civil et commercial thaïlandais.

Cependant les entrepreneurs indépendants ne recevront pas de droits statutaires en vertu de la loi sur la protection du travail et ne recevront aucun avantage du *Social Securities Fund et du Workmen's Compensation Fund*.

Les différends entre les entrepreneurs et les employeurs sont portés devant le tribunal civil.

Nouveaux employés

Les nouveaux employés doivent être enregistrés au cours de leur premier mois d'activité auprès des services suivant :
- Le gérant du fonds de prévoyance (Provident fund or **กองทุนสำรองเลี้ยงชีพ**) désigné par l'entreprise.

- Le fonds de sécurité sociale.
- Le département des taxes. Cela n'est pas nécessaire si le recruté est thaïlandais. Par contre, si le nouveau recruté est un expatrié et n'a jamais eu de numéro fiscal alors l'employeur devrait demander un numéro fiscal pour son employé expatrié.

L'inscription se fait habituellement avec les formulaires mensuels PF et SS.

Pour enregistrer un nouvel employé, les informations ou documents suivants sont requis :

PF — Nouveau formulaire d'embauche contenant toutes les informations personnelles et d'emploi

SS — Formulaire de résiliation standardisé

Passeport

Contrat signé

Permis de travail

Visa de travail

La période d'essai est généralement de 120 jours ou moins, car, au-delà de 120 jours, les droits du salarié augmentent en cas de licenciement avec versement d'un mois d'indemnité légale de licenciement.

En cas de démission ou de licenciement, les employés quittant leur travail doivent en informer les autorités (Fonds de prévoyance, et sécurité sociale) en remplissant les deux formulaires suivants :

PF — Formulaire de résiliation contenant toutes les informations personnelles et d'emploi

SS — Formulaire de résiliation standardisé

Temps de travail

La durée hebdomadaire de travail est normalement de 8 heures par jour et de 48 heures par semaine généralement de 8 h 30 à 17 h 30 avec une pause déjeuner de midi à 13 h.

Si le poste de travail est dangereux, la durée de travail ne doit pas dépasser 7 heures par jour ou 42 heures par semaine. Les employés ont droit à au moins une journée de repos par semaine et une heure de repos par jour.

Des dispositions prévoient certaines périodes maximales de congé maladie payé et des congés de maternité partiellement payés.

En vertu de la loi sur la protection du travail, B.E. 2541 (1998), tous les employés, qu'ils soient à temps plein, à temps partiel, travailleurs saisonniers ou occasionnels, ont droit à un congé hebdomadaire et aux jours fériés traditionnels avec au moins 13 jours fériés par an, dont l'un doit être la fête nationale du Travail.

Après une année de service, les employés ont également droit à au moins 6 jours ouvrables de congés payés.

Contrairement aux salariés mensualisés, les travailleurs qui reçoivent un salaire à la journée, à l'heure ou à la pièce n'auront pas droit à des congés hebdomadaires payés.

Salaire

Les étrangers ont souvent en tête le salaire minimum de 300 bahts par jour. Actuellement (conformément au Comité d'Emploi numéro 6 de), le salaire journalier minimum varie selon la province de 300 bahts/jour (Bangkok, Phuket, Nakorn Pathom, Nonthaburi, Pathum Thani, Samut Prakarn et Samut Sakorn) à 222 bahts (Payao). Un salaire de 15 000 bahts/mois pour un universitaire fraîchement diplômé est courant.

Mais il existe aussi de nombreux Thaïlandais qui perçoivent d'excellents salaires notamment à Bangkok.

À la différence de la France où les écarts salariaux sont faibles entre le SMIC et la moyenne des salaires, il existe en

Thaïlande des écarts très importants entre le salaire de personnes qualifiées et celui des travailleurs non qualifiés.

Le salaire minimal vient d'augmenter (avril 2018) de 5 bahts à 22 bahts par jour, selon la province pour atteindre entre 308 bahts et 330 bahts soit environ une augmentation de 2 à 7 %.

Dans des régions où la croissance est importante, comme Bangkok, Pattaya, Samui ou Phuket, il est illusoire de trouver facilement des salariés de qualité sans leur offrir un salaire sensiblement supérieur aux minima légaux.

Charges salariales

C'est l'employeur qui est responsable de la déduction des contributions fiscales et sociales du salaire brut de ses employés. Il déposera les formulaires requis auprès du ministère du Revenu et du bureau de la sécurité sociale.

La loi sur la sécurité sociale est utilisée pour financer l'indemnisation des employés pour la maternité, le décès, le chômage, les accidents, les maladies et les handicaps physiques survenant en dehors du lieu de travail.

Il existe beaucoup moins de charges salariales en Thaïlande qu'en France. En contrepartie, les droits sociaux sont nettement plus limités (assurance-chômage, absence de retraite par répartition). Un employeur est tenu de s'inscrire à la caisse de sécurité sociale et de contribuer aux taux suivant.

Domaines	Employé	Employeur	Total
Maternité, handicap Décès	1,5 %	1,5 %	3 %
Enfance, troisième âge	3 %	3 %	6 %
Chômage	0,5 %	0,5 %	1 %
Total	5 %	5 %	10 %

Les cotisations des employés sont retenues sur leur salaire par les employeurs et sont déductibles d'impôt sur le revenu imposable de l'employé. Les cotisations de l'employé et de l'employeur sont remises mensuellement aux autorités compétentes et le défaut de verser les cotisations entraîne des pénalités.

Les employeurs (avec un ou plusieurs employés) et le gouvernement sont tenus de verser 5 % de leur salaire au fonds de sécurité sociale,

Par ailleurs, si l'entreprise emploie plus de dix employés, elle devra afficher un règlement interne en langue thaïlandaise et en soumettre une copie au ministère du Travail et de la Protection sociale (*Department of Labor Protection & Welfare*).

Plusieurs contributions sont obligatoires :

L'employé et l'employeur doivent cotiser aux fonds de sécurité sociale (SSF). 15 000 bahts par mois est le plafond de la sécurité sociale).

Le taux de cotisation est de 5 % soit une contribution maximale de 750 bahts soit 5 % de 15 000 bahts.

La Caisse de sécurité sociale offre sept types de prestations aux salariés : maladie ou accident professionnel, maternité, invalidité, décès, protection de l'enfance, chômage et pension de vieillesse.

Les paiements mensuels de sécurité sociale doivent être faits avant le 15 du mois suivant au Département de la sécurité sociale (www.sso.go.th). Des pénalités de retard sont prévues au taux de 2 % par mois de retard.

Chaque salarié choisit trois hôpitaux (certains sont complets). En cas de maladie (sauf urgences), le salarié pourra y être soigné gratuitement. En cas d'arrêt maladie, le salarié recevra 50 % de son salaire avec un nombre limité de jours.

Workmen's Compensation Fund (WCF). กองทุนเงินทดแทน

Ce fonds couvre les risques suivants : maladie, blessure, invalidité, décès dans le cadre de l'emploi.

Cotiser à ce fonds est obligatoire et codifié dans le *Workmen's Compensation Fund Act* B.E. 2537 (A.D. 1994).

L'employeur est tenu de contribuer à ce fonds sur une base annuelle. Le taux de cotisation est calculé sur la base du salaire annuel total versé aux employés. Le taux de cotisation dépendra du type d'entreprise.

Les cotisations sont payées annuellement ; les taux se situent entre 0,2 % et 1 % de la masse salariale totale selon le type d'entreprise et la nature du travail.

Provident Fund ou **fond de prévoyance** กองทุนสำรองเลี้ยงชีพ

Le paiement du fonds de prévoyance qui est en fait un fonds de pension par capitalisation doit être effectué trois jours après le jour de paie et peut varier en fonction de la fiduciaire qui gère ce fonds de pension.

Le fonds de prévoyance

Le fonds de prévoyance (on parle aussi de Provident Fund **กองทุนสำรองเลี้ยงชีพ**) a été créé en vertu de la loi sur les fonds de prévoyance B. E. 2530 pour encourager l'épargne et servir de sécurité pour les employés et leurs familles en cas de cessation d'emploi, de démission, de départ en retraite, d'invalidité et de décès.

Ces fonds sont gérés par des institutions financières et reçoivent les contributions volontaires de l'employeur et de l'employé.

Ce système sert principalement à verser un capital au moment du départ du salarié à la retraite ou pour un autre poste, lors de son décès ou de son invalidité.

La contribution peut varier entre 2 % et 15 % de la rémunération mensuelle. Le taux effectif dépend de la politique de l'entreprise, car le taux de cotisation de l'employé ne peut dépasser celui de l'employeur.

En moyenne, le taux de cette épargne forcée est d'environ 4-5 % des salaires mensuels, même si la loi permet, en théorie, aux employés d'épargner jusqu'à 15 % de leurs salaires.

Les avantages du fonds de prévoyance pour les employés sont nombreux : déductibilité fiscale des contributions de l'employé, exonération d'impôt sur les revenus du fonds, paiement d'impôt différé jusqu'au départ, sécurité en cas d'invalidité, de décès, de perte de l'emploi ou de départ à la retraite.

Par ailleurs, il existe une exonération d'impôt sur la somme forfaitaire perçue en cas de départ à la retraite, de décès ou invalidité.

Dans la pratique, ce système est très insuffisant. En effet, la moitié des retraités touchent un pécule inférieur à un million de bahts, voire moins au moment de leur départ en retraite. Un montant très insuffisant pour survivre. Cela explique que le plus souvent les enfants prennent en charge leurs parents âgés.

Welfare Fund กองทุนสงเคราะห์ลูกจ้าง

La Thaïlande dispose d'un fonds de protection sociale des employés (*Employee Welfare Fund*), créé sous la supervision du Département de la protection du travail et de la protection sociale. Les employeurs et les employés doivent contribuer à ce fonds.

Son but est d'aider les employés dans les situations où :

- L'employé démissionne de son travail, est licencié ou décède.
- Un employeur omet de payer une indemnité de licenciement ou un salaire à un employé après la

cessation d'emploi et après avoir reçu l'ordre du fonctionnaire de la protection du travail d'effectuer ce paiement.

Les paiements effectués par le Fonds sont assujettis aux règlements et aux conditions établis par le comité du fonds de prévoyance des employés.

Dans les entreprises d'au moins 10 salariés qui ne disposent pas de fonds de prévoyance, c'est *l'Employee Welfare Fund* qui indemnise les salariés démissionnaires, licenciés ou en service.

C'est la raison pour laquelle, les salariés voient sur leur fiche de paie, soit une ligne Provident Fund, soit Welfare Fund.

Préavis pour licenciement

Si le contrat de travail ne précise pas la durée de l'emploi alors l'emploi est par défaut un CDI. Dans ce cas, l'entreprise doit donner un préavis de 30 jours à l'employé avant la cessation d'emploi à moins qu'une des conditions suivantes soit satisfaite :

- L'employé a été absent pendant trois jours consécutifs sans raison valable.
- Il y a eu malhonnêteté ou négligence, causant des dommages à l'employeur.
- Il y a eu un dommage intentionnel ou une violation de la réglementation.
- Le contrat était pour le travail temporaire pour moins de 120 jours consécutifs ; ou travail saisonnier.
- Le salarié a démissionné volontairement.

Indemnités légales de licenciement

Tous les employés qui ont travaillé pendant une période continue de 120 jours ou plus, ont droit à une indemnité légale de licenciement si leur emploi est résilié sans cause valable, ce que la loi définit de manière très restrictive.

Les employés n'ont pas droit à une indemnité de départ s'ils démissionnent ou s'ils ont été embauchés pour une période maximale de deux ans et que la nature de leur travail n'est pas une activité habituelle de l'employeur ou pour un travail occasionnel ou saisonnier ; et que leur emploi doit prendre fin à l'expiration d'une période déterminée.

Dans ce cas, l'employé et l'employeur doivent également avoir signé un contrat de travail par écrit stipulant les dates de début et de fin du contrat à durée déterminée.

L'indemnité de départ dépend de la période d'emploi. Elle va de 30 jours de salaire pour un service entre 120 jours et un an, à 300 jours de salaire, pour un service de 10 ans ou plus. Elle évolue comme suit :

- 120 jours, mais moins d'un an : 30 jours au dernier taux de salaire ou au dernier 30 jours de salaire pour l'unité de travail exécutée.
- 1 an, mais moins de 3 ans : 90 jours au dernier taux de salaire ou au dernier 90 jours de salaire pour l'unité de travail exécutée.
- 3 ans, mais moins de 6 ans : 180 jours au dernier taux de salaire ou au dernier 180 jours de salaire pour l'unité de travail exécutée.
- 6 ans, mais moins de 10 ans : 240 jours au dernier taux de salaire ou les 240 derniers jours de salaire pour l'unité de travail exécutée.
- 10 ans ou plus : 300 jours au dernier taux de salaire ou les 300 derniers jours de salaire pour l'unité de travail exécutée.

Si le contrat de travail d'un employé ou les règles de travail applicables dans son accord d'entreprise prévoient une meilleure indemnité de licenciement que celle prévue par la loi, la loi donnera effet aux meilleures conditions.

Sous réserve de certaines conditions, une indemnité de départ versée à un employé licencié est exonérée d'impôts jusqu'à hauteur de 300 000 bahts.

Indépendamment du montant de l'indemnité de départ due à un employé, dans le cas où un employé est embauché pour une période indéterminée, la loi sur la protection du travail et la CCC exige que les employeurs fournissent un préavis de licenciement aux employés.

Le préavis doit être donné au plus tard au moment du versement du salaire, pour prendre effet au moment du paiement du salaire suivant. Le préavis est au moins de un mois, parfois le contrat de travail mentionne une durée plus longue. Généralement, il est cependant rare qu'un préavis de plus de trois mois soit prévu.

Le paiement d'une indemnité pour une durée équivalente remplace souvent ce préavis.

Indemnités pour rupture injustifiée

En cas de licenciement abusif, un employé peut réclamer des dommages-intérêts ou une réintégration auprès de la Cour du travail (Labour Court ou ศาลแรงงาน) — qui joue donc dans ce domaine le même rôle que les prud'hommes en France sans leur côté paritaire.

Une telle action en justice est distincte des exigences liées aux indemnités légales.

Dans de tels cas, si le tribunal est d'avis que la cessation d'emploi est injustifiée pour un employé, il peut ordonner la réintégration de l'employé au taux de salaire de l'employé au moment de la cessation d'emploi.

Si le juge constate que l'employeur et l'employé ne peuvent plus travailler ensemble, il peut fixer un montant des dommages à verser par l'employeur en tenant compte de l'âge et de la durée de l'emploi, des difficultés et l'indemnité à laquelle l'employé pourrait avoir droit.

Les dommages moraux causés par la douleur psychologique sont généralement mésestimés dans le système judiciaire thaïlandais.

Cependant, les décisions récentes des tribunaux thaïlandais ont reflété une évolution dans la pratique. Si les dommages moraux peuvent être justifiés par la partie offensée, une indemnisation pourra être considérée en faveur de l'employé congédié.

L'indemnisation pour rupture injustifiée n'est pas fixée par la loi, mais les tribunaux sont relativement cohérents dans leur calcul des dommages.

En cas de réclamation couronnée de succès, les tribunaux accordent généralement des dommages-intérêts équivalant à deux mois de rémunération pour la première année de service et à un mois de rémunération pour chaque année suivante de service.

Reporting fiscal

Des obligations légales de reporting existent pour toutes les entreprises.

Reporting mensuel

Les employeurs sont responsables de la retenue à la source mensuelle de l'impôt sur le revenu (WHT) des salariés. Le taux de retenue à la source est progressif, en fonction du salaire versé (0-35 %).

La date limite est le 7 (déclaration manuelle) ou la 15e (déclaration en ligne) du mois suivant. Le montant peut être calculé en utilisant la table d'impôt fournie par le gouvernement.

En fin d'année, chaque contribuable doit transmettre sa déclaration au *Revenue Department*.

Sur cette base, l'impôt total sur le revenu des personnes physiques est calculé, l'impôt déjà retenu au cours de l'année sera déduit du solde à verser.

Un trop-perçu peut, dans certains cas, être remboursé au contribuable.

Pour le fonds de prévoyance et la sécurité sociale, il existe également un reporting mensuel.

Reporting annuel

En fin d'année, un « rapport PDN1 K » doit être complété à la fin de chaque année pour être transmis au service des impôts (www.rd.go.th)

Les informations requises dans chaque formulaire varient, mais le nom de l'employé et son salaire sont toujours requis.

Le dépôt des rapports peut être effectué par n'importe quel salarié, mais les formulaires statutaires doivent être approuvés par le signataire autorisé de l'entreprise.

FISCALITÉ

Nous n'ambitionnons pas dans ce chapitre de traiter l'ensemble de la matière fiscale à laquelle un étranger vivant en Thaïlande peut être confronté. Nous souhaitons simplement donner les principaux éléments d'information sur les impôts que celui-ci devra supporter.

La principale source de législation fiscale est le Code des impôts, qui régit les impôts sur le revenu des personnes physiques, les impôts sur les sociétés, la taxe sur la valeur ajoutée, la taxe professionnelle spécifique et les droits de timbre.

Les droits de douane sont réglementés par la loi sur les douanes ; la loi sur l'accise régit la taxe d'accise ; et la loi de l'impôt sur le revenu pétrolier régit l'impôt sur le revenu pétrolier. Nous n'entrerons pas dans le détail des droits de timbre, de la taxe sur le revenu pétrolier ni dans celui des taxes spéciales auxquelles sont soumises certaines activités comme le prêt sur gages.

Le Département des recettes (*Revenue Department*) du Ministère des Finances est responsable de l'administration de l'impôt sur le revenu des personnes physiques, de l'impôt sur le revenu des sociétés, de l'impôt sur le revenu pétrolier, de la taxe sur la valeur ajoutée et des droits de timbre.

L'administration des droits de douane incombe au Département des douanes dépendant également du Ministère des Finances, tandis que l'administration de la taxe d'accise relève du Département des accises du Ministère des Finances.

En général, l'administration fiscale thaïlandaise suit un système déclaratif. Les contribuables ont l'obligation légale de déclarer leurs revenus et de payer des impôts aux autorités. Les revenus déclarés et les impôts payés sont supposés être corrects. Cependant, des contrôles peuvent être effectués par les autorités fiscales dans certaines circonstances, telles que le défaut de déclarations de revenus ou le dépôt de déclarations fausses.

Des conventions fiscales de non double imposition (*Double Tax Agreements* or DTA) ont été signées avec la plupart des pays développés et notamment avec les pays francophones suivants (France, Suisse, Belgique, Canada, Luxembourg, Maurice).

Le traitement accordé aux revenus, tels que les dividendes, les redevances et les intérêts, diffère selon les différents DTA. Les dividendes, par exemple, peuvent être imposables uniquement dans le pays à partir duquel le paiement est effectué, ou peuvent être imposables dans les deux juridictions, mais avec un crédit ou une déduction autorisés dans le pays de réception des fonds.

Chaque DTA contient également des dispositions pour l'obtention d'un crédit d'impôt généré dans le pays où la taxe a été prélevée sur l'impôt payé dans l'autre pays.

Il serait trop complexe d'entrer dans le détail dans un ouvrage destiné à vous familiariser avec le droit thaï. La matière fiscale est non seulement complexe, mais également évolutive.

Pour une entreprise, les sommes en jeu sont considérables et exigent l'intervention de cabinets de fiscalistes spécialisés.

Impôt sur le revenu

Il est similaire dans son principe à l'impôt français sur le revenu des personnes physiques ou IRPP. En règle générale, tous les types de rémunération et avantages reçus par un employé constituent un revenu imposable, peu importe où il est payé. Outre le salaire, cela inclut :

Exercice d'options sur actions

Indemnités de cherté de vie

Allocations d'hébergement

Frais de déménagement non justifiés

Les dédommagements pour mutation

Les allocations d'éducation pour enfants

Les remboursements d'impôts par l'employeur

Les allocations pour aide-domestique fournie par l'employeur

Les prêts bonifiés/sans intérêt

Les autres rémunérations et avantages liés à l'emploi en Thaïlande.

Emploi ou services rendus

Honoraires professionnels

Intérêts, dividendes et plus-values sur titres

Redevance

Copyrights

Location de biens/actifs

Revenus des activités liées aux entrepreneurs

Année fiscale

L'année fiscale thaïlandaise s'étend du 1er janvier au 31 décembre. Une déclaration de revenus doit être faite au bureau des impôts avant le 31 mars pour l'année d'imposition précédente. En cas de retard de paiement, il existe un système de pénalités pour le traitement et le règlement différés.

Pour ceux dont les revenus proviennent de la vente ou de l'ingénierie immobilière, de l'architecture, de la comptabilité, des beaux-arts et de la médecine, la déclaration doit être déposée au plus tard le 31 septembre de l'année suivante.

Les étrangers doivent noter que lors du renouvellement de leur permis de travail, ils devront montrer une copie de leur déclaration d'impôt de l'année précédente.

Niveaux de taxation fiscale

L'impôt sur le revenu est progressif comme en France. Chaque tranche de revenu est soumise à un taux croissant.

Taux de taxe des tranches de revenu

0 - 150 000	Exemption
150 000 - 300 000	5 %
300 000 - 500 000	10 %
500 000 - 750 000	15 %
750 000 - 1 000 000	20 %
1 000 000 - 2 000 000	25 %
2 000 000 - 5 000 000	30 %
au-dessus de 5 000 000	35 %

Ainsi, un revenu imposable de 500 000 bahts sera exempté pour la part allant jusqu'à 150 000 bahts, puis soumis à un taux de 5 % pour la tranche allant de 150 000 bahts à 300 000 bahts et à un taux de 10 % pour la tranche allant de 300 000 à 500 000 bahts.

L'impôt total dû sera donc de :

0 % x 150 000 = 0 baht

5 % x (300 000 − 150 000)= 7 500 bahts

10 % x (500 000 − 300 000)= 20 000 bahts

Impôt total de 27 500 bahts soit un taux d'imposition moyen de 5,5 %.

Toutes les formes de gains sont généralement imposables et relèvent de la tranche de l'impôt sur le revenu des particuliers. Cela va du simple salaire aux gains en capital ou aux dividendes, aux produits de la location, ou même à la vente sur des marchés. Il suffit que les gains soient supérieurs à 150 000 bahts pour être imposés.

Comme vous pouvez le constater, les niveaux d'imposition sont assez proches de ceux observables en Europe. La progressivité des tranches est même plus rapide.

Ainsi sur l'imposition 2017 des revenus perçus en 2016, un célibataire ne payait pas en France d'impôt sur le revenu dans la limite de 16 411 euros déclarés.

En Thaïlande, ce niveau de revenus correspond à un salaire de 631 800 bahts (au taux de 38,5 bahts pour un euro) et il se traduira par un impôt de 40 680 bahts soit un taux moyen de 6,4 %.

Le numéro d'identification fiscale

Si vous avez des revenus en Thaïlande, vous avez besoin d'un numéro d'identification fiscale pour payer vos impôts.

Le bureau des impôts vous attribuera un numéro d'identification fiscale. Pour l'obtenir, vous aurez besoin d'un passeport ou d'une carte d'identité et expliquer pourquoi vous avez besoin d'un numéro.

Si vous travaillez en Thaïlande, il vous faudra justifier d'un permis de travail.

Déductions fiscales

Comme dans tous les autres pays, des déductions fiscales existent en Thaïlande. Celles-ci sont destinées à mieux refléter la réalité de vos revenus en vous donnant la possibilité de déduire certaines charges qui peuvent être liées à votre activité, à votre famille, à vos crédits.

Dépenses déductibles

Source du taux de déduction de revenu permis

1. Revenu d'activité : 50 % plafonné à 100 000 bahts

2. Droits d'auteur : 50 % plafonné à 100 000 bahts

3. Revenus de location d'actifs et de biens : 10 % - 30 %

4. Profession médicale : 60 %

5. Profession libérale : 30 %

6. Revenus de business/commerce : 60 %

Abattements fiscaux

Mises à part les dépenses déductibles prévues ci-dessus, il existe des abattements possibles pour certains postes :

Intérêts hypothécaires résidentiels

Achats de fonds mutuels de retraite et fonds d'actions à long terme

Contributions aux organismes de bienfaisance (limité à 10 % du revenu net imposable après toutes les déductions).

Cotisations d'assurance sociale (*social security fund*) dans la limite de 9000 bahts.

Primes d'assurance-vie avec un maximum de 100 000 bahts par an pour le contribuable et de 10 000 bahts par année pour le conjoint du contribuable.

Paiements de fonds de prévoyance qualifiés (limite de 500 000 bahts par an).

Abattements liés à la situation familiale

60 000 bahts pour le contribuable et pour le conjoint (120 000 bahts pour un couple)

30 000 bahts pour chaque enfant.

30 000 bahts par personne pour les parents du contribuable et du conjoint, si ceux-ci ont plus de 60 ans et un revenu imposable inférieur à 30 000 bahts.

60 000 bahts pour les personnes à charge handicapées.

Statuts particuliers pour les expatriés

Les expatriés travaillant pour une entité thaïlandaise ayant obtenu le statut de siège opérationnel régional (ROH) ou de siège social international (IHQ) sont imposables en Thaïlande au taux d'imposition forfaitaire de 15 %.

Les expatriés qui travaillent pour le IHQ doivent cependant être présents en Thaïlande au moins 180 jours dans l'année et percevoir un revenu mensuel minimum de 200 000 bahts pour bénéficier de cet avantage fiscal.

Les déclarations de revenus

Les déclarations individuelles de revenus doivent être faites au plus tard le 31 mars suivant la fin de l'année fiscale pour la déclaration papier et le 8 avril pour les déclarations électroniques.

Le quitus fiscal

Une question qui revient souvent est la suivante : un contribuable étranger doit-il obtenir un quitus fiscal et le présenter en quittant le pays ?

En réalité, ce n'est pas nécessaire en Thaïlande. Cependant, une déclaration de revenus pour l'année de départ dans le cadre du processus normal sera exigée.

La déclaration de revenus doit être déposée après la fin décembre, mais avant la fin mars de l'année suivante. Il vous faudra donc prendre vos dispositions pour la fournir en votre absence aux autorités fiscales.

Impôt sur les sociétés
(ภาษีเงินได้นิติบุคคล)

Les sociétés et partenariats enregistrés sont soumis à un impôt sur le revenu des sociétés à un taux forfaitaire de 20 % des bénéfices nets.

Toutefois, en ce qui concerne les PME (sociétés ou sociétés de personnes morales dont le capital libéré n'excède pas 5 000 000 bahts, **et** dont le revenu annuel provient de la vente de biens et de services ne dépassant pas 30 000 000 bahts), les taux progressifs sur le résultat net imposable sont les suivants :

Profit imposable (bahts)	Taux
300 000	exemption
300 001 - 1 000 000	15 %
À partir de 1 000 001	20 %

Il existe des directives spéciales concernant les déductions standard pour les sociétés constituées à l'étranger qui travaillent en Thaïlande, mais ne peuvent établir la preuve de leurs dépenses.

Les déductions standard sont autorisées en fonction du type d'activité commerciale à l'origine du revenu. Les bénéfices nets résultants de ce calcul sont imposés à un taux normal.

Imposition forfaitaire des sociétés étrangères

Le paragraphe 71 (1) du code des impôts de la Thaïlande prescrit le paiement de l'impôt de 5 % du revenu brut avant déduction des dépenses.

Mais cette méthode de paiement de l'impôt n'est disponible que si le bénéfice net pour une entreprise étrangère provient de l'exploitation d'une entreprise en Thaïlande et ne peut être vérifiée.

L'article 71 (1) contient les termes suivants qui doivent être particulièrement notés : «l'évaluateur a le pouvoir d'évaluer l'impôt au taux de 5 %».

C'est-à-dire que le paragraphe 71 (1) confère à l'évaluateur le *pouvoir* d'évaluer l'impôt au taux de 5 %, et non l'obligation.

Par conséquent, si une société étrangère veut payer l'impôt en vertu de l'article 71 (1), l'entreprise doit d'abord demander une autorisation aux agents du Département du Revenu.

Une société ou société en nom collectif exerçant des activités commerciales en Thaïlande qui ne produit de déclaration fiscale conformément à la loi pourra, avec l'approbation de son Directeur général et du Département du Revenu, être assujettie à l'impôt sur le revenu au taux de 5 % de ses recettes brutes (ou total des ventes), sans possibilités d'aucune déduction.

Les retenues à la source (ภาษีหัก ณ ที่จ่าย)

Une société thaïlandaise qui verse un revenu imposable à des particuliers ou à d'autres sociétés est généralement tenue d'effectuer une retenue à la source de l'impôt sur le revenu sur la base de la disposition du Code des revenus de la Thaïlande (*ประมวลรัษฎากร*) et de transférer cette retenue au Département des revenus.

Cette procédure et le taux de retenue diffèrent en fonction des catégories d'impôt. Nous communiquons les taux à titre indicatif, car, dans la réalité, il importe de voir cas par cas les différentes catégories de revenus.

Des exemptions existent. Dans ce domaine, consulter un avocat fiscaliste et un comptable est indispensable.

Contribuable individuel

Pour les revenus provenant des traitements et salaires, mais également des royalties (redevances, droits d'auteurs) le taux de retenue à la source est progressif, en fonction du salaire ou du salaire versé (0-35 %).

Même chose pour les revenus provenant des services fournis (commissions, courtage, etc.) pour lesquels le taux de retenue à la source est également progressif de 0 % à 35 %. Si le bénéficiaire du revenu est un étranger qui ne séjourne pas en Thaïlande pendant plus de 180 jours, ce taux est de 15 %.

La retenue à la source est de 15 % du paiement pour les revenus d'intérêts, de 10 % du paiement pour les versements de dividendes, de 5 % du paiement pour les loyers, de 3 % pour les revenus de professions libérales comme les avocats, médecins, architectes. Taux porté à 15 % du paiement si le bénéficiaire du revenu est un étranger qui ne réside pas en Thaïlande pendant plus de 180 jours/an.

Le paiement d'un dividende à des sociétés ou actionnaires basés à l'étranger sera soumis à une retenue à la source de 10 à 15 %.

À la fin de l'année, chaque contribuable doit soumettre une déclaration d'impôt (Tax computation *คำนวณภาษี*) au département des revenus (Revenue Department).

Cette déclaration doit comprendre tous les revenus de la personne générés au cours de l'année écoulée. Sur cette base, l'impôt total sur le revenu des personnes physiques sera calculé par le Département des revenus.

Il sera tenu compte de l'impôt déjà retenu au cours de l'année, qui sera déduit du calcul. Selon le montant d'impôt déjà versé par les différentes retenues à la source, un paiement complémentaire pourra alors être exigé ou un remboursement de trop-perçu sera fait au contribuable.

Entreprise thaïlandaise

Une société thaïlandaise qui règle des paiements à une autre société thaïlandaise n'est pas tenue de retenir l'impôt à la source, sauf si le code des impôts le stipule.

Les exemptions importantes sont les revenus des services fournis (commissions, courtages, etc.) à hauteur de 3 % des paiements, les revenus d'intérêt à hauteur de 1 % des paiements effectués (sauf établissements bancaires) ; les dividendes à hauteur de 10 % ; les revenus locatifs à hauteur de 5 % (10 % pour les loyers versés aux associations et fondations), les revenus payés à une agence gouvernementale à hauteur de 1 %.

Entreprise étrangère sans implantation locale

Une société étrangère sans implantation en Thaïlande (par l'intermédiaire d'une succursale, un représentant ou un intermédiaire) mais qui tire un revenu de Thaïlande est généralement soumise à l'impôt thaïlandais sur le revenu (Code des impôts, art. 40) et les payeurs de ces sociétés sont tenus d'effectuer une retenue d'impôt à la source dont le taux varie selon les catégories de revenus.

Pour les revenus des services fournis (Courtages, commission, revenus de professions libérales, etc.), les loyers perçus, les intérêts versés, les royalties et redevances, la retenue est de 15 % du paiement.

Pour les dividendes, la retenue est de 10 % du paiement. Ce montant plus faible s'explique par la politique fiscale du gouvernement thaïlandais. En effet, l'impôt sur les sociétés étant déjà de 20 %, le fisc estime que les dividendes ne doivent pas soumis à une imposition intégrale.

Toutefois, le taux de la retenue à la source peut être inférieur selon l'accord de double imposition («DTA» *สนธิสัญญาทางภาษี*) entre la Thaïlande et le pays étranger.

Société étrangère implantée en Thaïlande

L'entrepreneur étranger ne sera considéré comme ayant une succursale permanente en Thaïlande que s'il possède un bureau en Thaïlande, exerce d'autres activités en Thaïlande en plus des travaux contractuels, par exemple achat et vente et dispose d'un fonds de prévoyance mis en place au profit de ses salariés en Thaïlande.

Les sociétés étrangères exerçant leurs activités en Thaïlande (via une succursale, un représentant ou un intermédiaire) et générant des revenus en Thaïlande sont soumises aux règles fiscales locales (Code des impôts, article 40) et doivent procéder aux retenues à la source :

1 % pour les revenus d'intérêt.

3 % pour les honoraires versés à des professions libérales et les royalties et autres redevances.

5 % pour les revenus de services fournis (commissions, courtage, etc.), les loyers versés.

10 % pour les dividendes ou le rapatriement de profits.

Quand est payé l'impôt sur les sociétés ?

L'impôt sur les sociétés est payable deux fois par an. Le premier versement correspond à 50 % de la taxe totale, normalement basée sur les bénéfices nets estimés pour l'année.

Celui-ci est dû dans les deux mois après la clôture de la première moitié de l'exercice financier de la société. Une déclaration annuelle de revenus doit être déposée dans les 150 jours suivant la clôture de l'exercice de la société.

Dans le cas d'un défaut de production de ce document comptable, une pénalité égale à deux fois le montant de la taxe due sera exigée lorsque le fonctionnaire effectuera son contrôle.

Si la taxe est payée sur la base des bénéfices nets, la déclaration doit être accompagnée d'un bilan vérifié et d'un compte de profits et pertes.

Si l'impôt est payé sur la base des recettes brutes, un état des recettes brutes doit être déposé avec la déclaration. Actuellement, la déclaration peut se faire soit par une déclaration papier ou un formulaire électronique.

TVA (*ภาษีมูลค่าเพิ่ม*)

La TVA a été introduite en Thaïlande le 1er janvier 1992 pour remplacer le système de taxe professionnelle et municipale (BMT) en place depuis 20 ans.

Son taux avait été fixé à 10 % à l'époque, mais il a été réduit instantanément à un taux de 7 %.

Le taux de 7 % est en fait composé de 6,3 % de TVA plus 0,7 % de taxe municipale

Les velléités de revenir à un taux de 10 % sont anciennes. Le 2 octobre 2017, Sa Majesté le Roi Rama X a approuvé le décret royal numéro 646 émis conformément au Code des impôts, indiquant la possibilité d'augmenter la TVA après le 30 septembre 2018.

Si ce relèvement était confirmé, la taxe globale passerait de 7 % (6,3 % de TVA plus 0,7 % de taxe municipale) à 10 % (9 % de TVA plus 1 % de taxe municipale).

Pour comparaison, dans les pays voisins, le taux standard de TVA est actuellement de 7 % à Singapour, de 10 % au Laos, en Indonésie et au Vietnam, de 12 % aux Philippines.

La TVA est nulle sur les biens et services exportés, selon les termes et conditions du Code des impôts.

Si l'on prévoit qu'une nouvelle entreprise générera un chiffre d'affaires annuel supérieur à 1 800 000 bahts, l'exploitant devra demander à être enregistré en tant qu'opérateur TVA dans les 30 jours suivant la mise en service de l'entreprise.

Les opérateurs enregistrés à la TVA doivent remplir une déclaration mensuelle qui sera transmise au service des revenus, au plus tard le quinzième jour du mois suivant. Le montant de la TVA due doit être versé au moment de la soumission de la déclaration de TVA mensuelle.

Selon le principe de la taxation de la valeur ajoutée, les opérateurs de TVA ont droit à un crédit d'impôt pour la TVA payée à un autre opérateur de TVA. Un système identique à celui en vigueur en Europe.

Existe-t-il des exemptions de TVA ?

Certaines entreprises sont exonérées de la TVA :

les entreprises dont le chiffre d'affaires annuel brut est inférieur à 1 800 000 bahts ;

les entreprises produisant des produits alimentaires ou agricoles, autres que pour l'exportation ;

les transports domestiques ;

les services de santé privés et gouvernementaux ;

les services éducatifs ;

les organisations religieuses et charitables ;

la location de biens immobiliers.

Activités sont soumises à un taux zéro de TVA ?

Un taux de TVA de 0 % s'applique à certaines entreprises, notamment : exportation de marchandises ; prestation de services effectuée en Thaïlande, mais utilisée dans un pays étranger ; services de transport international, par air ou par mer ; la vente de biens ou la fourniture de services entre entrepôts sous douane, entre les zones franches douanières, ou entre l'entrepôt de stockage et la zone franche douanière.

Procédure d'appel en matière de fiscalité

Il existe une procédure d'appel standard pour les griefs découlant des calculs d'impôt sur le revenu.

Attention aux délais, car pour être admissible à l'examen, un appel doit être déposé auprès de la Commission d'appel (Board of Appeals *คณะกรรมการอุทธรณ์*) dans les **30 jours** suivant la réception de l'avis d'évaluation.

Dans les 30 jours suivant la date de réception de la décision en appel, un second appel peut être interjeté auprès de la Cour de l'imposition (Tax Court) contre la décision de la Commission.

Un troisième appel peut être interjeté devant la Cour suprême contre le jugement de la Cour de l'impôt, dans un délai d'un mois à compter de la date de l'audition du jugement. Le jugement de la Cour suprême est considéré comme définitif et les parties ne peuvent plus interjeter appel.

ASSURANCES

Il existe en Thaïlande les différentes couvertures classiques d'assurances concernant les biens et les personnes. Mais les modes d'organisation et de fonctionnement peuvent être différents de ceux que l'on trouve en Europe.

Le domaine des assurances mérite que l'on s'y attarde un peu pour éviter certaines déconvenues.

Santé

Plusieurs éléments sont à considérer outre le coût et le spectre de la prise en charge.

- L'âge de l'assuré. Les plans santé en Thaïlande ont tendance à limiter l'âge maximal d'adhésion à 60 ans.

- Une affection préexistante peut amener les compagnies d'assurance à adopter l'une des trois attitudes suivantes. 1 Refuser la couverture. 2 Augmenter les primes. 3 Exclure toute réclamation relative à cette maladie particulière. Une affection préexistante est définie comme toute affection ou maladie dont vous avez eu des symptômes au cours des mois précédant la demande des soins. Il n'est pas nécessaire que la maladie ait été diagnostiquée. Une affection peut donc être considérée comme préexistante même si vous n'avez pas consulté votre médecin avant la demande de soins.

- La prise en charge qui peut couvrir uniquement les hospitalisations, ou bien également la médecine de ville (consultations sans nuit à l'hôpital), la dentisterie et les maternités

Par ailleurs, un délai de carence est généralement prévu lorsque vous souscrivez une assurance de ce type ou lorsque vous modifiez votre niveau de couverture.

Ce délai de carence protège l'assureur en veillant à ce que les assurés ne souscrivent pas une assurance pour couvrir une réclamation importante prévue. Ce genre de comportement entraînerait une augmentation des primes pour tous les membres.

Les périodes d'attente peuvent varier selon les compagnies et les traitements. Par exemple, elles peuvent aller de deux mois à une année selon les types de traitements (conditions préexistantes, soins obstétriques, soins psychiatriques, soins palliatifs).

Parfois, il n'y a pas de délai de carence si vous avez besoin d'un traitement hospitalier ou médical en raison d'un accident survenu après votre adhésion à l'assurance.

Le délai de carence pour les prestations d'obstétrique peut atteindre 12 mois — si vous prévoyez devenir enceinte et souhaitez être couverte, vous devrez prévoir une couverture assurance maladie appropriée pour vous et votre futur nouveau-né.

Certaines assurances demandent d'ajouter le futur bébé à la couverture de futures mères plusieurs mois avant une naissance.

Les coûts d'une assurance expatrié Santé varient d'une entreprise à l'autre, mais ils sont généralement assez élevés. D'un peu plus de 1000 EUR par an pour une couverture de base et jusqu'à plusieurs milliers d'euros.

Les principaux acteurs sont les suivants :

Bupa Thaïlande

Un des assureurs les plus populaires parmi les expatriés, qui détient plus de 33 % du marché Thaïlande.

Il existe une liste d'exclusions. Les prix pour les personnes âgées de 30 à 35 ans commencent à partir de

6000 bahts par an pour la couverture de base. Un des avantages de Bupa Thaïlande, c'est que la couverture commence dès le jour du paiement sans période de franchise.

Plusieurs autres compagnies offrent également des couvertures, citons les plus connues :

Allianz

https://www.allianzworldwidecare.com/fr/

Axa https://www.axa.co.th/en/international-exclusive.

Thai Health

http://www.thaihealth.co.th/2012/product_wealthy_eng.php

Aetna International

http://www.aetnainternational.com/ai/en/solutions/individuals

Quelques numéros pour les urgences

The World Medical Centre - +66 2 836 9999

Bumrungrad International- +66 2 667 1000

Bangkok Hospital - +66 23 103 000

Bangkok Nursing Home Hospital - +66 2 686 270

Immobilier

Souscrire une assurance habitation est important. Techniquement, les propriétaires d'un bâtiment sont responsables des murs extérieurs, des planchers et les plafonds ainsi que des parties communes, si la faute à l'origine d'un sinistre leur incombe.

Les locataires sont responsables pour tout dommage causé à la propriété dont ils sont à l'origine, cela leur impose une couverture complète incluant les dommages aux biens et à l'immeuble ; notamment les dommages causés aux autres unités par les incendies ou les fuites de votre unité.

L'assurance habitation (House Insurance) couvre le bâtiment et tout dommage. L'assurance condominium (Condominium Insurance) ne couvre que les installations et leur contenu : par exemple les dommages causés à vos voisins en cas de dégât des eaux.

L'assurance condominium est moins chère, mais si un incendie dont vous êtes responsable détruit le bâtiment, elle ne couvrira pas le sinistre.

Les polices standard ne couvrent généralement pas les dommages causés par les inondations, mais seulement les dégâts d'eau. L'assuré qui le souhaite devra prendre une couverture « inondation » comme option supplémentaire.

Vol ou cambriolage

En Thaïlande, cambriolage et vol sont deux notions différentes.

- Le cambriolage suppose une effraction dans votre maison, il doit y avoir des signes visibles, par exemple une vitre brisée, une porte cassée, etc.

- Le vol suppose une entrée sans effractions. Il n'est généralement pas couvert par les polices d'assurance.

Automobiles/deux-roues

En 1992, le gouvernement thaïlandais a adopté une loi qui impose à tous les véhicules une couverture d'assurance couvrant les frais médicaux des victimes de la route.

La loi a été mise en œuvre le 5 avril 1993. Si le propriétaire d'un véhicule ne dispose pas de cette assurance, il sera passible d'une amende de 10 000 à 50 000 bahts.

La couverture d'assurance automobile obligatoire (*Compulsory Third Party Liability* ou Por Ror Bor *พ.ร.บ.*) est minimale. Elle coûte souvent moins de 1000 bahts et s'achète au moment de payer la taxe annuelle. Elle correspond à ce qui est nommé en français assurances au tiers ou également assurance de responsabilité civile automobile.

Lorsque vous causez un accident, la CTPL couvre seulement les frais médicaux avec une limite de 80 000 bahts pour les blessures (30 000 bahts lorsque le conducteur blessé a causé l'accident). Pour obtenir la couverture maximale, une copie du rapport des policiers est nécessaire pour prouver que vous n'avez pas causé l'accident.

Le dédommagement en cas de décès est limité à 300 000 bahts (35 000 bahts lorsque le conducteur tué a causé l'accident). Ces limites sont donc très basses.

Cette assurance n'intervient donc jamais pour indemniser les dommages que l'assuré se cause à lui-même, qu'il y ait un tiers ou qu'il n'y en ait pas (par exemple s'il rate un virage et se retrouve dans le fossé). Dans tous les cas, l'assuré ne perçoit rien, ni pour ses éventuelles blessures ni pour les dégâts subis par son véhicule.

L'assurance automobile obligatoire ne couvre en Thaïlande que les dommages corporels des victimes de la route. Les dégâts matériels ne sont pas inclus.

Outre la CTPL, plusieurs types d'assurances dites volontaires existent. Elles fournissent une couverture pour les dommages matériels et physiques aux tiers avec des plafonds plus élevés et elle peuvent couvrir les dommages à votre propre véhicule.

En effet, la majorité des conducteurs thaïlandais ont une assurance minimale couvrant les dommages physiques dont ils sont responsables, mais pas les dommages matériels.

Type 3 (+)

En plus de l'assurance automobile obligatoire, l'assurance automobile de type 3 couvre également les dommages matériels causés à des tiers.

En plus des dommages à l'autre conducteur et à son véhicule, l'assurance de type 3+ couvre également les dommages à votre propre véhicule (habituellement dans une limite de 100 000 bahts).

Type 2 (+)

En plus de la couverture de tiers (frais médicaux généralement jusqu'à 1 million bahts par personne), elle couvre votre véhicule s'il est endommagé par un incendie, une inondation ou volé. Cette police inclut également un cautionnement pour sortir de prison si le conducteur tue accidentellement une autre personne ou la blesse gravement.

L'assurance de type 2+ couvre également les dommages à votre propre véhicule (habituellement dans une limite de 100 000 bahts).

Type 1

La couverture couvre les dommages matériels et les frais médicaux du tiers. L'assurance couvre également les dommages à votre véhicule y compris les accidents n'impliquant pas un tiers, comme rentrer dans un mur, écraser un chien, avoir sa voiture endommagée à l'arrêt.

Elle est proche de ce que les Français nomment « tous risques ».

Le montant maximal de la couverture peut varier d'un assureur à l'autre. Vérifiez donc que les limites prévues vous conviennent.

La couverture des frais médicaux est souvent assez faible et risque de ne pas répondre à vos attentes. Ceux-ci peuvent s'avérer très lourds et une couverture additionnelle Accident Personnel (*Personal Accident*) peut s'avérer utile.

Certaines options permettent d'être indemnisé pour les biens volés dans votre voiture (vol à la roulotte), pour le coût d'un voyage consécutif à l'accident, pour le remorquage du véhicule accidenté.

Elles peuvent inclure le prêt de véhicule de remplacement.

Niveau moyen des primes

Excess ค่าเสียหายส่วนแรกแบบตามเงื่อนไข

L'*excess*, à ne pas confondre avec la franchise (*deductible* en anglais **ค่าเสียหายส่วนแรกแบบตามการเลือกรับ**), est un montant fixe que l'assuré accepte de payer pour faire une réclamation.

Il commence normalement à 1 000 bahts et peut être annulé si la voiture est endommagée par une collision avec quelque chose qui n'est pas une voiture (mur, poteaux, arbres, animaux, pierres). En cas de collision avec une autre voiture, l'excess peut être supprimé si vous n'avez pas causé l'accident.

L'assuré doit payer un *excess* lorsque les dommages ou les égratignures surviennent sans raison évidente ou qu'aucun tiers n'est impliqué.

Franchise
ค่าเสียหายส่วนแรกแบบตามการเลือกรับ

La franchise est un montant fixe que vous acceptez de payer sur un dommage à chaque fois que vous souhaitez faire une réclamation.

Selon le niveau des franchises, le prix total de l'assurance peut varier fortement. Par exemple, le coût des régimes d'assurance de type 1 qui sera d'environ 15 000 bahts par an pourrait diminuer à seulement 8000 bahts pour la même couverture avec franchise.

Des franchises élevées peuvent réduire considérablement le coût de l'assurance automobile les cantonnant de fait aux accidents importants. En contrepartie, vous ne pouvez pas faire une réclamation pour de petits dommages.

Normalement, le montant de la franchise varie de 1000 à 5000 bahts. Comme pour l'*excess*, son montant dépend de la politique de chaque compagnie d'assurance.

Notez qu'en raison d'une confusion sémantique, l'excess et la franchise sont couramment utilisés à mauvais escient en Thaïlande, même par des agents d'assurance. Comme en Europe, il importe de lire attentivement les clauses en petits caractères.

Concessionnaire ou garage indépendant

Lorsque vous choisissez une assurance auto, en particulier pour les types 1, 2+ et 3+, la compagnie vous demandera si vous souhaitez que votre voiture soit réparée dans un garage indépendant ou chez un concessionnaire officiel de la marque (*อู่ หรือ ศูนย์ซ่อม*). La seconde option renchérira la prime.

Chez un concessionnaire, les mécaniciens sont certifiés et n'utilisent que des pièces d'origine. Le garage remplacera la pièce endommagée par une pièce neuve au lieu de la réparer l'ancienne pièce.

En contrepartie, les réparations ont tendance à prendre plus de temps et en zone rurale le concessionnaire peut être éloigné pour certaines marques.

Les garages indépendants (*อู่ซ่อมรถ*) sont plus nombreux, plus faciles à trouver, plus rapides et souvent moins chers.

Cependant, vous devrez choisir soigneusement le garage, car certains utilisent des pièces contrefaites ou peuvent être plus négligents qu'un concessionnaire, entraînant des problèmes ultérieurs.

Il est également fréquent que leurs travaux de peinture après carrosserie ne correspondent pas exactement à la teinte d'origine de la voiture.

Ceci étant, certains garagistes indépendants sont partenaires de la compagnie d'assurances ce qui garantit un certain standard de qualité et rend possibles des réclamations en cas de problèmes.

Bail bonds เงินประกันตัว

Des extensions nommées *bail bond* (garantie de caution) existent. Le *bail bond* paiera votre caution si vous êtes arrêté par la police suite à un accident.

Habituellement, pour les étrangers, la caution est de 200 000 bahts. Attention, cette clause ne vous couvre que si vous êtes arrêté pour un accident de la route. Elle ne vous couvrira pas si vous êtes impliqué dans un autre délit ou un autre type d'incident.

Conducteurs

La prime dépendra du choix d'être multiconducteur (la prime sera plus chère) ou de limiter la couverture à un nombre limité de conducteurs.

Les primes annuelles d'assurance peuvent être réduites de 5 % à 20 % en spécifiant les conducteurs et en limitant leur nombre à un maximum de deux personnes par voiture.

Le pourcentage de réduction est principalement basé sur l'âge du conducteur. Plus celui-ci est âgé, plus le rabais est important. Normalement, la réduction atteint 5 % pour un conducteur âgé de dix-huit à vingt-quatre ans et 20 % pour les conducteurs âgés de plus de cinquante ans. La réduction concerne uniquement la prime, pas les frais annexes.

Système de Bonus-Malus
การจ่ายผลตอบแทนพิเศษ

Comme en France, il peut exister un système de bonus/malus pour récompenser les bons conducteurs.

De nombreuses compagnies d'assurance en Thaïlande offrent des rabais sur les tarifs de renouvellement pour les assurés qui n'ont fait aucune réclamation, ou qui ont fait seulement quelques petites réclamations au cours de l'année précédente.

Ceci est uniquement disponible avec certains régimes d'assurance, principalement sur l'assurance tous risques (type 1).

En revanche, le tarif des primes sera augmenté en cas de dommages répétés. L'assurance peut même résilier la police. Au regard de l'insécurité routière en Thaïlande, nous ne saurions trop vous recommander de ne pas lésiner sur le niveau de couverture, au moins dans les premières années.

La majorité des véhicules automobiles sur la route possède seulement l'assurance obligatoire et vous ne pouvez donc pas compter sur leur couverture d'assurance. La seule couverture d'assurance qui sera vraiment importante est la vôtre.

Quelles exclusions ?

La plupart des polices d'assurance comprennent les exclusions suivantes :

Incendie/Inondation. Ce type de couverture n'est proposé qu'avec une assurance de type 1, 2 ou 2+. Si vous garez une voiture et que cette zone est soudainement inondée, vous êtes couvert. Par contre, si vous conduisez intentionnellement dans des zones inondées, les assureurs peuvent rejeter votre demande.

L'utilisation du véhicule en dehors du territoire couvert (généralement la Thaïlande), sauf si un avenant est émis par la société.

L'utilisation du véhicule à des fins illégales.

L'utilisation du véhicule pour la course.

L'utilisation du véhicule pour pousser, remorquer un véhicule, ou pendant un remorquage.

Les dommages causés par tout employé d'un garage lors de la réparation du véhicule, sauf lorsque la compagnie d'assurance a donné son autorisation écrite ou a consenti à une telle réparation.

Responsabilité assumée par le conducteur en dehors de la portée de la police d'assurance, ceci en vertu d'un accord conclu entre les parties.

Accidents causés sous l'emprise de stupéfiants ou avec une alcoolémie supérieure à la limite légale.

Accident causé par un conducteur non autorisé par la police d'assurance. Certaines polices sont multi-conducteurs, d'autres, moins chères, limitent la couverture à une liste préétablie de conducteurs.

Les assurances sont liées seulement à un usage privé. Le véhicule peut ne pas être couvert si la compagnie d'assurance découvre que vous avez loué votre véhicule.

Certaines compagnies d'assurance peuvent refuser de vous couvrir si vous utilisez une voiture d'une manière dangereuse : transport d'un nombre de passagers supérieur au maximum autorisé, utilisation d'une voiture personnelle pour transporter des marchandises, installation de systèmes de gaz NGV (gaz naturel ou méthane) ou LPG (propane & butane) sans en avoir informé la compagnie.

Délit de fuite. Si après avoir causé un accident le conducteur commet un délit de fuite, la compagnie d'assurance peut refuser de couvrir les coûts de l'accident.

Le délit de fuite est par ailleurs considéré comme un crime en Thaïlande et il entraînera des poursuites pénales.

Assurances pour motos

Toutes les compagnies d'assurance n'assurent pas les deux-roues. Les plus connues sont Viriyah, Asia Insurance, et Thaivivat.

La couverture de base (Po Lo Bo *พ.ย.ส.*) coûte souvent moins de 1000 bahts par an. Les compagnies proposent une gamme de couvertures avec les types 1, 2+ et 3+.

L'assurance de type 1 se concentre sur les gros cubes. Les niveaux de prime sont similaires aux autres cylindrées, mais la couverture est généralement moins bonne.

Les assurances de type 2+ et 3+ sont pour les motos avec une cylindrée inférieure à 249cc. La couverture est suffisante et le niveau des primes acceptable.

Une assurance de type 3+ pour une moto de moins de 110 cc offrira les couvertures suivantes pour 1500 bahts :

Collision : 10 000 bahts

Frais médicaux : 50 000 bahts

Frais médicaux pour blessure corporelle d'un tiers : 300 000 bahts

Dommages aux biens de tiers : 600 000 bahts

La protection contre le vol

Une assurance spécifique contre le vol pour une moto coûtera entre 1 000 et 2 000 bahts par an pour une nouvelle moto (remboursement à hauteur de 80 % du prix du marché de la moto avec souvent un plafond de 50 000 bahts). Le montant de la couverture diminue de 10 % chaque année parallèlement aux primes d'assurance.

Pour une moto de plus de quatre ans, l'assurance de protection contre le vol coûtera moins de 500 bahts par an, mais avec un plafond compris entre 6 000 à 10 000 bahts

En cas de vol de la moto, il est important de signaler d'abord à la police et à la compagnie d'assurance. Après cela, la compagnie d'assurance essaiera de retrouver le véhicule volé et traitera votre sinistre.

Le processus prend normalement un mois. Le niveau des remboursements permet de ne couvrir qu'une partie du coût de remplacement.

Souscrire

Les principales compagnies d'assurance automobile sont Viriyah, Bangkok Insurance (filiale de Bangkok bank), Muang Thai, Tokio Marine, Asia Insurance.

Il existe également des compagnies d'assurance automobile plus petites, notamment Chao Phaya, Dhipaya, Deves, Axa et Allianz. Ces compagnies offrent des forfaits moins chers, mais elles n'ont que des représentants et des garages partenaires dans les grandes villes.

Enfin, de nombreuses banques telles que SCB, Kasikorn, Thanachart, Krungsri et TMB possèdent leur propre assurance automobile et ciblent les clients qui ont contracté un prêt automobile auprès de leurs agences bancaires.

Beaucoup de Thaïlandais souscrivent leur assurance automobile auprès des courtiers d'assurance à des tarifs identiques, voire inférieurs, à ceux des compagnies.

En raison de la concurrence très forte de cette industrie, certains courtiers offrent des avantages supplémentaires à leurs clients comme le traitement des sinistres, le prêt d'un véhicule quand votre voiture est en réparation. En cas de conflit avec l'assureur, le courtier vous représente et il peut obtenir des arrangements que vous aurez du mal à négocier.

Il existe différents sites de courtiers fournissant à la fois un comparateur d'assurances et vous permettant de souscrire à une assurance.

Le site Web *Mister Prakan* (Monsieur Assurance) est facile à utiliser et il offre un service en anglais. Des services similaires sont proposés par Roojai et Gobear.

Les compagnies d'assurance automobile ont parfois une assistance anglophone limitée. Les expatriés peuvent leur préférer des assureurs de leur pays (AXA pour les francophones) ou des courtiers ayant un personnel anglophone comme Mister Prakan.

Le courtier va traiter avec la compagnie d'assurance à votre place. Le prix final payé est souvent le même que celui que vous paieriez directement à la compagnie d'assurance, mais vous bénéficierez d'une assistance plus adaptée.

Lisez votre police d'assurance en entier, notamment les franchises et les montants plafonnés de remboursement (dommages matériels, frais médiaux).

Si vous ne comprenez pas quelque chose, posez des questions.

Résilier une assurance

Pour résilier la police, vous devez faire un mail pour connaître la procédure qui varie selon les compagnies. Généralement, il faut faire un courrier et retourner tous les documents de la police à la compagnie d'assurance sans délai.

Si vous vendez votre véhicule et que vous en transférez la propriété, vous devez en informer la compagnie d'assurance afin qu'un avenant puisse être émis pour le nouveau propriétaire.

Que faire en cas d'accident ?

Lorsqu'un accident de la route entraîne uniquement des dommages matériels, la première chose à faire est d'appeler le numéro d'urgence de votre assurance que nous vous conseillons d'enregistrer dans votre téléphone. Un bon assureur enverra quelqu'un dans les 20-30 minutes.

En l'attendant, vous pouvez prendre des photos sous le plus d'angles possible, montrant les plaques d'immatriculation des véhicules.

En effet, la police peut vous demander de déplacer les véhicules avant son arrivée. Vous ne devez pas déplacer la voiture à moins d'y être invité par des policiers ou si manifestement, vous créez une gêne importante à la circulation.

Vous devez présenter une preuve de possession d'un permis de conduire (thaïlandais, international ou étranger) chaque fois qu'il y a un accident ou un sinistre lié à votre police.

Si l'une des parties admet sa responsabilité, vous pouvez déplacer la voiture sur le bord de la route pour prévenir un embouteillage en attendant le représentant de l'assurance.

Après son arrivée sur les lieux, l'expert établira les responsabilités des conducteurs et vous remettra un formulaire de déclaration de sinistre qui peut être envoyé plus tard à la compagnie d'assurance.

La seule situation où vous pouvez déplacer la voiture et quitter la scène tout de suite sans attendre le représentant d'assurance est dans le cadre de l'accord *knock-for-knock*.

Dans ce scénario, les deux parties possèdent une couverture d'assurance de première classe et ils ont convenu de qui est en faute. Les conducteurs doivent échanger le constat avec toutes les informations remplies et indiquer directement la partie est en faute. Le formulaire peut être envoyé plus tard à la compagnie d'assurance. Ce système est similaire au constat amiable français.

La meilleure façon de prouver la responsabilité de la partie adverse est de posséder une caméra embarquée ou *dash cam*. Assurez-vous qu'elle fonctionne correctement et qu'elle fournit une bonne qualité d'image même dans des situations de faible éclairage.

Immédiatement après un accident, ou, si vous êtes témoin d'un accident où il y a des blessés, il faut appeler les secours pour les conduire à l'hôpital le plus proche. Vous n'avez pas à vous soucier des frais médicaux, il suffit d'informer l'hôpital que les blessures sont consécutives à un accident impliquant des véhicules.

La police du véhicule qui a causé l'accident doit au moins être CTPL, il faut juste donner à l'hôpital l'attestation d'assurances avec le nom de la compagnie d'assurance, l'immatriculation du véhicule et le numéro de la police d'assurance.

Une fois les victimes prises en charge, vous devrez contacter votre compagnie d'assurance sans délai. Appelez l'un des numéros d'urgence indiqués sur votre police.

La compagnie d'assurance organisera les réparations de votre véhicule endommagé. C'est son droit d'utiliser un garage sous contrat pour contrôler les coûts de réparation. Vous n'avez pas le droit de choisir le garage de votre choix et de vous attendre à être remboursé automatiquement et intégralement.

Procédure de réclamation

Dans le cas où vous avez déjà le formulaire de réclamation du représentant d'assurance, vous pouvez immédiatement amener votre véhicule dans un des garages partenaires de votre compagnie d'assurance.

Le formulaire peut également être obtenu au garage. Une fois la déclaration de dommages faite, vous recevrez un numéro de réclamation à des fins de suivi.

De nombreuses compagnies d'assurance offrent la possibilité de faire des réclamations en ligne. Vous pouvez ajouter un certain nombre d'informations annexes, telles que les détails de la voiture, de l'accident, les photos (en pièces jointes) et la partie responsable.

Ensuite, le système émettra un numéro de réclamation grâce auquel vous pourrez par la suite communiquer avec le garage partenaire de la compagnie d'assurance.

Si un garage vous demande un dépôt avant d'engager les réparations, vérifiez auprès du représentant d'assurance que cela est normal avant de leur verser de l'argent.

Voici une liste des documents normalement requis pour déclarer un sinistre :

une copie du certificat d'immatriculation de la voiture,

une copie de la première page du passeport

une copie du permis de conduire

une copie de la police d'assurance

numéro de compte de banque, s'il y a une compensation

Le processus de réparation d'une voiture dans le garage partenaire de la compagnie d'assurance est assez simple et direct. Après avoir déclaré le sinistre, le garage partenaire prend en charge le véhicule et vous fixera la date de retour de votre voiture.

Vous pouvez toujours choisir un garage qui n'est pas un partenaire de la compagnie d'assurance, mais vous devrez contacter l'assureur pour lui demander le budget autorisé pour la réparation de votre voiture.

Certains assureurs peuvent exiger la visite d'un expert alors que d'autres ne demandent que quelques photos. En outre, certains assureurs peuvent vous donner le budget un jour après l'envoi de la totalité des informations requises, tandis que d'autres peuvent prendre jusqu'à une semaine.

Vous devez avancer vous-même les frais de réparation et le remboursement sera envoyé environ un mois plus tard.

Si le coût réel est supérieur au budget prévu par l'assureur, vous devrez payer vous-même le dépassement.

En outre, certains garages facturent des frais de traitement supplémentaires d'environ 1000 bahts s'ils ont à traiter avec la compagnie d'assurance.

DISTINCTION PÉNAL ET CIVIL

La distinction entre civil et pénal

La distinction faite par le droit thaïlandais est similaire à celle existant en France.

Les actions au civil

Rappelons que l'action civile est un procès intenté auprès d'un tribunal par lequel une partie poursuit en justice une autre partie pour l'exécution ou la protection d'un droit, ou la prévention ou la réparation d'un tort.

Les principales affaires civiles concernent généralement la propriété, les conflits personnels, familiaux, d'affaires et les contentieux.

La partie s'estimant lésée, appelée «le demandeur» va saisir les tribunaux par l'intermédiaire de son avocat qui devra déposer une plainte par écrit au Tribunal de première instance approprié, exposant clairement la nature de sa plainte, la réparation recherchée et les allégations sur lesquelles la demande se base.

La partie contre laquelle la demande est déposée est appelée «le défendeur».

Les divorces, les ruptures de contrat et les contentieux financiers sont les principales causes d'actions au civil en Thaïlande.

Généralement, les tribunaux tentent un règlement à l'amiable lors d'une audience préliminaire. Si un compromis est possible, un ajournement aura lieu, sinon un procès est engagé. Toute la procédure judiciaire doit être conduite en langue thaïe, excepté pour certaines cours spéciales.

Les documents (preuves, contrats, courriers, etc.) en langue étrangère doivent être traduits en thaï. Seuls les originaux sont admissibles comme preuve.

La prépondérance des preuves suffit à prouver les réclamations dans un procès civil. La langue et le formalisme spécifique imposent la présence d'un avocat thaï tout au long de la procédure (Tribunal de première instance, Cour d'appel et éventuellement Cour suprême).

Les actions au pénal

Les affaires criminelles sont des procès par lesquels l'état poursuit une personne ou une organisation pour la violation du droit pénal.

Le droit pénal détermine quels sont les actes ou omissions qui sont considérés comme des crimes ou des délits. Il doit ainsi y avoir une disposition spécifique dans le Code pénal ou dans le droit pénal spécial qui définit et punit l'acte ou l'omission avant que l'on considère qu'un individu a commis une infraction.

Si un acte est socialement ou moralement répréhensible, aucune responsabilité pénale n'est encourue par une personne ou une organisation jusqu'à ce que cet acte soit qualifié comme un crime ou un délit conformément à la loi.

Quand on est poursuivi pour un crime, c'est l'état qui poursuit l'auteur présumé des faits, et non pas la victime.

Les crimes sont en effet considérés comme une offensive à la paix et à l'ordre du pays. La victime (ou la partie lésée) devient alors un témoin pour l'état.

En Thaïlande, la poursuite des infractions incombe à plusieurs organisations gouvernementales : la police thaïe royale, le bureau du procureur général, les cours de justice, le Ministère de la Justice et le Ministère de l'Intérieur.

Les victimes vont généralement à la police rapporter un incident criminel. La police enquête sur le crime présumé et transmet ses conclusions au bureau du procureur. C'est le bureau du Procureur qui portera alors l'affaire criminelle devant la Cour.

Le nombre considérable de rapports criminels a abouti à des retards d'enquêtes et de poursuite. Pour éviter cela, on a permis aux citoyens privés de déposer directement les affaires criminelles dans les Cours par le biais de leurs avocats.

S'il s'agit d'un choix plus opportun, la partie privée devra tout de même supporter les conséquences du coût de la procédure.

Seuls les juges tranchent les affaires criminelles en Thaïlande. Le système du jury populaire ne s'applique pas. La Cour doit statuer au-delà du doute raisonnable avant qu'elle ne rende un verdict de culpabilité à l'égard d'une personne accusée de crime.

La responsabilité civile

La notion de responsabilité civile existe en droit thaïlandais. On peut la diviser en deux grandes parties.

Les dommages injustifiés.

Le droit parle de dommages injustifiés lorsque la faute se produit dans une situation délictuelle ou quasi délictuelle. Par exemple, votre enfant lance une pierre dans le pare-brise d'un véhicule.

Dommages contractuels

Les dommages contractuels sont la conséquence du non-respect des spécifications d'un contrat. Celui-ci peut être écrit, mais la notion de *contrat verbal* existe également.

Par exemple, vous avez loué un véhicule et celui-ci est en mauvais état et occasionne un accident.

La nature des dommages

Les dommages peuvent être de plusieurs natures : ils peuvent être corporels (par exemple une blessure avec ou sans incapacité permanente), matériels (par exemple un pare-brise détruit), moraux (par exemple, diffamation).

On parle également de dommages punitifs par exemple en cas de mépris délibéré de droits protégés.

Les dommages peuvent alors être exemplaires et aller au-delà du strict préjudice par exemple pour punir un délit grave, intentionnel et répétitif.

Si quelqu'un commet une faute causant des dommages, les tribunaux pourront le condamner à réparer les dommages ou à payer un montant compensatoire (*ค่าเสียหาย หรือ สินไหมทดแทน*). L'évaluation des dommages peut fréquemment nécessiter l'intervention d'un expert et faire l'objet de contestation de l'autre partie qui mandatera une contre-expertise.

Le processus commence généralement par une mise en demeure du fautif par le plaignant, décrivant la faute et les dommages provoqués et donnant un délai précis et raisonnable pour remédier à ces dommages.

Si la partie fautive ne donne pas entière satisfaction aux requêtes figurant dans la mise en demeure, les tribunaux devraient être invités à intervenir.

Le dépôt légal (*ค่าฤชาธรรมเนียม*)

En Thaïlande, le plaignant devra déposer à la Cour un montant équivalent à 2 % de la valeur réclamée (avec un minimum et un maximum).

Par exemple, si le plaignant réclame 800 000 bahts à la partie fautive, il devra verser un dépôt de 16 000 bahts récupérable s'il gagne son procès et que le tribunal condamne l'autre partie à payer ces frais.

Le plaignant peut récupérer ce montant s'il gagne au civil et que la Cour ordonne à la partie adverse de rembourser ce dépôt.

Par ailleurs, si vous réglez votre affaire à l'amiable ou par médiation avant le procès ou le jugement, vous pouvez demander à la Cour de vous rendre une partie de ce dépôt, mais ce ne sera pas le dépôt total.

La Cour émet normalement un chèque pour rembourser ce dépôt.

PRÉJUDICES CORPORELS

Réparations pour préjudices corporels

La loi thaïe prévoit que les demandes en réparation suite à des blessures corporelles peuvent être déposées devant les tribunaux thaïs.

Avant la loi de 2008 sur les procédures relatives aux consommateurs, les poursuites pour faute professionnelle médicale pouvaient être intentées devant les tribunaux civils et pénaux. Les cas de faute médicale étaient considérés comme des « faits illicites » en vertu de l'article 420 du Code civil et commercial.

Elles devaient être portées devant la justice dans **un délai d'une année** à compter de la date à laquelle la victime avait eu connaissance de la blessure.

Dans une affaire pénale, la faute médicale relève des articles 288-305 du Code pénal thaïlandais en tant qu'infraction contre la vie et le corps.

Les procédures civiles et pénales signifiaient que le fardeau de la preuve incombait aux patients, qui avaient souvent du mal à trouver des témoins experts pour témoigner devant les tribunaux.

La loi de 2008 a simplifié le processus légal permettant aux patients d'obtenir plus aisément réparation en leur permettant de déposer des plaintes verbalement ou par écrit, et en les exemptant également des frais de justice.

Par ailleurs, pendant le procès, le fardeau de la preuve concernant la prestation de service incombe maintenant au défendeur plutôt qu'au consommateur.

Délai de prescription pour une demande en réparation

Les demandes en réparation doivent généralement être effectuées dans un délai d'un an à compter du jour de la réalisation du préjudice.

Cependant, certaines exceptions s'appliquent, la plus notable est celle où la demande implique le droit pénal.

Le délai de prescription est alors celui fixé par la loi pénale applicable, et ce délai de prescription pour intenter une action pénale dépend de la gravité de la blessure, il peut aller jusqu'à 20 ans en cas de décès d'un patient.

La loi prévoit aussi des délais rallongés si la responsabilité n'est pas encore clairement établie.

Indemnisation des blessures

En règle générale, les tribunaux thaïs cherchent à replacer la victime dans la position dans laquelle elle aurait été si le dommage n'avait pas eu lieu.

Cela implique une réparation financière (par exemple pour un traitement médical ayant entraîné des séquelles, etc.) pouvant compenser la perte de revenus présente et future.

Si, au moment du jugement, le tribunal estime qu'il ne peut pas précisément établir les conséquences réelles du dommage, il peut se réserver le droit de réviser sa décision à l'issue d'une durée qui ne peut excéder deux ans.

Certains tribunaux limitent le montant des dommages et intérêts aux seules pertes réelles, refusant l'indemnisation de la douleur, de la souffrance, de la défiguration, du choc émotionnel, etc.

Mais même lorsque de tels dommages et intérêts sont attribués, force est de constater que leur montant est faible et qu'il ne compense pas les dommages subis.

Demande depuis l'étranger

Les demandes en réparation peuvent être déposées devant le tribunal pour le compte du demandeur par voie d'une procuration, mais le plaignant devra être physiquement présent lors des audiences pour fournir son témoignage.

Les voyages, les honoraires d'avocats et la présence obligatoire des plaignants aux audiences peuvent se traduire par des frais insurmontables pour le plaignant.

Selon la loi thaïe, les plaintes pour faute professionnelle médicale peuvent être déposées devant les tribunaux thaïs.

Il est cependant rare que les hôpitaux en Thaïlande soient poursuivis avec succès pour faute médicale, et encore moins fréquent que les tribunaux accordent des dommages-intérêts importants.

Cela explique d'ailleurs pourquoi le secteur médical paie beaucoup moins pour s'assurer contre ces risques qu'en Europe ou aux États-Unis, et cela explique en partie la modération des coûts médicaux.

Type de preuves exigé

Il doit être établi qu'un médecin a agi avec négligence ou d'une manière n'ayant pas respecté les normes en vigueur usuellement acceptées par l'ordre médical.

Les séquelles, les blessures ou le décès du patient doivent résulter de cette faute. Ainsi, il sera demandé l'avis médical d'un expert-praticien afin d'appuyer l'action en justice.

Dans la réalité, il est fréquent qu'un spécialiste soit réticent à apporter son expertise pour témoigner contre un collègue et le faire condamner.

Cela rend difficile la recherche d'une expertise médicale pour établir la preuve de pratiques médicales contestables.

Portée de l'indemnisation

Les tribunaux thaïs ont tendance à limiter les dommages et intérêts pour les erreurs médicales aux pertes réelles, quantifiables. Ceci comprend cependant l'attribution de dommages et intérêts pour la perte de revenus aussi bien pour le présent que pour l'avenir.

Une autre différence vient du fait que les faits seront jugés par un magistrat et pas par un jury populaire habituellement plus favorable aux plaignants dans ce genre de situation.

Il demeure inhabituel pour un tribunal thaï d'accorder des dommages et intérêts pour la douleur et la souffrance, la défiguration, le choc émotionnel, etc. Si elles sont accordées, de telles indemnisations seront probablement minimales.

C'est pourquoi les demandes de dommages et intérêts, suite à la faute professionnelle médicale en Thaïlande, ont, conformément aux dispositions actuelles, peu de chances d'aboutir contrairement aux juridictions occidentales, comme celles des États-Unis.

Des évolutions sont perceptibles. Une récente décision de la Cour Suprême a forcé le gouvernement à payer plus de deux millions de bahts à une famille dont la fille a subi des lésions cérébrales provenant de l'échec d'un premier médecin à diagnostiquer une méningite tuberculeuse à temps.

En 2014, la Cour provinciale de Tungsong a condamné un médecin à trois ans de prison sans probation pour la mort d'un patient âgé en 2002. Dans ce cas, le médecin a administré un anesthésique rachidien au patient, qui a été admis pour appendicite, ce qui a conduit à un arrêt cardiaque entraînant sa mort ultérieure. L'impact de ces affaires a suscité des critiques quant à la détermination de la preuve et au jugement du tribunal.

Même si avec le développement du tourisme médical, cette situation est appelée à changer, lancer des poursuites pour faute professionnelle médicale en Thaïlande reste souvent une expérience difficile, douloureuse, aléatoire et coûteuse pour des Occidentaux.

Avant de décider de poursuivre une action en justice de ce type, la partie lésée doit donc considérer l'ensemble du processus et des coûts que cela va engendrer : frais de déplacement et de séjour, honoraires d'avocats, frais d'expertise, faiblesse des indemnisations.

La médiation peut être souvent une solution plus judicieuse.

Médiation extrajudiciaire des litiges

Au cours de ces dernières années, la justice thaïlandaise tente de promouvoir le recours au règlement extrajudiciaire des litiges en matière de faute médicale, en particulier sous la forme d'une « médiation annexée par la Cour », afin de résoudre les conflits.

La médiation est un moyen de règlement des différends par lequel une tierce partie neutre et impartiale appelée « médiateur » est présente pour faciliter la communication et la négociation entre les parties afin que des règlements amiables puissent être convenus.

Le recours à la médiation suppose l'accord des deux parties.

La médiation permet une résolution rapide et moins coûteuse des conflits. De plus, comme les communications de médiation sont confidentielles, le processus permet des communications plus franches entre les parties et la médiation préserve le capital réputationnel des praticiens et des hôpitaux mis en cause.

Ce processus se solde souvent par une transaction financière.

IMMOBILIER

Il est possible pour un particulier d'acheter une propriété en Thaïlande sans les services d'un agent immobilier ni d'un cabinet d'avocats local.

Toutefois, à moins que vous ne connaissiez le pays, sa langue et son système juridique cette solution qui semble économique au premier abord peut s'avérer risquée et coûter finalement beaucoup plus cher.

En effet, les contrats locaux ne respectent pas toujours les normes internationales auxquelles un étranger est habitué et peuvent lui sembler bien peu familiers.

Au-delà des conseils d'un guide, il importe avant de signer un contrat et de verser un dépôt, de prendre le temps de discuter du processus d'achat avec un avocat et de consulter un agent immobilier local.

En Europe, le bon sens nous suggère lorsque nous investissons dans l'immobilier de le faire dans un endroit que nous connaissons bien. En effet, les marchés immobiliers sont affectés par un grand nombre de facteurs de risques potentiels.

En ceci, la Thaïlande n'est pas différente. Vous aurez tout d'abord besoin d'un expert local expérimenté dans les transactions immobilières et connaissant bien la région dans laquelle vous avez l'intention de réaliser votre achat.

L'agent immobilier peut communiquer en thaï et il connaît les différents quartiers, la qualité des constructions, les évolutions (routes, etc.) et les projets immobiliers en cours. Il peut vous éviter d'acheter un bien dans un lieu qui verra sa valeur baissée à cause d'un important chantier prévu dans un proche avenir.

Il faut garder à l'esprit que le pays change très vite. Un quartier parisien possède à peu près la même configuration qu'il y a trente ans. On parle même de ville-musée.

Ce n'est pas le cas en Thaïlande. Plus qu'en Europe, il faut intégrer une vision dynamique de l'évolution d'un quartier. Le terrain vide ou la bucolique villa voisine laissera place en quelques mois à un chantier titanesque pour édifier une nouvelle tour ou un centre commercial.

Droit de la propriété

Le système légal thaï est proche du système de droit civil de l'Europe continentale avec quelques aspects de droit coutumier (*common law*) britannique.

Ce qui le rend complexe pour un étranger vient du fait que la possession de terrain par un étranger est interdite par la constitution.

Ces limitations surprennent parfois les étrangers, car l'Europe ne possède pas de lois similaires. Dans la réalité, cette contrainte est souvent contournée toute une série de montages juridiques.

La règle centrale à retenir est que les étrangers ne peuvent pas posséder de terres, sauf dans des cas très exceptionnels que nous ne développerons pas ici.

Par contre, un étranger peut posséder une maison construite sur un terrain, mais il ne pourra pas posséder le terrain sur laquelle celle-ci est édifiée.

Les méthodes les plus courantes pour sécuriser un achat foncier sont les suivantes :

– Créer une société thaïlandaise dans laquelle l'acquéreur étranger possédera moins de 50 % des parts. Cette entité majoritairement thaïlandaise aura le droit de posséder un terrain. L'utilisation de prête-noms est un aspect courant de ces montages. Mais il faut garder à l'esprit que ce système reste illégal car il s'agit d'un contournement de la législation. Le fait qu'il soit courant ne le rend pas légal pour autant.

– Signer un bail avec une compagnie domestique ou une personne thaïlandaise propriétaire officielle du terrain, avec option automatique de renouvellement pour une autre période de 30 ans. C'est ce qu'on appelle le 2x30 («deux fois 30»).

Formellement, l'étranger n'est pas propriétaire du bien, mais il en a la jouissance pour une durée de 60 ans.

Une autre façon est d'obtenir un usufruit (*สิทธิเก็บกิน*) sur la terre (ou la terre et la maison) pour la vie. Un contrat de superficies peut également être ajouté à un contrat de location.

Dans le cas de l'achat d'une maison déjà construite, il est possible de séparer le terrain de la maison. Cela signifie qu'une personne thaïlandaise peut posséder la terre, alors qu'un étranger obtiendra la propriété des bâtiments.

Séparer le terrain et la maison prend du temps et doit respecter une procédure légale précise.

Administrations en charge de l'immobilier

Il existe plusieurs administrations en charge des relations entre les personnes et les biens fonciers en Thaïlande.

Tout d'abord, *l'Amphur* s'occupe de l'état civil et des *Tabien Baan*, c'est-à-dire des personnes vivant dans un lieu donné. C'est à *l'Amphur* que les naissances, les décès et les mariages seront enregistrés.

Le bureau d'Or.Bor.Tor (gouvernement du district ou **อ.ต.บ.**) s'occupe des bâtiments. C'est l'administration qui va délivrer les permis de construire. Ce bureau crée et enregistre l'adresse d'une propriété nouvellement construite. Il collecte également certaines taxes liées aux bâtiments comme la *building and land tax*.

Le Land Office (**กรมที่ดิน**) s'occupe pour sa part du cadastre : enregistrement du foncier, enregistrement des titres de propriété foncière (comme les *chanote*), tenue des hypothèques et des mainlevées.

Parfois, les gens confondent le *Land Office* et le bureau d'Or Bor Tor.

L'usufruit

L'usufruit en langue thaïlandaise, « Sidhi-kep-kin » (**สิทธิเก็บกิน**) est un démembrement du droit de propriété conférant à l'usufruitier le droit d'utiliser un bien et d'en percevoir les fruits, mais non d'en disposer, cette dernière faculté appartenant au nu-propriétaire (**เจ้าของ**).

Cette opération juridique entraîne donc une répartition des droits entre l'usufruitier et le nu-propriétaire. L'usufruit ne doit pas être confondu avec le droit d'usage qui confère à son bénéficiaire des droits plus restreints que ceux possédés par l'usufruitier.

Un usufruit donne des droits temporaires pour l'utilisation et la jouissance de la propriété avec l'avantage de pouvoir récolter les bénéfices des biens appartenant à un autre. Ceci aussi longtemps que la propriété n'est pas endommagée ou altérée de quelque façon que ce soit. Ce droit est inscrit sur le titre de propriété.

Bien que la loi n'empêche pas les étrangers d'être en mesure de demander l'enregistrement d'un usufruit sur un terrain, cela reste cependant à la discrétion de l'officier du Land Office.

La personne qui conclut un accord contractuel avec le propriétaire pour ce droit est appelée « usufruitier ». Un usufruit sera enregistré de la même manière qu'un bail d'une durée maximale de 30 ans ou pour la durée de l'usufruitier.

Une fois inscrit, il aura des effets comme une servitude sur le titre. Le propriétaire du terrain ne peut pas vendre ou transférer le terrain avant la fin de la servitude.

L'usufruitier doit également garder la propriété intacte et la restituer dans le même état que lors de l'octroi de l'usufruit.

L'usufruitier est responsable des frais de gestion de la propriété, du paiement des taxes et des droits. Il est responsable des intérêts payables sur les dettes qui lui sont imputées.

Si cela est requis par le propriétaire, l'usufruitier est tenu d'assurer la propriété contre un risque de perte au profit du propriétaire. L'usufruitier devra alors payer les primes d'assurance pour la durée de l'usufruit.

Un intérêt d'usufruit expire au décès du détenteur de l'usufruit et ne peut donc pas être hérité.

Le bénéficiaire dans un scénario d'usufruit peut également transférer ses droits à l'usufruit à un tiers conformément au code civil et commercial de la section 1422.

Le constituant de l'usufruit peut néanmoins réclamer des dommages-intérêts à l'usufruitier en cas de dommages directement causés par le tiers.

Une caractéristique intéressante de l'usufruit est que l'usufruitier peut conclure un bail de 30 ans avec un tiers. Ainsi, si l'usufruitier a signé un bail de 30 ans avant son décès, le locataire conservera les droits du bail jusqu'à son expiration.

Il n'y a aucune taxe annuelle prélevée sur la propriété par rapport aux 12,5 % de la valeur locative évaluée ou du taux du marché dans le cas d'un bail enregistré.

Il n'y a rien qui soit dit qui limite l'octroi de tels usufruits. Cependant, à l'instar de tous les autres droits relatifs à la propriété, il convient de noter à nouveau que l'enregistrement d'un tel droit est à la discrétion de l'agent du Service foncier et qu'il peut varier d'un endroit à l'autre.

Le foncier constructible

La loi thaïlandaise sur l'urbanisme restreint le droit d'usage d'un bien foncier par son propriétaire. Ceci en vertu du principe selon lequel l'utilisation du sol dépend de l'environnement, de la géographie, des conditions économiques dans chacune des localités.

Le but de la loi est d'imposer des orientations dans le développement et l'urbanisme de chaque localité afin d'être en accord avec la politique économique et sociale des municipalités.

L'usage des terrains est classé en différentes catégories dont le foncier résidentiel. Dans chaque localité, l'utilisation du foncier peut être soumise à une sous-catégorisation particulière.

L'acheteur d'un terrain devra faire vérifier les codes de zonage, d'environnement et de planification dans la région. De plus, toute hypothèque, privilège ou charge sur le bien sera mis en évidence au cours de ce processus de diligence.

Il arrive que des étrangers achètent une propriété foncière et découvrent trop tard des limites en terme de construction qui rendent la terre pratiquement sans valeur.

Cela est particulièrement vrai pour les villes balnéaires où il existe de strictes limites de hauteur près des plages. Cette étape est essentielle dans la recherche de bien foncier pour éviter des écueils ultérieurs.

L'enquête est importante, elle peut être terminée en quelques jours. Sauter cette étape préalable constitue une erreur grave qui peut s'avérer coûteuse à terme.

Les diligences avant une acquisition

La Due Diligence ou diligence raisonnable (**เตือนให้ผู้ซื้อพึงระวัง**) est un terme générique utilisé pour décrire l'ensemble des vérifications qu'un éventuel acquéreur ou investisseur doit effectuer avant de réaliser une transaction.

Selon le principe du droit romain *caveat emptor* — que l'acheteur soit vigilant —, c'est à l'acheteur de présupposer la mauvaise foi du vendeur, ceci afin d'éviter toute mauvaise surprise.

Lorsqu'un étranger achète une propriété en Thaïlande, il devra mener cette diligence afin de sécuriser la transaction — ou désigner un mandataire à cet effet.

Cette diligence comportera tout ou partie des étapes suivantes :

– Traduction du titre de propriété foncière en anglais ou français afin de comprendre les caractéristiques exactes de la propriété et ses limites (surface, etc.). Un examen complet de l'acte de propriété enregistré au Land Office devrait être fait avant la signature d'un accord de réservation et avant le paiement d'un dépôt.

– Enquête sur la nature exacte du titre de propriété foncière. Il en existe plusieurs sortes avec des droits attachés différents : Por Bor Tor, Nor Sor 3, Nor Sor 3 Gor, Nor Sor 4 Jor, Chanotte. Il importe également de reconstituer l'historique de propriété avec les différentes dates de transfert antérieures et la chaîne de possession. Celle-ci avec les noms des différents acquéreurs figure au verso du titre de propriété.

– Existence d'hypothèques enregistrées ainsi que toutes les autres charges enregistrées sur le bien : bail de long terme (*lease* **สัญญาเช่าระยะยาว**), obligations diverses afférentes (servitudes **ภาระจำยอม**), charges, réclamations, procuration ou action juridique en cours.

– Inspection physique détaillée afin de vérifier l'état du bien, son accessibilité pendant la saison des pluies (zones inondées), les éventuels problèmes de drainage ou d'affaissement de terrain.

— Existence d'une procédure de faillite en cours ou d'une enquête du tribunal civil au sujet du propriétaire. Par exemple, la contestation d'un héritage peut poser des problèmes si l'héritier qui vend le bien voit sa propriété réelle contestée puis invalidée.

— L'utilisation antérieure peut affecter l'utilisation future du terrain : pollution du terrain, existence de restrictions de construction dans la zone.

— Existence de personnes occupant ou utilisant le terrain, même illégalement. C'est un aspect important, car une personne utilisant une terre depuis longtemps peut en réclamer la propriété sans figurer sur le titre de propriété.

— Connexion aux principaux réseaux publics tels que l'eau, l'électricité, le tout-à-l'égout. Accès routier public ou privé lié au terrain avec existence de servitudes.

— Existence de problèmes de voisinage avec des résidents locaux, nuisances sonores, odeurs liées à des élevages intensifs (porcheries) ou autres perturbations provenant des terres avoisinantes (épandages réguliers de pesticides).

— Présence d'ordures ménagères ou industrielles, d'eaux usées, passage de câbles sur le terrain (téléphone, pylônes électriques).

— Une enquête auprès du Land Office est indispensable pour obtenir des informations sur les taxes foncières, la valeur enregistrée ou payée lors du dernier transfert, l'existence de procurations enregistrées, l'existence de baux (*leasehold*) de long terme, de droit de superficie, d'usufruits ou d'autres droits enregistrés au sujet de ce bien foncier.

— Une enquête plus approfondie peut être effectuée dans l'histoire familiale du propriétaire. Depuis combien de temps le propriétaire actuel détient-il le titre sur le terrain ?

— Acheter une propriété auprès d'un promoteur dans un complexe récent peut sembler plus sûr. Mais ces entreprises ont pour but de réaliser un profit. Pour y parvenir, certains promoteurs indélicats prennent parfois des libertés avec la qualité et les garanties dont vous avez besoin.

Les principaux promoteurs immobiliers sont cependant des sociétés ayant une réputation à défendre. Elles ne peuvent faire n'importe quoi et sont très fiables.

Citons parmi les plus connues : Sansiri, Pace, LPN Development, Raimon Land, Golden Land Property, Noble, Life, Land & Houses.

Ces promoteurs — dont la liste n'est pas exhaustive — ont pignon sur rue et nombre d'entre eux sont cotés en bourse. Leurs équipes possèdent les ressources humaines et financières, l'expérience et l'expertise nécessaires pour mener à bien les projets de construction dans les délais contractuels.

En contrepartie, ils sont généralement moins enclins à négocier le prix des unités.

Si le propriétaire du bien est un développeur, il importe de se renseigner sur :

– La date d'enregistrement de l'entreprise, ses réalisations passées et sa réputation sur le marché ;

– Le capital social enregistré ;

– Les changements dans le nom de l'entreprise enregistrée au cours des trois dernières années ;

– L'existence d'un permis de construire, d'un permis d'attribution de terres ;

– Le type de titres de propriété ;

– Pour un lotissement, le nombre de parcelles allouées ;

Vous devrez également vérifier :

– que le développeur possède une licence l'autorisant à faire de la promotion immobilière ;

– la superficie exacte du terrain et son emplacement avec un géomètre ;

– Le respect des exigences légales sur l'affectation des terres ;

– Le rapport d'approbation de l'étude d'impact environnemental si celle-ci existe ;

– La délivrance du permis de construire et le nom de son titulaire ;

– La propriété du terrain et votre contrepartie dans le contrat de vente. Les entreprises utilisent parfois des montages juridiques complexes pour limiter leur responsabilité légale. Par exemple, le permis de construire est au nom d'un employé, l'entreprise qui vend le terrain sera différente de celle qui construit la maison. Vous n'aurez par exemple pas de contrat avec l'entreprise de construction. Ce qui limitera vos futurs recours contre des malfaçons ;

D'autres questions devront être éclaircies :

– Le type de structures de vente du projet. Pour certains projets de villas luxueuses, le bien appartient à une société off-shore et l'acquéreur devient l'actionnaire de la société ;

– Le nom de société d'architecture qui conçoit les maisons ? Qui est le constructeur ? Avec quel niveau de qualité ?

– Les voisins sont-ils satisfaits des maisons déjà achevées ? Une discussion avec des voisins sera une très bonne indication de la fiabilité du constructeur ;

– Quid, si la maison présente des malfaçons ?

– Combien de maisons sont prévues dans le projet ?

– Une nouvelle construction dans le quartier peut-elle changer la valeur de votre propriété ? Par exemple, vous achetez un condominium avec vue sur la mer et un futur projet vient bloquer cette vue. Outre le fait que vous perdez la vue sur mer, vous « bénéficierez » des nuisances d'un long chantier.

Globalement, la présence de terrains libres dans le voisinage doit vous alerter, surtout dans une zone très convoitée. Parfois, c'est le développeur qui vient de vous vendre une unité qui, désireux de réitérer son succès, commencera une phase II juste à côté de la première.

Il importe d'avoir les réponses aux questions suivantes :

– Le promoteur reliera-t-il le terrain à la voirie et aux services publics ? Devrez-vous payer pour des compteurs séparés ou vous connecter vous-même aux services publics ?

– Le promoteur s'occupera-t-il de l'enregistrement de la maison au nom de l'étranger et du livret d'enregistrement de la maison (*Tabien Baan*) ? Y aura-t-il un contrat de *leasehold*, d'usufruit, de servitude ou de superficie ajouté au transfert de la propriété ?

– Si la propriété est vendue en vertu d'une structure à bail de type *leasehold*, qui sera responsable du paiement des taxes foncières et immobilières ?

– La terre sera-t-elle livrée libre de toute charge, hypothèque et autres privilèges ?

À la signature du contrat, d'autres aspects devront être éclaircis :

– Quand la propriété doit-elle être achevée ? Existe-t-il des pénalités prévues en cas de retard ?

– Qui sera responsable des frais de transfert ou d'inscription ? Cela peut être l'acheteur, le vendeur, les deux à 50-50 %, ou selon une autre clef de répartition.

– Quel sera le montant mensuel ou annuel des charges d'entretien/de maintenance de la copropriété ? Comment celles-ci seront-elles calculées ? Cette décision appartient-elle aux propriétaires de maison/parcelle ? Rappelez-vous que des charges excessives peuvent avoir un impact pendant de nombreuses années. Par ailleurs, une petite copropriété avec peu d'appartements sera plus agréable, mais il faut garder à l'esprit que les frais fixes, comme le gardiennage ou l'entretien de la piscine, seront divisés par un nombre plus restreint de copropriétaires.

– Le titre de propriété sera-t-il transféré au moment du paiement final ? Il n'est pas rare qu'un futur propriétaire soit obligé d'attendre un ou deux ans son titre de propriété, car celui-ci a été donné en garantie à un prêteur hypothécaire.

– Existe-t-il une hypothèque sur la propriété ?

– Est-il possible d'annuler le contrat ? De le céder à un tiers ? Si oui, à quelles conditions, le dépôt sera-t-il remboursé ?

– Le type de matériaux utilisés (bois, marbre, carrelages) est-il spécifié dans le contrat ou son addenda ?

Existe-t-il des notaires en Thaïlande ?

Dans la plupart des pays de droit civil, le notaire est un officier public autorisé par l'état à exécuter certains actes comme l'authentification de signatures, des documents ainsi que l'enregistrement de témoignages ou de déclarations de personnes sous serment.

La certification d'un document est importante, car elle en garantit son authenticité devant un juge.

Il n'y a pas de notaires en Thaïlande, mais certains avocats possèdent l'autorité d'exercer en tant qu'avocat du service notarial. Ce sont ces avocats qui réalisent dans la pratique les services et actes notariaux.

Un avocat thaï doit suivre une formation professionnelle spécifique et réussir un examen avant d'être habilité à exercer comme avocat du service notarial.

Cette habilitation lui permet d'exécuter les fonctions suivantes :

Vérification de l'authenticité des signatures ;

Certification d'identité des parties à un accord ;

Administration de serments et affirmations ;

Attestation et certification des certains documents ;

Être le témoin à la signature des parties à un document.

Comme la Thaïlande n'est pas signataire de la Convention de La Haye sur la légalisation de documents publics étrangers, les parties qui ont engagé des services notariaux en Thaïlande devraient posséder le document notarié authentifié ou légalisé par le Ministère des Affaires étrangères de la Thaïlande, ou par l'ambassade du pays auquel le document doit être présenté.

Comment posséder une maison ?

Comme nous l'avons souligné, les étrangers ne peuvent pas posséder de terres en Thaïlande. Par contre, ils sont autorisés à louer des terres en vertu d'un bail foncier enregistré auprès du Land Office et de posséder la structure construite sur des terres louées.

L'obtention de la propriété légale d'un immeuble construit sur le terrain loué augmente considérablement les droits du locataire foncier.

Le droit de posséder un bâtiment sur la terre d'une autre personne doit toujours être lié au droit d'utiliser le foncier, c'est-à-dire la durée du bail foncier (et facultativement la durée d'un droit additionnel de superficie).

Les structures séparées de la terre n'ont pas de titre de propriété. Certains suggèrent que ce serait le Tabien Baan ou livre de maison, mais ce n'est pas correct.

Une preuve de propriété (propriété par possession) peut généralement être établie, soit par un bail foncier donnant au locataire le droit de construire et le permis de construire (de préférence délivré au nom du preneur), soit par la vente d'un document de structure en Thaïlande, délivré, signé, estampillé et administré par le bureau local des terres.

Transférer la propriété d'une maison existante sans le terrain ?

Le transfert de propriété d'une structure séparée de la terre doit être enregistré auprès de l'autorité compétente (le bureau foncier local) pour être complet.

En vertu du droit des contrats thaïlandais, la vente d'un immeuble est nulle, sauf si elle est faite par écrit et enregistrée par le fonctionnaire compétent (code civil article 456).

Les étapes suivantes sont généralement impliquées dans le transfert de la propriété d'une maison en Thaïlande (c.-à-d., Transfert séparé du terrain sur lequel elle se trouve) :

Le vendeur et l'acheteur de la maison doivent se présenter au bureau local pour annoncer la vente.

Si une partie ne peut pas se rendre au Land Office (par exemple, une partie se trouve à l'étranger), un mandataire peut être nommé en utilisant le formulaire de procuration du Land Office (document Tor-Dor 21 *ท.ด.*21).

Les documents requis sont les suivants : Tor-Dor 21 (le cas échéant), permis de construire et/ou accord de vente de terrain antérieur, Ta Bien Baan, pièces d'identité des parties (passeport ou carte d'identité).

Le Land Office délivrera 4 exemplaires d'un formulaire de notification pour la vente d'une structure (l'avis public), à mettre en place à (1) l'Or Bor Tor, (2) le bureau de district, (3) le Kamnan Bureau (*กำนัน*) et (4) sur l'immeuble lui-même pour une annonce publique de 30 jours de la vente (pour voir si quelqu'un souhaite en contester la propriété).

Après la période de préavis public de 30 jours, les parties doivent se présenter au bureau des affaires foncières pour que la vente soit effectuée par l'autorité compétente (la vente officielle d'un document de structure est séparée de tout contrat de vente privé entre les parties).

Cela signifie par exemple que lorsqu'un développeur en Thaïlande offre un bail foncier et un contrat de vente pour la maison, le transfert de la structure doit toujours être effectué selon la procédure décrite ci-dessus au Land Office pour le transfert de propriété et le paiement des frais afférents.

Taxe de transfert et frais pour une maison

Les frais normaux de transfert de propriété et les taxes s'appliquent au transfert de propriété d'une maison distincte du terrain sur lequel elle se trouve.

Certains des taux sont basés sur le prix de vente réel ou la valeur enregistrée évaluée de la maison.

La valeur estimée de la maison par le gouvernement dépend de la superficie de la maison, du nombre d'étages, des matériaux utilisés (par exemple bois ou béton) et de l'emplacement.

Autres taxes

Lorsque la terre et la maison sont louées (la propriété de la maison n'a pas été obtenue), une taxe foncière et annuelle doit être perçue sur le propriétaire à un taux de 12 % de la valeur du bail annuel.

Par contre, lorsque la structure sur le terrain loué appartient au locataire, cela réduira le loyer et donc les obligations fiscales.

La propriété via une société off-shore

Réaliser un achat immobilier via une company off-shore peut présenter certains avantages comme la possibilité de vendre la société portant le bien sans qu'aucune transaction n'ait lieu en Thaïlande.

Dans ce dernier cas, la transaction consistera en la vente des actions d'une société étrangère à un acheteur étranger. Si ni le vendeur ni l'acheteur ne sont des résidents fiscaux en Thaïlande, la transaction aura lieu à l'étranger et les bénéfices qui en découleront ne seront pas taxables en Thaïlande.

En outre, si le développeur a bien choisi la juridiction off-shore, la transaction et la plus-value ne seront pas non plus imposables outre-mer.

Le deuxième avantage est que cette solution rend la succession plus facile à gérer, puisque celle-ci sera constituée de biens mobiliers : les actions de la société qui détient le condominium.

Mais comme toujours, aucune solution n'est parfaite et la compagnie off-shore sera soumise à la taxe foncière et domestique.

Si la société off-shore loue la propriété, alors il y aura également des questions liées à l'impôt sur les sociétés et à la retenue à la source.

Achat conjoint

Si vous achetez un bien avec votre conjoint thaïlandais. L'autre moitié du prix de vente peut être payée en bahts thaïlandais, parce que ce montant correspond à la contribution de l'acheteur local.

Si l'argent n'est pas transféré depuis un compte conjoint au nom des deux conjoints, il est recommandé de mentionner sur le virement : *on « behalf of Name & Surname of the spouse »*.

Notez que le copropriétaire thaïlandais pourra demander un prêt auprès d'une banque thaïlandaise pour financer le paiement de sa part du prix d'achat de la copropriété.

Dans ce cas cependant, la banque prendra une hypothèque sur la totalité du bien, y compris votre part.

En cas de défaut du conjoint dans ses échéances bancaires, vous risquez de perdre votre bien.

Comment se passe un achat de bien immobilier ?

Lorsque l'investisseur a trouvé la propriété qui répondra à ses attentes, le processus habituel pour conclure une transaction est de réserver le bien en signant un compromis de vente accompagné d'un dépôt ou *deposit*. Celui-ci est normalement d'un montant compris entre 5 et 15 % du prix d'achat.

Dans la plupart des cas, cette somme sera déduite du prix d'achat si le contrat est entièrement exécuté par les deux parties. Il n'y a pas d'exigences légales en termes de calendrier, mais à partir du dépôt payé la plupart des vendeurs s'attendent à finaliser l'opération dans les 30 jours.

En retour, le vendeur ou l'agent stoppe les visites et réservera la propriété. Il commencera également le processus de rédaction des contrats d'acquisition.

Toutefois, dans le cas où l'investisseur ne procède pas à l'achat, le vendeur a souvent le droit de conserver ce dépôt de réservation initial pour le dédommager de son coût d'opportunité.

Si le défaut vient des vendeurs, le dépôt payé par l'acheteur sera remboursé. Le compromis peut prévoir le paiement d'une somme équivalente à titre de dédommagement de l'acheteur potentiel.

Habituellement, le vendeur ou son avocat prépare les contrats. Il est par conséquent fortement recommandé à l'acheteur de mandater avant la signature, un avocat pour le conseiller sur les termes et les conditions.

Dans tous les cas, il importe de s'assurer d'une bonne compréhension mutuelle des termes de l'accord concernant le dépôt de réservation et de conserver le reçu signé du dépôt mentionnant que celui-ci sera déduit du montant restant à payer.

Si le vendeur fournit deux versions différentes du contrat : le thaï et l'anglais. Seule la version en langue thaïe aura valeur légale. Par conséquent, il est essentiel, avant toute signature, de faire vérifier par un avocat bilingue que les deux contrats sont bien identiques. Là comme ailleurs en droit, le Diable est souvent dans les détails.

Dans le cas où la diligence n'est pas encore terminée, il est très important de prévoir une clause de sortie ou *« get-out clause »* dans l'accord, par exemple « sous réserve d'un titre de propriété clairement établi » ou « sous réserve d'un accord sur les termes du contrat ».

En l'absence de clause adéquate, vous n'aurez aucun moyen de récupérer votre dépôt, ceci même si la diligence démontre un problème au niveau du titre de propriété.

Si vous achetez un condominium à Phuket ou Pattaya, il y a généralement plus d'acheteurs étrangers que les 49 % du quota étranger, une solution pour être dans le quota étranger peut être d'acheter sur plan au moment du lancement du projet.

Mais un acquéreur doit alors être conscient qu'il existe un certain nombre de projets qui n'ont jamais été achevés pour différentes raisons (faillite du développeur, conflits juridiques, recours du voisinage, manquements sur les normes d'urbanisme).

Choisissez soigneusement votre projet et votre développeur.

La *Due Diligence* est une étape essentielle dans votre processus d'achat.

Si vous achetez dans un bâtiment déjà achevé, il faudra vérifier le pourcentage des étrangers dans la copropriété avant de payer un dépôt à votre vendeur. Celui-ci peut être obtenu auprès de la personne morale de la copropriété.

L'une des conditions de la propriété étrangère en vertu de la loi sur les condominiums (article 19) est qu'un étranger a transféré de l'étranger en Thaïlande la totalité du prix d'achat en devises étrangères.

L'étranger aura besoin des formulaires FET pour *Foreign exchange transfer forms* (ou formulaires de transfert de devises étrangères) qui prouvent que l'argent pour l'achat est venu de l'étranger et a été changé à l'arrivée en bahts thaïlandais.

Ce point est très important, l'argent doit être viré en Thaïlande dans une monnaie étrangère et ensuite être converti par la banque thaïlandaise. Certaines fintechs proposent des virements à tarifs avantageux, mais ces virements peuvent poser problème au moment de l'établissement du FET.

Vous n'êtes pas limité à un seul formulaire FET. Si vous avez effectué plusieurs transferts, vous aurez un formulaire pour chaque paiement.

Le formulaire FET (précédemment connu sous le nom de Thor Tor 3 ธ.ต.3) est le document officiel préparé en vertu des règlements de la Bank of Thailand pour déclarer les transactions en devises étrangères en Thaïlande.

Le document prouve le transfert de devises en Thaïlande et l'échange de devises étrangères en bahts à l'intérieur du pays. Le formulaire FET est émis par l'institution financière autorisée (généralement une banque) qui a traité l'opération. Il contient au moins les informations suivantes :

- le montant transféré en monnaie étrangère,
- le montant transféré en baht thaï,
- le nom de l'expéditeur des fonds,
- le nom du destinataire des fonds,
- le but du transfert de l'argent.

Les documents de transaction de change doivent montrer le nom de l'acheteur étranger soit comme l'expéditeur, soit comme le destinataire de l'argent de la banque étrangère. Ce document doit être remis au Land Office afin d'enregistrer le transfert de propriété d'une unité d'appartement en copropriété au nom de l'étranger.

Si le versement de l'étranger est en bahts, la banque ne délivrera pas de formulaire FET et l'étranger ne sera pas admissible à l'enregistrement de la propriété étrangère au bureau des titres fonciers, à moins qu'il ne se qualifie pour l'un des autres motifs de propriété étrangère prévus par la loi sur les condominiums.

Avec les copropriétés en construction où vous achetez une unité sur plan (*off plan buyer*), vous paierez souvent un dépôt initial suivi de mensualités pendant la construction jusqu'à la fin où le solde est payé.

Il est souvent possible de revendre l'unité avant la fin du chantier. Cette activité a d'ailleurs donné lieu à un business fructueux pour certains investisseurs qui jouent ainsi avec effet de levier sur la hausse des prix de l'immobilier.

Acheter un bien immobilier avec des fonds locaux ?

Les étrangers qui ont le statut de résident, formalisé par la délivrance du livret *Tabien Baan* bleu, sont exemptés de l'obligation de payer avec des devises étrangères.

Ils sont également autorisés à acheter en bahts et même, en théorie, à emprunter auprès d'une banque thaïlandaise pour financer leur achat, pour peu qu'ils en trouvent une qui accepte d leur octroyer ce crédit.

Le prix de vente au *Land Office*

La valeur estimative d'une propriété est celle évaluée par le Land Office. Elle est souvent très inférieure au prix de vente réel ou à la valeur marchande d'une propriété.

Les évaluations immobilières sont établies conjointement par le Département du Trésor et le Département du cadastre et ajustées tous les 4 ans.

Les taxes sont calculées sur le montant le plus élevé entre la valeur estimée et la valeur réellement payée. Lors de la vente d'une propriété, le vendeur thaïlandais a donc tendance à insister sur l'enregistrement d'un prix de vente proche de la valeur estimée. En effet, cela diminuera sa plus-value éventuelle et la base de calcul des différentes taxes de transfert.

Cette pratique est fréquente, mais elle demeure illégale. Les parties sont tenues par la loi d'indiquer le prix de vente réel au département du cadastre.

Dans le cas où l'acheteur est une société, à des fins comptables, les comptes de la société doivent refléter le prix réel d'achat distinct et si celui-ci est différent de celui déclaré au Land office, un contrôle fiscal ne manquera pas de relever cette différence entre les documents officiels du Land Office et les comptes de la compagnie.

Dans ce cas, un redressement sera effectué, et une amende substantielle pourra être exigée.

Rapatrier le produit d'une vente immobilière ?

Les banques doivent suivre en Thaïlande des règles strictes sur le change. En conséquence, il peut être assez difficile de rapatrier des fonds si vous ne possédez pas les documents demandés.

Pour rapatrier le produit de la vente de la copropriété, la banque demandera une copie du contrat officiel de vente du bien (celui avec le symbole du Garuda), un reçu fiscal, une copie du titre de propriété de la copropriété, une copie du passeport et une copie du formulaire FET (ou le formulaire Thor Tor 3 précédemment utilisé) que l'étranger a obtenu lorsqu'il a transféré de l'argent en Thaïlande pour acheter le condominium.

Si ces documents sont fournis, la banque autorisera le transfert de l'argent hors de la Thaïlande sans déductions supplémentaires. Parfois, pour des questions de limites, ce transfert doit être fait en plusieurs fois.

Lors de la vente de la copropriété, l'impôt sur le revenu des particuliers est pris en compte dans les taxes de transfert. Le bureau des terres émettra un reçu d'impôt pour paiement. La retenue à la source est calculée en fonction des années de détention de la propriété.

Acquisition foncière par un conjoint thaï

Lorsqu'un ressortissant thaïlandais marié à un étranger demande l'enregistrement d'une terre en Thaïlande, le Département du cadastre (Land Office) doit s'assurer que la terre devient un actif personnel (et non matrimonial) du conjoint thaïlandais.

Le Département du cadastre demandera aux deux conjoints (étranger et thaïlandais) une déclaration commune attestant que l'argent ayant servi à l'acquisition du terrain (ou du terrain et de la maison construite sur celui-ci) appartient aux biens personnels du conjoint thaïlandais (Sin Suan Tua), et donc (selon les lois thaïlandaises régissant la propriété du mari et épouse) que ce bien restera un actif personnel (non matrimonial) du conjoint thaïlandais (conformément à l'article 1472 du Code civil et commercial).

En cas de divorce, ce bien immobilier ne sera donc pas partagé entre les époux.

Comment se passe la procédure ?

En cas d'acquisition de terrain, de terrain et de maison ou dans certains cas, de copropriété et d'enregistrement de propriété au Land Office, le conjoint thaïlandais ;

— doit prouver que tout l'argent versé est une propriété personnelle (Sin Suan Tua *สินส่วนตัว*) conformément aux articles 1471 et 1472 du Code civil et commercial, et/ou ;

— doit, avec son conjoint étranger au bureau des affaires foncières provincial ou local du Land Office, confirmer dans une lettre de confirmation standard que tout l'argent payé pour la propriété est un bien personnel (Sin Suan Tua) et non une propriété commune (Sin Som Ros ou *สินสมรส*). La politique du département du cadastre n'est pas d'enquêter sur l'origine réelle des fonds.

— Ce n'est que depuis le règlement du ministère de l'Intérieur daté du 23 mars 1999 (Lettre Mor Thor 0710/Wor.792) qu'un ressortissant thaïlandais marié à un étranger est autorisé à acquérir légalement des terres et, suivant la procédure prescrite, est autorisé à enregistrer la propriété de sa terre.

Avant cette réglementation, un ressortissant thaïlandais marié à un étranger perdait le droit d'acquérir des terres en Thaïlande parce que, sans cette procédure, le conjoint étranger devenait copropriétaire de terrain, ce qui était illégal en vertu des lois thaïlandaises.

La procédure du règlement de 1999 du ministère de l'Intérieur est basée sur l'article 1472 du Code civil et commercial qui stipule que si des biens personnels ont été échangés contre d'autres biens pendant le mariage, ces biens deviennent et restent un bien personnel et non une propriété conjointe entre mari et femme.

C'est un peu sur le principe de la communauté réduite aux acquêts. Les biens antérieurs au mariage ne sont pas concernés par la copropriété du couple, mais restent la propriété individuelle de chaque conjoint.

De cette façon, le conjoint étranger n'obtient aucun droit de propriété dans le pays sur la base des lois de la famille thaïlandaise (copropriété entre mari et femme).

Sans la confirmation conjointe dans la lettre de certification ou la preuve que l'acquisition est payée avec les biens personnels du conjoint thaïlandais, la demande d'enregistrement de propriété doit être soumise au ministère de tutelle afin d'obtenir l'approbation du ministre.

Sans preuve écrite, le bureau du cadastre ne permettra pas l'enregistrement de la propriété.

La popularité du leasehold

Le contrat de location ou lease est régi par la section 537 et les sections suivantes du Code civil et commercial thaïlandais sous le titre « *Hire of Property* ».

En vertu de l'article 537, la location de biens est un contrat par lequel : « Une personne, appelée le loueur (en anglais "letter" "Lessor") cède à une autre personne, appelle le locataire (en anglais "Lessee" ou "Leaseholder") l'usage ou le bénéfice d'une propriété pour une période limitée de temps, en vertu de quoi le locataire accepte de lui payer un loyer ».

Les accords de location de long terme peuvent être conclus soit pour la vie de bailleur (le propriétaire du terrain) ou la vie du locataire ; ou pour une période fixe.

Si elle est faite pour une période fixe, la durée d'un bail sur un bien immobilier ne peut excéder 30 ans pour le secteur résidentiel, et 50 ans pour les baux commerciaux.

Le leasehold est un système de propriété dans lequel une personne, en payant une somme fixe, « achète » le droit d'occuper un terrain ou un bâtiment particulier pendant une période donnée.

Le propriétaire de l'immeuble ou du terrain (landlord) renonce à exploiter ce bien en faveur de la personne qui loue la propriété, appelée locataire (*tenant* ou *leaseholder*).

La loi thaïlandaise étant très stricte sur les intérêts étrangers en matière de propriété foncière. Cela a conduit à l'utilisation extensive du système de *leasehold* comme un moyen privilégié de contourner ces restrictions légales en donnant au locataire étranger un degré de contrôle se rapprochant de celui de la propriété directe.

Ce système est devenu l'un des arrangements les plus populaires auprès des étrangers cherchant à investir en Thaïlande et qui ne veulent pas dépendre du bon vouloir du propriétaire dans une location simple qui devra être renouvelée.

Le système de lease à long terme en fait une bonne solution pour ceux qui cherchent une certaine stabilité dans leurs affaires.

Le leaseholder (*การเช่าซื้ออสังหาริมทรัพย์*) étant un simple possesseur temporaire de la propriété, il n'est pas le seul responsable de sa préservation et de son entretien.

Dans ce type de contrat, le propriétaire peut s'engager à respecter plusieurs obligations légales en veillant à ce que le locataire bénéficie de la jouissance complète et ininterrompue de la propriété.

Enfin, le locataire a la possibilité de ne pas renouveler le lease à l'expiration de son contrat. Contrairement au propriétaire en pleine propriété, il n'est pas lié au bien et ne détient aucun autre intérêt en dehors de son occupation antérieure.

Durée maximale du *leasehold*

Le système légal thaïlandais limite la durée de ces baux de type *leasehold* à seulement trente (30) ans sous réserve d'une éventuelle renégociation.

Pour que les parties puissent prolonger un accord existant, une clause dans le contrat doit le permettre. En son absence, les parties peuvent conclure un nouveau contrat contenant les mêmes termes ou stipulations que ceux de l'original.

Toutefois, le nouveau contrat ne sera pas considéré comme une continuation du précédent et les clauses ou conditions de l'ancien contrat ne s'appliqueraient donc pas automatiquement au nouveau contrat, sauf à être expressément mentionnées. Il ne s'agit en aucun cas d'une prolongation de contrat, mais d'un nouveau contrat.

Notez que même quand un bail résidentiel est conclu pour la vie des parties, la pratique courante est de l'enregistrer auprès du Land Office pour une période de 30 ans.

En pratique, des contrats de location sont proposés par les développeurs pour une période de 60 ans, voire de 90 ans, en utilisant le mécanisme de type « 30 + 30 » ou « 30 +30 +30 ». Un contrat de prolongation juridiquement contraignant entre le détenteur du bien et le locataire est prévu pour une nouvelle période de 30 ans.

Selon l'article 540, à la fin de la période de 30 ans, le bail expire automatiquement et les deux parties doivent enregistrer un nouveau bail de 30 ans.

La pratique commerciale en Thaïlande est d'offrir deux baux supplémentaires de 30 ans pour un total de 90 ans grâce à un contrat distinct souvent appelé le contrat « Addendum » ou « Mémorandum », par lequel le bailleur accepte de prolonger le contrat pour une nouvelle période de trente ans.

Dans ce contrat supplémentaire, il existe souvent d'autres droits de bail qui ne sont pas inclus dans l'article 540 du Code civil et commercial.

En plus de promettre le renouvellement des contrats de lease pour une durée totale de 90 ans, des clauses additionnelles peuvent inclure : le droit de transformer le bail en titre de propriété libre (*Freehold*) si la loi thaïlandaise change, la promesse de transférer le contrat de location aux héritiers si le leaseholder décède pendant la durée du contrat.

Ces clauses additionnelles sont considérées comme des promesses contractuelles personnelles entre les deux parties et n'entrent pas dans le cadre des lois normales sur les contrats de location visées aux articles 540 et 569 du Code civil et commercial.

Ces montages juridiques présentent par conséquent des risques pour le locataire :

1) En cas de décès du bailleur — il existe une possibilité que les héritiers ne renouvellent pas le bail à l'issue des trente ans pour une prochaine période supplémentaire

2) Faillite de la compagnie — dans un bail avec une compagnie — comme cela est souvent le cas dans les projets en Thaïlande — il existe un risque que la propriété soit transférée à la cour de faillite (Bankrupcy Court ศาลล้มละลายกลาง) en raison du redressement judiciaire entraînant de fait l'annulation du renouvellement promis.

3) Mort du leaseholder — il existe une possibilité que le bailleur ne cède pas et ne renouvelle pas le contrat avec les héritiers du locataire.

4) Vente ou transfert de la propriété sous-jacente — si la propriété sous-jacente est cédée, il existe un risque non négligeable que le nouveau propriétaire ne renouvelle pas le bail supplémentaire, ou qu'il ne le fasse pas sans demander un dédommagement.

Sauf cas d'une faillite de l'entreprise bailleur, le contrat additionnel « Addendum » au lease à long terme peut limiter le risque. Il faut pour cela que les deux parties conviennent que le contrat est transmissible aux héritiers, et interdire formellement la vente ou le transfert de la propriété, sauf en cas d'héritage.

La plupart des projets immobiliers sont conduits par une société de promotion immobilière qui va signer le bail à long terme. Il est donc important de faire un travail de diligence à l'égard de l'entreprise qui va signer le bail à long terme et qui agira en tant que bailleur.

Le principal risque qui ne peut être couvert par un contrat supplémentaire est celui de la faillite. Cependant, cela n'affecte pas les termes et conditions du bail qui a été enregistré.

Ainsi, l'acheteur potentiel (leaseholder) devrait poser les questions suivantes : depuis combien de temps l'entreprise est-elle en activité ? Depuis combien de temps possède-t-elle le terrain ? Peut-elle produire un historique établi pour ses opérations commerciales ? La terre est-elle entièrement payée ? L'entreprise a-t-elle payé toutes ses taxes et rempli ses obligations financières à ce jour ?

Pour ces raisons — et malgré les affirmations de nombreux promoteurs immobiliers — il est impossible de garantir au locataire ou au bénéficiaire d'un droit de superficie que son bail ou son droit de superficie sera renouvelé sans problème à la fin de la période initiale de 30 ans.

Toute affirmation parlant de renouvellement perpétuel est une promesse qui est faite par les promoteurs pour commercialiser leurs projets, elle est non seulement fausse, mais absurde.

Freehold contre *Leasehold*

Le *freehold* est tout simplement une pleine propriété. En raison de la législation thaïlandaise, elle ne peut s'appliquer pour un étranger qu'à des biens de type copropriété (condominium).

Depuis la loi dite du Condominium Act de 1979, les étrangers peuvent acheter un appartement en nom propre et disposer de la pleine propriété du bien pour une durée illimitée.

Pour cela, ils doivent respecter les conditions suivantes :

- Acheter dans une résidence de type condominium offrant la pleine propriété.
- S'assurer que 49 % de la propriété (millièmes) n'a pas déjà été vendue à des étrangers.
- Transférer l'intégralité des fonds couvrant l'achat en devises étrangères depuis l'étranger.
- L'émetteur ou le destinataire des virements (somme couvrant l'achat du bien) doit être le futur propriétaire. Il importe de conserver les documents de la banque prouvant le transfert de fonds, ils seront indispensables pour le transfert de propriété entre le constructeur et l'acquéreur. Ils le seront également si vous souhaitez vendre l'appartement, changer les bahts et rapatrier les fonds vers votre pays d'origine lors de la revente de l'appartement.

Différents titres de propriété foncière

Le département du cadastre (Land Office) peut émettre plusieurs types de titres de propriété foncière que l'on peut classer en quatre catégories principales de titres fonciers : Freehold (Chanote), Nor Sor Sam Kor, Nor Sor Sam et Sor Kor Nueng.

Les droits du propriétaire diminuent avec chaque nouvelle option listée.

Un moyen simple et approximatif qui est parfois utilisé pour connaître la catégorie de son titre de propriété sans parler le thaï consiste à regarder la couleur (noir, vert ou rouge) du Garuda qui figure sur votre tire de propriété.

Le Garuda (du sanskrit गरुड / garuḍa, signifiant « aigle ») est un homme-oiseau fabuleux de la mythologie hindouiste puis bouddhiste qui est un des symboles officiels de la Thaïlande et qui figure sur de nombreux documents administratifs comme les titres de propriété.

Nous verrons que ce système présente certaines limites pour les anciens titres de propriété.

Le meilleur moyen est d'acheter des terres en utilisant la première option mentionnée ici, connue sous le nom de Chanote (Garuda rouge).

Chanote (โฉนด) ou Nor Sor 4

Titre de propriété libre, ou *Freehold Title*. Ce type de document confère à son titulaire tous les droits d'un propriétaire sur ce terrain, de le vendre, le donner en garantie, le louer ou de l'utiliser.

Si vous envisagez d'acheter des terres en Thaïlande, ce type d'acte de propriété est le meilleur et le plus fondé des titres de propriété à détenir.

Attention quand même à certains points. Par exemple, la loi autorise les squatters qui vivent sur une terre dont la propriété est attestée par un *chanote* à en revendiquer la propriété si le propriétaire du terrain ne les expulse pas dans les dix ans.

Normalement, un Garuda rouge figure sur un *chanote*.

Confirmed Certificate of Use Nor Sor 3 Gor Nor. Sor. Saam Gor (N.S. 3 G.) น.ส. 3 ก

Un terrain *en attente d'un titre de propriété complet* se verra accorder un document Nor Sor 3 Gor.

Ce titre signifie que le terrain a été mesuré par le Land Office et que, par conséquent, il possède des limites exactes.

Il a la même base légale que le Nor. Sor. 3, la différence étant que les points de parcelle du terrain ont fait l'objet d'un relevé aérien.

Les propriétaires qui possèdent un terrain avec un certificat d'utilisation confirmé disposent d'une année pour évacuer d'éventuels squatters.

Ce type de terrain peut être vendu, transféré, divisé ou hypothéqué de la même manière que le terrain avec acte de propriété en pleine propriété (*Chanote*).

Afin de changer le titre en un *Chanote*, le propriétaire du terrain peut déposer une requête auprès du Land Office pour d'une demande de changement en un titre de propriété complet (*Chanote*).

Le Land Office peut le faire s'il n'y a pas opposition faite contre cette décision.

Le Garuda sera alors vert.

Confirmed Certificate of Use Nor Sor 3 Khor Nor. Sor. Saam Khor (N.S. 3 K.) น.ส. 3 ข

Ce titre a la même base légale que le Nor. Sor. 3 Gor, la différence étant que Nor. Sor. 3 Khor concerne une zone qui a fait l'objet d'un arpentage, mais qui n'a pas fait l'objet d'un relevé aérien.

Les propriétaires qui possèdent un terrain avec un certificat d'utilisation confirmé ont un an pour évacuer les squatters

Le Garuda sera alors de couleur noire.

Certificate of Use Nor Sor 3 Nor. Sor. Saam (N.S. 3) น.ส. 3

La différence entre ce type d'acte de propriété foncière et les Nor Sor 3 Gor/Khor précédent tient au fait qu'un terrain avec un titre Nor Sor 3 n'a jamais été arpenté par le Land Office et que, par conséquent, le terrain ne possède pas de limites exactes.

La possession du terrain est donc officielle et réelle, mais ses limites exactes avec les parcelles voisines doivent être confirmées. Cela peut causer des problèmes lors du bornage.

Ce type de terrain peut être vendu sous réserve d'un préavis de 30 jours pour laisser à un voisin la possibilité de contester les limites de la propriété. Les différends sur le bornage ou les conflits de propriété sont fréquents avec ce type de titre foncier.

Si un relevé est réalisé et non contesté, le titre Nor Sor 3 peut être remplacé par un Nor Sor 3 Gor puis se transformer par la suite en titre en pleine propriété (*Chanote*).

Un Garuda noir apparaîtra sur ce document.

Comme on le voit, chaque stade correspond à un degré de précision supplémentaire dans la définition du bien foncier et de sa propriété.

Il faut donc rester prudent sur l'utilisation des couleurs et il reste préférable de faire revoir un titre de propriété par un avocat ou au moins un agent immobilier expérimenté.

Les titres de propriété agricole

On peut les regrouper sous le vocable de *possession rights* เอกสารสิทธิ์.

Ce sont des titres de propriété des terres agricoles : Por Bor Tor Ha/Sor Kor Neun ภ.ท.บ.5/ส.ค.1. Un domaine plus adapté aux acheteurs thaïlandais et aux expatriés mariés à des conjoints thaïs.

Ces types de terrain bon marché ont pu attirer, il y a quelques années, des spéculateurs pouvant ensuite les faire requalifier en *Chanote*.

Un terrain avec droit de possession n'a jamais été établi par une administration, il est seulement reconnu par les paiements d'impôts au bureau administratif local.

Il est essentiel de garder à l'esprit que les titres de propriété autres qu'un *Chanote*, ne sont pas autorisés à enregistrer des baux tels que, usufruits, hypothèques ou droit de superficie.

Nous pouvons également citer différents autres types de documents fonciers.

Sor Kor (S.K. 1) ส.ค.1.

Le certificat de réclamation, SK-1 ou Sor Kor Nung, établit une réclamation sur le terrain sans réellement en prouver sa propriété. Ces documents sont en grande partie le fruit d'initiatives de réforme agraire.

Les agriculteurs pouvaient obtenir le certificat après avoir occupé le terrain pendant six mois et avoir publié un avis de 30 jours au Land Office sans se voir opposer de contestations. Le certificat donne à l'occupant du terrain le droit de continuer à occuper le terrain.

Ces certificats décrivent la parcelle de terrain dans la langue de tous les jours. Souvent, ils ne sont même pas accompagnés d'un plan, ni même d'un simple croquis de la propriété. Au lieu de cela, la parcelle est décrite comme « de la limite des arbres jusqu'à la rive du lac... » En raison de cette imprécision inhérente, ces certificats peuvent être utilisés frauduleusement.

Ces certificats peuvent parfois être remplacés par des titres plus solides ou même par un *Chanote*. Pour cela, le demandeur doit prouver que la terre est possédée légalement et utilisée à bon escient.

Le document foncier S.K.1 est un titre avec peu de droits réels associés. Il autorise le titulaire à occuper et utiliser la terre (généralement pour l'agriculture). La personne qui cultive réellement la terre peut alors faire valoir plus facilement ses droits que celle qui possède juste un formulaire de notification.

Ce terrain peut être vendu et transféré par héritage. Légalement, le processus de transfert ne consiste pas seulement à remettre le formulaire de notification et la possession ou l'utilisation du terrain d'une personne à une autre.

Il est impossible d'enregistrer des droits (vente, location, usufruit, hypothèque, etc.) sur ce type de terrain.

En fonction de l'emplacement du terrain, ce document peut être mis à niveau pour un titre de propriété plus solide : Nor. Sor. 3, Nor. Sor. 3 Gor ou Nor. Sor. 4 Jor (*Chanote*).

Ce système considérant que celui qui cultive une terre en devient le propriétaire correspondait à une société thaïlandaise très rurale et essentiellement agricole. Il appartient désormais au passé.

Le Land Office n'a pas publié de nouveaux documents Sor Kor Nung depuis 1972. Il est actuellement impossible de transformer un Nor Sor 1 en un titre de propriété complet avec le Land Office.

Nor. Sor. Song (N.S. 2) น.ส.2

Le N.S.2 est une lettre de consentement délivrée par le département du cadastre au titulaire. Ce document permet à son titulaire d'occuper et d'utiliser le terrain pour une période temporaire.

Le titulaire doit commencer l'occupation et l'utilisation des terrains dans les 6 mois suivants le lettre et doit achever l'utilisation du terrain dans les 3 ans à compter de la réception de la N.S.2.

Ce terrain ne peut être vendu ou transféré que par héritage. Selon l'emplacement du terrain, ce document peut être transformé en Nor Sor Saam, Nor Sor Saam Gor ou Nor Sor Si Jor (Chanote).

Cependant, après la transformation, l'interdiction de vente ou de transfert demeure toujours en vigueur.

Un Garuda noir apparaît sur un document de Préemption, appelé «Nor Sor 2 et Nor Sor 2 Gor, et sur un certificat d'utilisation, appelé» Nor Sor 3 et Nor Sor 3 Kor.

Nor. Sor. Ha (N.S. 5) น.ส.5

Le N.S. 5 est un document qui avec un certificat d'utilisation permet la vente et le transfert de ce bien.

Sans certificat d'utilisation, ce document indique que l'agent du district n'a pas encore confirmé l'utilisation du bien et dans ce cas ne peut être vendu ou transféré, sauf par héritage.

Nor Sor Si Jor (N.S.4.J) น.ส.4 จ

Ce document provient d'une attribution de terres du comité de réforme agraire. En aucun cas, cette terre ne peut être achetée ou vendue. Ce titre confère uniquement un droit d'occupation et il peut être transféré uniquement par voie d'héritage et ne peut être utilisé que pour l'agriculture.

Por Tor Bor 5 ภ.บ.ท.5

Ce document certifie que l'occupant a payé des taxes sur le terrain. Il ne fournit aucune preuve d'une revendication valide de propriété, mais peut être utilisé pour prouver la possession contre des parties privées. Souvent, le véritable propriétaire de la terre est le gouvernement.

Bai Jong (NS-2) - Certificat ใบจอง

Ce certificat de préemption accorde à quelqu'un le droit temporaire d'occuper un terrain agricole. Des certificats de préemption ont été délivrés en vertu de la loi sur les terres de 1936, étant entendu qu'ils seraient éventuellement transformés en certificats d'utilisation.

Enregistrement des droits

Les droits tels qu'un bail à long terme, un droit de superficie ou un usufruit doivent être enregistrés auprès du Land office pour être complets et exécutoires.

Si le terrain n'a pas de titre foncier administré par le département des terres, il ne sera tout simplement pas possible d'enregistrer quoi que ce soit concernant ce terrain.

Être copropriétaire en Thaïlande

Un condominium (en français, copropriété) est défini dans la section 4 de la loi sur les copropriétés comme un bâtiment où les personnes peuvent détenir la propriété personnelle des unités d'appartements (sections) et possède la copropriété des parties communes.

La différence avec un immeuble d'appartements privés à plusieurs unités est la forme de la propriété. Les condominiums sous permis en vertu de lois sur les copropriétés ont plusieurs propriétaires qui ont chacun la propriété individuelle des unités et la copropriété proportionnelle et la gestion et le contrôle des parties communes.

L'utilisation de la propriété personnelle ne doit pas causer de dommages à la propriété commune ni contrarier les copropriétaires vivant dans d'autres unités du condominium.

Par contre, un immeuble d'appartements privés a un seul propriétaire et un seul titre de propriété qui englobe la propriété dans son ensemble. Le principal droit de contrôle et de gestion de la propriété incombe alors à ce propriétaire et non aux personnes qui obtiennent la « possession » des appartements.

Les étrangers peuvent posséder une bien en copropriété, dès l'instant où les étrangers possèdent moins de la moitié de la copropriété. Chaque fois qu'un étranger achète un appartement (unité) dans une copropriété, un document est exigé du gestionnaire de l'immeuble (juristic person ou *นิติบุคคล*) indiquant qu'après la vente, moins de la moitié du bâtiment sera encore la propriété d'un étranger. (Il y a eu quelques exceptions au cours des années, mais les lois sont de retour à cet état.)

Limitation à 49 % de la propriété étrangère des copropriétés

Dans les années 90, les étrangers pouvaient posséder 40 % du total des unités dans un immeuble d'habitation enregistré en vertu de la loi thaïlandaise sur les condominiums.

Entre avril 1999 et avril 2004, une exception a été créée (loi n° 3 de 1999 sur les condominiums) qui, suivant certaines conditions et dans certaines zones, permettait aux étrangers de posséder 100 % des unités dans un projet de condos. À l'heure actuelle, les étrangers sont autorisés à posséder jusqu'à 49 % du total des unités dans un condominium.

Les étrangers et les personnes morales considérées par la loi comme des étrangers peuvent être propriétaires d'un appartement s'ils font partie des catégories suivantes :

Les étrangers autorisés à résider dans le Royaume en vertu de la loi sur l'immigration ;

Les étrangers autorisés à entrer dans le Royaume en vertu de la loi sur la promotion des investissements ;

Les personnes morales, telles que prévues aux articles 97 et 98 du Code foncier et enregistrées en tant que personnes morales en vertu de la loi thaïlandaise ;

Personnes morales qui sont étrangères en vertu de l'annonce du Conseil exécutif national No.281 en date du 24 novembre, B.E. 2515 et ont obtenu un certificat de promotion en vertu de la loi sur la promotion de l'investissement ;

Les étrangers, ou les personnes morales considérées par la loi comme des étrangers, qui ont apporté des devises étrangères dans le Royaume, ou retirer de l'argent du compte thaï baht de la personne qui réside en dehors du Royaume, ou retirer de l'argent d'un compte en devises étrangères.

Titre de propriété pour une copropriété

Seuls les immeubles à logements multiples autorisés en vertu de la loi sur les condominiums B.E. 2522 et enregistrés au Land Office comme «condominium» offrent la possibilité d'une pleine propriété des unités pour un étranger.

Les projets d'appartements privés (immeubles à logements multiples n'ayant pas obtenu de permis de condominium) n'offrent pas cette pleine propriété, mais seulement la possession des logements dans le cadre de contrats privés.

Immeubles d'appartements privés

Contrairement aux copropriétés sous licence, la nature et l'essentiel des structures d'appartements privés sont :

1. La propriété d'une unité n'est pas juridiquement séparée du bâtiment dans son ensemble et il n'y a donc pas de titres de propriété individuels ni de copropriété du bâtiment et de ses parties communes du projet.

2. L'occupation des unités est habituellement basée sur un contrat de location en tant que bail d'une partie spécifique du bâtiment. Les étrangers ne doivent pas être enregistrés en vertu d'une loi spéciale et il n'y a pas de quota limitant les baux conclus avec des étrangers, cependant tout bail à long terme doit être enregistré auprès du Land Office.

3. le principe de gestion et de contrôle des parties communes incombe au propriétaire du bâtiment. Les occupants du bâtiment sont essentiellement locataires des logements et doivent respecter les conditions d'utilisation des parties communes, comme convenues avec le propriétaire et payer les frais de gestion et de maintenance associés.

Les droits de mutation

Les taxes et frais imposés lors du transfert de propriété d'un bien immobilier (appartement en copropriété, terrain, maison, terrain et maison) en Thaïlande sont les suivants : frais de transfert, taxe professionnelle spécifique (le cas échéant), droit de timbre (le cas échéant), retenue d'impôt à la source.

Frais de transfert

Les frais de transfert sont des frais gouvernementaux (comme le droit de timbre) sur la vente et le transfert de propriété de biens immobiliers. Ils sont perçus par le bureau du cadastre au moment du transfert de propriété.

Le taux est de 2 % sur la valeur estimative de la propriété. La valeur estimative ou valeur évaluée par le gouvernement n'est pas le prix de vente réel, mais une valeur imposable de la propriété foncière basée sur une méthode de calcul par le Land Office.

La valeur de vente enregistrée est le prix de vente enregistré réel entre les parties. La valeur estimée utilisée par la valeur du bureau foncier est souvent inférieure au prix de vente réel.

Lors de l'achat chez un promoteur, le montant des droits de transfert et des taxes est limité pour l'acheteur. Celui-ci ne doit pas payer plus de la moitié des frais de transfert totaux s'élevant à 2 % de la valeur du bien.

Ainsi, dans le cas où cette valeur est de 4 millions de bahts, le promoteur ne peut pas facturer à l'acheteur plus de 40 000 bahts de frais pour le transfert de l'enregistrement de la propriété.

Qui paie les frais de transfert ?

Dans une vente normale de biens immobiliers en Thaïlande, il n'y a pas de règle fixe standard définissant qui paie les frais de transfert, droits de timbre, taxe professionnelle spécifique, ou même impôt personnel à la source associé au transfert de propriété.

Ceci constitue habituellement un sujet dont le vendeur et l'acheteur doivent convenir dans l'accord de vente.

Il existe cependant des usages qui sont les suivants :

Frais de transfert : ils sont partagés à parts égales entre le vendeur et l'acheteur

Taxe professionnelle spécifique : vendeur

Droit de timbre : vendeur

Retenue à la source : vendeur

Ce n'est que dans le cadre des nouveaux projets de construction de logements ou de condominiums sous licence gouvernementale que la loi stipule que jusqu'à la moitié des frais de transfert de 2 % peuvent être répercutés à l'acheteur par le promoteur.

Tous les autres coûts de transfert sont de par la loi la responsabilité du développeur.

Par ailleurs, les agents immobiliers facturent normalement entre 3 % et 5 % au vendeur lorsque la propriété est vendue par leur intermédiaire.

La taxe professionnelle spécifique

Cette taxe de transfert est généralement facturée si le vendeur est une société (des exonérations spécifiques peuvent être appliquées) ou si le vendeur est une personne physique et vend la propriété dans les cinq ans suivant la date d'enregistrement de l'achat.

La taxe professionnelle spécifique est calculée sur le montant le plus élevé entre la valeur de vente enregistrée ou sur la valeur estimative gouvernementale de l'immeuble.

Le taux de cette taxe de 3 % auquel s'ajoute une taxe municipale de 10 % du montant de la taxe professionnelle spécifique portant le taux d'imposition total à 3,3 %.

Le transfert de biens immobiliers ne serait pas assujetti à la taxe professionnelle spécifique si le vendeur est un particulier et répond aux conditions suivantes :

- Le vendeur a possédé la propriété plus de cinq ans avant le transfert et l'a utilisé comme domicile (le domicile du vendeur commençant au plus tard un an après la date d'achat).
- Le vendeur transfère l'immeuble à l'héritier légal ou à un héritier par testament.
- Le vendeur transfère l'immeuble à un enfant légitime, mais cette clause n'inclut pas les enfants adoptés.
- Le vendeur transfère l'immeuble à des organismes gouvernementaux.
- Le vendeur transfère les biens immobiliers à des temples, des églises ou des mosquées. L'exemption est limitée à la partie transférée en deçà de 80 000 mètres carrés.
- Les biens immobiliers transférés ont été utilisés comme lieu de résidence principale et le nom du vendeur est apparu dans le registre de la maison (*Tabien Baan*) au moins un an à compter de la date d'acquisition de ces biens.
- La propriété transférée a été acquise à la suite d'un héritage.

Le droit de timbre

Le droit de timbre est facturé 0,5 % du montant le plus élevé entre la valeur enregistrée et évaluée.

Lorsque la taxe professionnelle spécifique est applicable, le vendeur est exempté du paiement du droit de timbre. Si le droit de timbre a été malgré tout payé, le vendeur a le droit de demander son remboursement dans les 6 mois après le paiement.

Retenue à la source pour un particulier

Lorsque le vendeur d'un bien immobilier est un étranger, il devra s'acquitter d'une retenue à la source dont le paiement doit être effectué au moment du transfert de propriété, mais avant que le transfert ne soit enregistré sur l'acte.

La retenue à la source sur le revenu des personnes physiques est calculée selon un taux progressif basé sur la valeur estimée du bien avec une déduction en fonction du nombre d'années de possession (des exemptions sont appliquées dans certaines situations spécifiques, mais elles ne s'appliquent généralement pas aux étrangers).

Lorsqu'un étranger vend un appartement en copropriété, le bureau du cadastre lui remettra un reçu attestant du paiement de cette retenue dont il aura besoin pour transférer le produit de la vente hors de la Thaïlande.

La retenue d'impôt pour des sociétés

Si le vendeur est une société, la retenue à la source est fixée à 1 % du montant le plus élevé entre le prix de vente et la valeur d'évaluation gouvernementale de la propriété.

Exemple de calcul

Exemple de calcul du total des droits liés à la mutation de propriété d'une unité de copropriété d'une valeur de 5 millions de bahts qui a été détenue 3 ans par un propriétaire privé :

Frais de transfert de 2 % sur 5 000 000 bahts

Taxe spécifique aux entreprises 3,3 % 165 000 bahts

Retenue d'impôt sur le revenu d'environ 100 000 bahts

Autres frais env. 300 bahts

Montant total à verser au bureau foncier au moment du transfert de propriété (approx) : 365 300 bahts

Taxation des plus-values immobilières

Le vendeur de biens à bail (leasehold) ou en pleine propriété (freehold), ainsi que la vente d'actions d'une société thaïlandaise, est assujetti à l'impôt sur les plus-values.

Les gains en capital provenant de la vente de biens immobiliers sont imposés aux taux d'impôt sur le revenu standard. Les gains en capital peuvent être inclus dans le revenu global, ou imposés séparément.

Si le vendeur est une personne, toute plus-value est soumise à l'impôt sur le revenu (des taux progressifs de 10 à 35 % s'appliquent).

Si les gains sont imposés séparément, l'impôt à payer est soumis à un calcul spécial et le taux d'imposition maximum applicable est de 20 %.

Les gains imposables provenant de la vente d'une propriété thaïlandaise sont calculés comme le prix de vente ou la valeur marchande de la propriété, moins certaines déductions. Les déductions sont des pourcentages du montant brut, et ces pourcentages dépendent de la durée de détention de la propriété avant la vente ou le transfert.

Si le vendeur est une société thaïlandaise, l'impôt sur les sociétés est applicable avec un taux d'impôt dur les sociétés maximale de 20 %.

Dans le cas où le vendeur est une société étrangère, celle-ci est soumise à une retenue à la source de 15 %.

Calcul de la retenue à la source pour les biens qui ne sont pas des biens hérités ni acquis par donation.

La taxe peut être calculée par étapes comme suit :

- Trouver la valeur estimative de la propriété à vendre/transférer. Celle calculée par le Land Office.
- Détermination de la durée de détention de la propriété, toute fraction d'une année doit être considérée comme une année complète.
- Déduire/diminuer la valeur estimée avec la déduction conformément à l'échelle mobile suivante :

Holding Year	Deduction
1 Year	92% of the appraised value
2 Years	84% of the appraised value
3 Years	77% of the appraised value
4 Years	71% of the appraised value
5 Years	65% of the appraised value
6 Years	60% of the appraised value
7 Years	55% of the appraised value
8 Years and more	50% of the appraised value

- Déduire de la valeur estimée le montant donné par le tableau puis diviser ce résultat par le nombre d'années de détention, après division, on obtient le revenu annuel taxable au taux progressif.

Exemple de calcul

Si par exemple, la valeur estimée de la propriété est de 5 millions bahts et qu'à la date du transfert le vendeur possédait la propriété depuis 5 ans et un mois (portant la durée de détention arrondie à six ans).

Six ans correspondent à une valeur de déduction de 60 % de la valeur.

Valeur estimée (5 000 000 bahts) avec la déduction (60 % de 5 000 000 bahts) = 5 000 000 − 3 000 000 = 2 000 000 bahts.

Le résultat est de 2 000 000 bahts, à diviser par 6 (années de détention), après division, nous avons un revenu annuel de 333 000 bahts.

Il faudra calculer l'impôt sur cette base en utilisant la table suivante :

Personal	
Income (baht)	Tax (%)
less than 300,000	5
300,001 - 500,000	10
500,001 - 750,000	15
750,001 - 1,000,000	20
1,000,001 - 2,000,000	25
2,000,001 - 4,000,000	30
more than 4,000,000	35

Pour un montant de 300 000 bahts, l'impôt annuel sur le revenu est de 5 % ou 15 000 bahts.

Pour un montant de 33 000 bahts, l'impôt annuel sur le revenu est de 10 % ou 3 300 bahts.

L'impôt annuel total sur le revenu pour un revenu annuel de 333 000 bahts est de 15 000 + 3 300 = 18 300 bahts

Dernière étape, la retenue à la source sera de 18 300 bahts multipliée par 6 années (18 300 x 6 = 109 800 bahts)

La retenue à la source personnelle pour l'exemple de transaction est de 109 800 bahts.

Taxes sur le revenu locatif

Il n'y a pas de taxes générales sur la propriété foncière imposée par le gouvernement.

Cependant les biens immobiliers non occupés par le propriétaire (résidences et bâtiments commerciaux non occupés par des propriétaires) doivent payer un impôt (dénommé *building and land tax*) à un taux de 12,5 % du montant le plus élevé entre la valeur locative annuelle réelle ou la valeur locative annuelle évaluée (selon une méthode de calcul basée sur la valeur estimée de la propriété).

Si un propriétaire loue une propriété à un loyer inférieur à un loyer raisonnable, le montant pourrait être ajusté et le propriétaire imposé sur ce que le loyer aurait dû être.

Il est de la responsabilité du propriétaire d'informer les autorités locales et de payer cette taxe foncière avant la fin du mois de février de chaque année auprès du Or.Bor.Tor *อ.ต.บ.* ou de la municipalité (Tesseban *เทศบาล*).

Les résidences occupées par le propriétaire sont exonérées de cette taxe foncière, mais cette exemption est limitée à la première propriété, les autres ne sont pas automatiquement exonérées.

Dans le cas où un étranger possède une propriété par l'intermédiaire d'une entité juridique thaïlandaise (société à responsabilité limitée thaïlandaise) et utilise ce bien comme sa maison de vacances ou sa résidence, alors la société est tenue de payer l'impôt foncier indépendamment du fait que l'entreprise perçoive un quelconque revenu.

Les étrangers qui possèdent des terres ET des maisons par l'intermédiaire d'une société anonyme ignorent souvent qu'ils sont responsables du paiement de cette taxe.

Les autorités locales compétentes procèdent à des contrôles occasionnels qui peuvent conduire à un redressement fiscal et à d'éventuelles amendes.

Généralement, les propriétaires thaïlandais tentent de répercuter sur le locataire cette taxe foncière pour ne pas perdre 12,5 % de leurs revenus.

Une clause fréquente dans les contrats de location en Thaïlande stipule que le locataire s'engage à payer au bailleur toutes les taxes, le cas échéant, commençant à la prise de possession de la propriété et pendant la durée du bail.

Dans toute structure de bail foncier à long terme en Thaïlande, il est recommandé à un locataire étranger d'avoir une propriété séparée sur les structures (en louant la terre et en possédant la maison).

Non seulement cela améliorera les droits sur le terrain, mais cela réduira ses obligations fiscales.

Dérogations pour posséder du foncier

Un étranger peut posséder jusqu'à un raï (1 600 mètres carrés) de terres à usage résidentiel, à la condition :

– d'avoir apporté au moins 40 000 000 bahts de l'étranger pour investir dans des secteurs économiques prédéterminés en Thaïlande

– d'obtenir l'accord du ministère de l'Intérieur.

Inutile de souligner que peu d'étrangers satisfont à ces conditions.

Quel système de sûretés ?

Les sûretés disponibles en vertu de la loi thaïlandaise sont similaires à nos sûretés traditionnelles et comprennent des hypothèques, des promesses d'hypothèques, des garanties et des avals.

Dans certains cas, une cession de droits et d'obligations résultant d'un contrat peut également être faite à titre de garantie.

Par ailleurs, la location-vente, le crédit-bail, la vente conditionnelle et les reçus de fiducie sont couramment utilisés pour fournir aux créanciers une certaine protection en vertu de laquelle la « vente de biens » est impliquée.

Par contre, le concept de droit anglais de charge fixe ou charge flottante (*fixed charge* ou *floating charge*) n'est pas reconnu par les lois de la Thaïlande.

Nous aborderons uniquement les hypothèques qui sont les garanties qu'un résident étranger est le plus à même de rencontrer.

Existe-t-il un système d'hypothèque ?

Une hypothèque (en anglais *mortgage* et en thaï จำนอง) est un contrat par lequel un débiteur hypothécaire donne ses biens propres en garantie de l'exécution d'une obligation du débiteur hypothécaire ou de l'obligation d'un tiers débiteur, généralement un crédit bancaire.

En vertu de la loi sur les hypothèques, une hypothèque sera créée lors de l'enregistrement auprès de l'autorité compétente.

Une convention d'hypothèque doit être faite dans un formulaire officiel spécifié par l'autorité compétente tandis qu'une annexe à l'accord hypothécaire officiel peut être joint.

Cette convention d'hypothèque et son annexe doivent être signées en présence d'un officier compétent au moment du dépôt d'une demande d'enregistrement auprès de l'autorité compétente. Le montant garanti par l'hypothèque doit être indiqué en monnaie thaïlandaise dans le contrat d'hypothèque.

Selon la loi thaïlandaise, une hypothèque peut être accordée sur des biens immobiliers (par exemple des titres de propriété enregistrés, des bâtiments, etc.) ou sur certains types de biens meubles enregistrables (par exemple, navires de cinq tonnes et plus, machines, etc.). Il faut noter que les véhicules automobiles sont exclus (un autre type de nantissement les concerne).

En vertu de la loi modifiant la CCC, une hypothèque sur une dette future assortie de conditions est requise pour préciser les obligations hypothécaires : l'objet, la dette sous-jacente, le montant hypothécaire maximal et la période d'hypothèque.

Le non-respect de ces exigences rendra la convention d'hypothèque nulle. Il importe donc de respecter strictement ce formalisme sous peine de nullité.

De plus, une disposition qui oblige un débiteur hypothécaire tiers à devenir responsable (i) au-delà de la valeur de l'actif hypothéqué, ou (ii) à titre de garant de la même dette sous-jacente, sera nulle. Peu importe si cette disposition a été convenue dans le contrat d'hypothèque ou dans un accord distinct.

Existe-t-il des crédits hypothécaires ?

Les ressortissants étrangers souhaitant acquérir un bien immobilier ont difficilement accès au crédit immobilier hypothécaire.

Cependant, quelques banques pratiquent ce type de prêt qui obéit au Code civil et commercial (article 702 jusqu'à la section 746) notamment à partir de Singapour, Hong Kong et Kuala Lumpur (Malaisie).

Des banques comme ICBC, UOB, Bangkok Bank et Citibank offrent des prêts hypothécaires avec des taux d'intérêt généralement élevés (de 6 % ou 7 %) et peu attrayants pour des investisseurs immobiliers sérieux.

Il existe certains critères importants pour qualifier un étranger à des prêts bancaires :

Au moins un permis de travail d'un an ou un permis de séjour thaïlandais.

Une lettre de l'employeur indiquant les années de service en Thaïlande et le salaire annuel avec les bulletins de salaire généralement joints à la lettre.

Les banques peuvent également demander directement des documents d'entreprise de l'employeur

Les banques peuvent également effectuer en théorie des contrôles sur les crédits obtenus à l'étranger. Dans la pratique, nous ignorons comment elles peuvent le faire.

L'âge du demandeur combiné à la durée du prêt ne doit pas dépasser 60 ans. Un emprunteur âgé de 50 ans ne pourra emprunter sur une durée supérieure à 10 ans.

Les candidats doivent avoir un emploi stable et sécurisé.

Les candidats doivent avoir un revenu fixe trois fois plus élevé que chaque échéance.

L'amortissement total du prêt doit dépasser 7 ans (pour certaines banques).

Structure d'un contrat de construction

Le choix d'une entreprise pour construire votre maison individuelle doit se baser sur sa réputation et ses réalisations passées dans la zone où vous allez habiter.

Il existe des contrats types, mais dans tous les cas, le contrat de construction devra être revu par un avocat. Ces contrats contiennent généralement des clauses de pénalité si vous êtes en retard avec un paiement, ou si l'entreprise est en retard dans son chantier.

Le calendrier de paiement comprend classiquement des paiements à différentes étapes d'achèvement.

Normalement, un premier paiement de 25 % a lieu au démarrage du chantier. Par la suite, les paiements sont effectués progressivement : 25 % lorsque le toit est en place et le gros œuvre achevé, 25 % lorsque porte et fenêtres sont installées et sécurisées ; et 25 % lorsque le second œuvre est achevé et les finitions terminées.

Il n'est pas rare que les équipes d'ouvriers vivent dans des baraquements sur le lieu du chantier.

Il importe d'avoir le conseil d'un avocat spécialisé avant de signer un contrat de ce type.

La taxation des biens immobiliers

La Thaïlande ne possède pas de système de taxation immobilière comparable à la taxe foncière et à la taxe d'habitation française.

Seules deux taxes locales existent :

La taxe locale de développement local (Local Development Tax) *ที่ดินรกร้างว่างเปล่า*. Cette taxe est imposée aux personnes qui possèdent des **terrains non bâtis.**

Son taux sur la valeur officielle du terrain (très inférieure à la valeur de marché) dépend de la durée de détention.

Le but initial de cette taxe était de freiner la spéculation foncière qui se faisait sans coût puisque les terrains non bâtis pouvaient être gelés sans être taxés, contribuant à une spéculation foncière.

Le taux dépend de la valeur du terrain estimée par les autorités locales. Des dégrèvements peuvent être accordés si le propriétaire utilise le terrain pour son usage personnel : logement, cultures, élevage. Son montant final dépendra de l'emplacement, de la taille (exonération pour les petites surfaces), de l'utilisation du terrain, de la classification du terrain et de la valeur évaluée.

Le système est complexe et les taux sont si bas que les fonctionnaires ne prennent habituellement pas la peine de percevoir ces taxes tous les ans.

Cette taxe est en cours d'évolution et un nouveau barème plus lourd devrait être appliqué dès l'an prochain.

La seconde taxe est la *House and Land Tax* *ภาษีที่ดินและสิ่งปลูกสร้าง* proche de la taxe foncière française qui s'applique au propriétaire d'une maison, d'un bâtiment, d'une structure ou d'un terrain loué à des fins commerciales.

Les biens imposables en vertu de la *House and Land Tax* comprennent les maisons non occupées par le propriétaire, les bâtiments industriels et commerciaux et les terrains utilisés à cet effet. Le taux d'imposition est de 12,5 % de la valeur locative annuelle estimée de la propriété.

Cette taxe est collectée annuellement par l'autorité locale du lieu où la propriété est située auprès des propriétaires individuels qui louent leurs biens — ou qui en font un usage commercial.

La taxe doit être perçue au taux de 12,5 % sur la base du montant le plus élevé entre le loyer annuel perçu conformément au contrat de location ou de la valeur fixée par autorités.

Cela signifie que si la valeur déclarée par le propriétaire est faible, les autorités locales ont le pouvoir d'en ajuster le montant.

Les résidences occupées par le propriétaire sont exonérées de cette taxe de construction et de la taxe foncière, mais cette exemption est limitée à une seule propriété, dite résidence principale.

Notez, cependant, que cette exemption s'applique seulement aux individus, pas aux personnes morales qui sont censées utiliser leur propriété commercialement. En d'autres termes, une entreprise qui achète un bureau doit payer la taxe, même si l'entreprise utilise ces locaux comme ses propres bureaux.

Notez qu'il est possible d'atténuer le coût de la taxe foncière. Si, par exemple, vous louez votre condominium entièrement meublé, vous pouvez choisir de structurer la location avec deux contrats de location.

Le premier pour la location de l'unité de condominium et le second pour la location du mobilier et/ou des services supplémentaires (le cas échéant).

Cela réduira le coût de la taxe foncière qui s'appliquera uniquement au loyer annuel reçu de la location de la propriété, mais pas sur les revenus de location reçus de la location du mobilier, etc.

Il est de la responsabilité du propriétaire d'informer les autorités locales (Or Bor Tor) de la location de la propriété et de payer cette taxe avant la fin du mois de février de chaque année. Généralement, cette charge fiscale en

Thaïlande est répercutée au locataire dans le contrat de location.

Par exemple, si vous donnez en location votre appartement entièrement meublé pour un loyer de 50 000 bahts par mois dans le cadre d'un seul bail, vous devrez acquitter une taxe foncière annuelle de : 50 000 x 12 x 12,5 % = 75 000 bahts.

Vous pouvez réduire légalement votre taxation en divisant simplement le loyer en deux accords : un portera sur la location du logement non meublé pour 30 000 bahts par mois, l'autre sur les meubles/électroménager pour 20 000 bahts par mois.

La taxe foncière et immobilière ne sera alors que de 30 000 x 12 x 12,5 % = 45 000 bahts.

La collecte des taxes

La collecte de l'impôt foncier (House and Land Tax *ภาษีที่ดินและสิ่งปลูกสร้าง*) se fait sur une base déclarative. Il est de la responsabilité du propriétaire de faire sa déclaration et de payer la taxe à l'autorité du gouvernement local.

En cas de déclaration absente ou fausse, un contrôle peut entraîner un redressement fiscal assorti d'amendes substantielles.

Par ailleurs, l'enquête fiscale peut entraîner également une enquête concernant la structure de propriété quand celle-ci fait intervenir un portage par des partenaires thaïlandais. Mieux vaut donc être fiscalement en règle.

L'expulsion d'un locataire indélicat

Par ailleurs en cas de défaut de paiement des loyers ou d nuisances répétées, il importe de respecter une procédure juridique légale pour expulser un locataire indélicat.

Il n'est par exemple pas possible de l'expulser soi-même en changeant les serrures du logement.

Quid de la TVA sur les loyers ?

Le loyer sur le bien nu n'est pas soumis à la TVA.

Un contrat de location de meubles ou avec service entre deux particuliers n'est pas soumis à la TVA.

Si, toutefois, le propriétaire est une société immatriculée à la TVA, elle devra appliquer un taux de 7 % au contrat de location de mobilier.

Quid de l'impôt engendré par le loyer perçu ?

Dans le cas où le locataire est un particulier, il n'existe pas de retenue à la source. Le loyer devra être déclaré avec les revenus du propriétaire.

Le revenu imposable est déterminé après déduction des dépenses engagées sur le revenu brut. Une déduction standard de 10 % à 30 % est autorisée pour les revenus locatifs en fonction du type de bien loué.

Les déductions standard pour les revenus locatifs varient selon la classification des revenus locatifs :

revenus provenant des bâtiments - 30 % du revenu,

revenu des terres agricoles - 20 % du revenu,

revenu de tous les types de terres - 15 % du revenu,

revenu des véhicules - 30 % du revenu

revenus provenant d'autres biens - 10 % du revenu.

Si les maisons, les bâtiments et les maisons flottantes sont loués par le propriétaire, 30 % du loyer brut peut être déduit pour les dépenses.

Les dépenses réelles encourues peuvent être déduites si elles sont supérieures à la déduction forfaitaire indiquée ci-dessus, mais elles doivent alors être justifiées par des documents.

La question de la retenue à la source s'applique lors de la location lorsqu'une entreprise loue une propriété, l'entreprise devra déduire une retenue d'impôt de 5 % du montant du loyer payé au propriétaire (qu'il s'agisse d'un particulier ou d'une entreprise).

La retenue à la source sera payée directement à l'administration fiscale au nom du propriétaire qui utilisera la retenue à la source en tant que crédit d'impôt sur son impôt annuel sur le revenu.

Lorsque le loyer est payé par une entreprise à un propriétaire fiscalement hors de la Thaïlande (par exemple à un étranger non résident), le montant de la retenue à la source sur le paiement est de 15 %.

L'évolution de la taxation en cours

Il existe des projets gouvernementaux pour créer une nouvelle taxe foncière qui remplacera l'impôt foncier actuel.

Ce nouveau système fiscal imposerait une taxe générale sur les biens immobiliers sans exonération pour les résidences principales.

La nouvelle taxe foncière aurait au maximum trois taux d'imposition en fonction de l'utilisation de la propriété et sera calculée sur la valeur estimative de la propriété :

– le taux d'imposition ne doit pas dépasser 0,5 % de la valeur estimée du terrain et du bâtiment si elle est utilisée à des fins commerciales (similaire à la situation actuelle)

– le taux de la taxe ne doit pas dépasser 0,1 % de la valeur estimée de la propriété lorsqu'elle est utilisée comme résidence privée (nouveau)

– une taxe de 0,05 % de la valeur estimée est perçue si le terrain est utilisé à des fins agricoles (similaire à la taxe foncière locale en vigueur)

Les taux ci-dessus sont des plafonds applicables par les autorités locales. Par conséquent, en vertu de la nouvelle loi fiscale, l'impôt foncier et de construction pourrait varier selon le district.

Par ailleurs, rappelons que cet impôt foncier ne couvre pas l'impôt sur le revenu. Les revenus de location sont soumis à l'impôt sur le revenu des personnes physiques.

Un étranger résidant en Thaïlande est donc soumis à l'impôt sur le revenu imposable provenant de sources thaïlandaises. Ceci quel que soit le lieu de paiement de ces revenus.

Le droit de superficie

Le droit de superficie (สิทธิ เหนือ พื้น ดิน) est un droit de propriété enregistré qui sépare la propriété de la terre et tout ce qui se trouve sur la terre (une structure) ou dans le sol (une partie des plantations).

Une personne possède la terre (elle ne peut pas être un étranger), une autre personne possède le bâtiment, mais n'a aucun droit de propriété sur la terre elle-même.

Le droit de superficie est un droit réel reconnu par la plupart des pays de droit civil.

Dans les années 1970 et 1980, il était interdit aux acheteurs étrangers d'acquérir des terres en toute propriété en Suisse et le droit de superficie était utilisé comme alternative. La propriété foncière étrangère est également interdite dans certains pays d'Europe de l'Est.

Le droit de superficie constitue alors une alternative privilégiée par les acheteurs étrangers.

Dans la réalité, les acheteurs étrangers en Thaïlande préfèrent utiliser le leasehold, malgré le fait que le droit de superficie leur donne une meilleure protection.

Une des raisons doit être que la plupart des acheteurs de biens immobiliers en Thaïlande proviennent de pays de common law où le droit de superficie est inconnu.

Dans le Code civil français, la superficie est appelée « droit de superficie », en Allemagne « Erbbaurecht » aux Pays-Bas « recht van opstal ». Le droit de superficie (สิทธิ เหนือ พื้น ดิน) peut être constitué pour des terrains non bâtis ou en construction et précise les conditions et modalités d'octroi du droit de superficie.

Le droit de superficie n'est pas complet avant d'avoir été signé, attesté et dûment enregistré auprès du Land Office local.

Par l'inscription sur le titre de propriété foncière, le droit de superficie devient un véritable droit attaché à la terre, par opposition à un droit contractuel.

Principaux contrats de location et de droit de superficie

La loi prévoit la dissociation entre la propriété de la terre et la propriété des bâtiments construits sur la terre.

En vertu de l'article 1410 et des articles suivants du TCCC, le droit de superficie est défini comme suit : « *Le propriétaire d'un terrain peut créer un droit de superficie en faveur d'une autre personne en lui donnant le droit de posséder, sur ou sous (upon or under) le terrain, les bâtiments, les structures ou les plantations.* »

En d'autres termes, la loi accorde au bénéficiaire d'un droit de superficie le droit de posséder toute construction ou structure construite sur cette terre.

Un droit de superficie peut être créé soit pour la vie du constituant (le propriétaire du terrain) soit du bénéficiaire (le locataire) ; ou pour une période limitée. Dans cette hypothèse, la durée du droit de superficie ne peut excéder 30 ans en vertu de l'article 540 du Code civil et commercial.

Le droit de superficie souffre des mêmes limitations que le contrat de location en termes de durée limitée de 30 ans. Il peut être renouvelé, mais pour une période qui ne doit pas dépasser 30 ans à compter du renouvellement.

Un droit de superficie doit également être enregistré auprès du Land Office.

Lors de l'enregistrement au Land office d'un droit de superficie ou d'un leasehold, une taxe gouvernementale de 1 % de la valeur locative pour la durée doit être payée. Elle est généralement payée à 50 % par le vendeur et 50 % par l'acheteur.

Un droit de timbre est également perçu à un taux de 0,1 % du loyer total pendant toute la durée du bail ce qui porte le coût total à 1,1 %. Ce droit est payé par le vendeur.

Par contre, le droit de superficie possède pour l'acheteur une caractéristique qui le rend plus intéressant que le leasehold : il est légalement transmissible par héritage, contrairement à un droit de location (leasehold). Ceci en vertu de l'article 1411 du TCCC, « Sauf disposition contraire de la loi qui le crée, le droit de superficie est transférable et transmissible par voie d'héritage ».

« Unless otherwise provided in the act creating it, the right of superficies is transferable and transmissible by way of inheritance ».

Enfin, et contrairement à un bail, le droit de superficie n'est pas résilié par la destruction des bâtiments, structures ou plantations, même si elle est due à un cas de force majeure (article 1415 du TCCC).

Les contrats de location (leasehold) et les droits de superficie sont des options valables pour les étrangers intéressés à un achat en Thaïlande, à condition que les acheteurs comprennent les limites inhérentes à la durée du contrat de location et au droit de superficie.

Le titre de copropriété

Lorsque vous achetez un condominium, vous achetez deux choses.

Tout d'abord, vous achetez la propriété de votre unité de copropriété réelle. Cela comprend le volume intérieur de l'unité de condominium et des cloisons.

En plus de son unité de condominium, un acheteur de condominium achète également un pourcentage de la propriété commune qui comprend le terrain sur lequel le bâtiment est construit, les murs extérieurs du bâtiment et les aires communes comme le hall ou la piscine.

La seule façon pour un propriétaire de condominium d'exercer ses droits de propriété sur cette propriété est de voter dans l'association de condominiums.

Les condominiums ont un titre spécial qui indique à la fois la propriété de l'unité de condominium elle-même et la part de la propriété commune qui est vendue avec l'unité.

Le titre de copropriété, ou Or Chor 2 อ.ช.2, énumère l'emplacement et le numéro d'acte de la parcelle de terrain sur laquelle le condominium est construit.

Le titre comprend également un croquis de l'unité acquise, ses dimensions, sa superficie, ainsi que des informations d'identification telles que le nom de l'unité, le numéro, le plancher et le bâtiment.

Enfin, le titre énumère le ratio de propriété des biens communs. Ceci est calculé en divisant la superficie de l'unité en copropriété par la superficie totale combinée de toutes les unités qui seront vendues.

Les titres de copropriété, ou Or Chor 2, sont initialement émis au nom du promoteur immobilier. Lorsque vous finalisez votre achat, le titre officiel sera modifié pour enregistrer la vente et refléter votre propriété.

L'Or. Chor. 2 ou titre de condominium est délivré et administré par un fonctionnaire du Land Office et il contient les principaux détails suivants :

- Position du terrain de la copropriété et de sa superficie.
- Emplacement, superficie et plan de l'appartement.
- Ratio de propriété de la copropriété commune (millièmes).
- Nom et prénom du propriétaire.
- Index pour l'enregistrement des droits et actes juridiques.
- Signature de l'officiel compétent.
- Tampon de l'officiel compétent.
- Nombre de copies d'actes de titres

L'acte de propriété de l'unité d'appartement est réalisé en double : un exemplaire est délivré au propriétaire de l'appartement tandis que l'autre copie sera conservée au Land Office (le bureau du fonctionnaire compétent).

L'Or. Chor. 2 ne représente que les droits de propriété sur le volume unitaire et sur les partitions intérieures comprises dans ce volume.

Les droits de propriété privée ne s'étendent ni aux murs extérieurs ni à la structure de l'immeuble en copropriété, qui appartiennent aux copropriétaires et sont gérés par la personne morale (juristic person ou **นิติบุคคล**).

Un titre Or. Chor 2 indiquera le pourcentage d'intérêt de la propriété commune détenue par cette unité particulière (y compris le terrain, la structure du bâtiment, les cages d'escalier, le hall, la piscine et les aires de loisirs).

Ce pourcentage représente également la valeur de la participation avec droit de vote dans la Personne juridique Condominium ou dans l'association des propriétaires.

Un système proche de celui des millièmes en France

Les servitudes

La servitude est un terme juridique faisant référence à une limitation du droit de propriété immobilière au profit d'un autre propriétaire ou de la collectivité.

La propriété soumise à cette limitation est désignée par le terme de *fonds servant*. Celle au profit de laquelle s'applique la servitude est appelée *fonds dominant*.

En pratique, la servitude est le plus souvent un « droit de passage » qui garantit l'accès à la voie publique. Ce droit enregistré est accordé à une propriété dominante par une propriété servile, qui lui accorde ce droit de passage.

Les servitudes sont régies en Thaïlande par les articles 1387 à 1401 du Code civil et du Code de commerce thaïlandais. L'article 1387 dispose que « *Un bien immobilier peut être soumis à une servitude en vertu de laquelle le propriétaire de ces biens est lié pour le bénéfice d'autrui, subir certains actes affectant ses biens ou s'abstenir d'exercer certains droits inhérents à sa propriété* ».

Les servitudes ne sont généralement pas difficiles à enregistrer, mais elles ne sont pas fréquentes. Elles peuvent toutefois être très gênantes si, par exemple, un voisin peut traverser votre jardin quand bon lui semble.

Les servitudes peuvent mettre plusieurs sortes de restrictions sur une propriété voisine, comme l'utilisation d'un puits d'eau voisin, ou définir des restrictions sur les structures privées.

L'enregistrement se fait auprès du Land Office.

La personne morale du condominium

Une fois la copropriété terminée et prête à être transférée aux différents acquéreurs, la loi sur les condominiums exige que les promoteurs enregistrent la personne morale du condominium (*juristic person* ou **นิติบุคคล**) : l'entité légale établie pour posséder, gérer et entretenir la propriété commune.

Ses statuts doivent être enregistrés auprès du Land Office. Ils doivent être conformes à la loi sur les condominiums fixant les objectifs de la personne morale, les droits et devoirs du conseil, ainsi que les procédures de tenue des différentes réunions de copropriétaires, etc.

La personne morale, ou juridique, doit mandater un gestionnaire pour les affaires courantes. Celui-ci est l'équivalent du syndic de copropriété. Il agira en tant que représentant de la personne juridique dans le cadre de la loi, des règlements de la personne juridique, des résolutions des assemblées de copropriétaires et sous la supervision du conseil d'administration, un organe élu annuellement par les copropriétaires.

D'un point de vue financier, la personne juridique aura à sa disposition deux sources de financement.

- Le fonds d'amortissement (*sinking fund ou* **เงินทุนชำระหนี้**) qui est constitué par les copropriétaires au moment où ils prennent possession de leur copropriété. Cette réserve ne peut être utilisée que pour des dépenses exceptionnelles. Ces fonds doivent être placés de manière sûre. S'ils ont été utilisés pour une maintenance majeure, ils doivent être renouvelés (généralement annuellement).
- Les frais payés mensuellement par les copropriétaires des unités à cette personne juridique. Ils vont assurer le fonctionnement quotidien des parties communes (gardiens, ménage, ascenseurs, jardin).

Ce montant mensuel calculé sur le nombre de mètres carrés de chaque unité varie fortement selon les services offerts par la copropriété. Il va d'environ 15 bahts/mètre carré à plus de 100 pour les copropriétés luxueuses.

La moyenne est à Bangkok d'environ 25 bahts par mètre carré, soit 2500 bahts/mois pour un appartement de 100 m2.

La personne juridique Condominium (*juristic person*) percevra également certains frais des différents copropriétaires ou locataires comme les factures d'eau et d'électricité.

L'assemblée annuelle.

Chaque année, une réunion des copropriétaires nommée *Annual General Meeting* (AGM) fera le bilan sur de nombreux points importants tels que la situation financière du condominium, les réparations nécessaires, les problèmes de voisinage et les changements de règlement proposés.

Quelques semaines avant l'AGM, vous devriez recevoir des états financiers liés à la copropriété. En théorie, cela devrait vous donner le temps de lire ces informations et de préparer vos questions.

Vous recevrez également l'agenda de la réunion avec la liste des sujets proposés et des votes qui auront lieu, ce qui vous permettra encore une fois de comprendre l'information.

Pour un étranger, la principale difficulté vient du fait que ces informations — sauf parfois l'information financière — sont en thaï. Langue également de la réunion. Vous aurez donc besoin de traduction pour intervenir.

Souvent, les votes concernent des points mineurs tels que les frais d'entretien ou l'embauche d'un agent supplémentaire. Des décisions importantes sont parfois prises, entraînant des maintenances majeures et des frais supplémentaires.

Le taux de participation aux assemblées générales est souvent faible (moins de 20 %) ce qui pose des problèmes pour valider certaines décisions qui exigent une participation minimale.

Vous pouvez vous faire représenter par un mandataire comme un voisin de confiance grâce à une procuration.

Location

La période maximale d'un bail (*leasehold*) est de 30 ans. Cependant, après avoir atteint la trentième année, le bail peut être renouvelé pour 30 nouvelles années et l'enregistrement du bail doit être, une fois de plus, fait auprès du Land Office.

Selon la loi, un bail de propriété (lease of property) plus long que 3 ans doit être enregistré au Land Office compétent.

Dans le cas où cet enregistrement n'a pas été fait, la validité de ce bail ne sera effective que pour 3 ans. Ainsi, un contrat à trente ans non enregistré sera caduque après trois années.

La base juridique pour les contrats de location se trouve dans la section « Location de biens » du Code civil et commercial de la Thaïlande (*เช่าทรัพย์*). La Thaïlande n'a pas véritablement de législation développée sur la location de biens, ce qui signifie que beaucoup de points doivent être inclus et précisés dans le contrat de bail.

Pour les locations de courte durée, la durée est définie au départ. La durée du contrat de location standard à Bangkok est de douze mois.

Les agences immobilières prenant habituellement un mois de loyer comme commission, il est difficile de négocier des durées plus courtes, notamment si une agence est impliquée dans la transaction.

Si vous cherchez à louer pour des durées plus courtes que cela, vous devrez contacter directement les propriétaires, ceux-ci sont souvent prêts à accepter un bail de six mois pour louer un bien vide.

Pour les baux inférieurs à six mois, vous devez généralement trouver un immeuble où toutes les unités sont détenues par une seule entreprise qui possède le personnel administratif pour ce type de contrats courts et qui est proche du concept de *serviced apartments*.

Généralement, vous paierez toujours une prime par rapport à des durées plus longues.

Si vous recherchez un contrat de location de plus de trois ans, celui-ci devra être enregistré au Land Office. Les propriétaires sont souvent réticents à le faire, car cela occasionne des frais supplémentaires et la loi exige une ordonnance du tribunal pour résilier le bail.

En outre, s'ils n'ont pas payé d'impôts sur les revenus tirés de la location dans le passé, cette démarche risque de leur causer des ennuis.

Bref, la norme est le plus souvent d'avoir des baux d'une année avec un dépôt de garantie de deux mois. Généralement, le locataire dispose d'un mois pour informer le propriétaire de sa volonté de renouveler son bail.

Location courte durée

La Thaïlande étant un pays très touristique, le pays n'a pas échappé à une explosion des locations de courte durée via des plateformes Internet dont la plus connue est AirBnB, mais également via des sites comme HomeAway, mais aussi Booking.

En théorie, l'article 1336 du Code civil et commercial prévoit que dans les limites de la loi, le propriétaire du bien a le droit d'utiliser le bien et a droit à ses fruits. Et pour la copropriété, l'article 1360 du CCC prévoit que chaque copropriétaire a le droit d'utiliser la propriété dans la mesure où cette utilisation n'est pas incompatible avec les droits des autres copropriétaires.

Et conformément à l'article 17/7 du Condominium Act, aucune activité commerciale ne doit être effectuée dans un immeuble en copropriété sauf dans la zone commerciale spécifiée. Selon l'article 65, quiconque viole l'article 17/1 sera puni d'une amende d'au plus cinquante mille bahts et le contrevenant sera en outre pénalisé d'une amende journalière d'au plus cinq mille bahts tout au long de la période de violation ou non conforme ces dispositions.

D'autres limitations existent en vertu de la loi sur l'hôtellerie qui exige l'obtention d'une licence spéciale pour exploiter un hôtel.

La loi définit l'hôtel comme un lieu établi à des fins commerciales et qui fournit une résidence temporaire contre rémunération, mais, conformément à sa section 4, point b, elle exclut les lieux loués sur une base mensuelle.

L'exploitation d'un hôtel sans permis est sanctionnée par une peine d'emprisonnement d'au plus un an, ou une amende d'au plus 20 000 bahts ou les deux avec une amende d'au plus 10 000 bahts pour chaque jour de violation.

Cela signifie que les propriétaires de condominiums peuvent louer leur place sur une base mensuelle sans se soucier d'un permis d'hôtel, mais elle sanctionne la location à court terme inférieure à un mois.

Récemment, l'application de loi est devenue plus stricte en Thaïlande comme l'ont confirmé de récentes décisions de justice concernant le Condominium Wan Vayla dans le district de Hua Hin de Prachuap Khiri Khan. Les juges ont condamné les propriétaires se livrant à cette activité à des amendes.

De nombreux condominiums interdisent désormais dans leur règlement intérieur ce type de location. Les gardiens sont prévenus, et ils rendant difficile ce type d'activités. L'investisseur doit en être conscient.

Les charges du locataire

Normalement, le poste de charge le plus important est l'électricité. Certains propriétaires restent abonnés et vont simplement répercuter la facture d'électricité officielle, d'autres factureront un tarif du kWh plus élevé.

Dans d'autres cas, vous serez abonné en direct et paierez vos factures tous les mois à MEA pour Bangkok ou PEA en province. Un paiement en ligne est possible en scannant les codes-barres des factures.

Dans les espaces de location commerciale, certains baux incluent l'électricité, mais ceux-ci sont rares. Si vous utilisez régulièrement la climatisation, la facture mensuelle est d'environ 1 500 bahts par pièce (plus si vous restez en permanence à la maison). Sans climatisation, la facture sera inférieure à 500 bahts par mois.

Les coûts de l'eau sont très faibles en Thaïlande, de l'ordre de 100 bahts maximum par personne. L'écart avec la France provient du fait que le coût le plus important est, en France, le traitement des eaux usées, or ce traitement reste embryonnaire en Thaïlande.

En contrepartie, l'eau au robinet est rarement de bonne qualité et la plupart des ménages achètent ou se font livrer des bonbonnes d'eau potable.

Pour un deux ou trois-pièces à Bangkok, les charges cumulées ne dépasseront pas les 2000 bahts par mois.

Certains bâtiments utilisent leur propre téléphone et Internet, mais les appels peuvent être chers et l'Internet lent. Pour environ 5 000 bahts, vous pouvez généralement obtenir votre propre ligne téléphonique avec accès à un forfait Internet qui coûtera autour de 700 bahts par mois.

Cependant, vous devriez vérifier avec le propriétaire que cela est possible et n'entraînera pas de frais supplémentaires avant de signer le bail.

La pratique courante est de fournir des appartements meublés. La location des meubles peut faire l'objet d'un contrat séparé. La principale raison de ce démembrement de la location est fiscale : les contrats de location de meubles sont taxés à un taux inférieur à la location immobilière. Ce démembrement ne présente a priori aucun inconvénient pour le locataire.

Il est important de savoir qui paie pour les réparations mineures et l'entretien. Il n'est pas rare qu'il faille faire réviser un climatiseur poussif, voire le changer. L'état de fonctionnement des climatiseurs est d'ailleurs un des points essentiels à vérifier avant de louer un appartement (froid produit et bruit).

De même, les dommages occasionnés par les termites peuvent entraîner des réparations importantes. Le bail doit clairement prévoir qui prend en charge ces réparations.

Le dépôt standard est de deux mois. En outre, vous devez payer le loyer à l'avance, le premier paiement sera donc de trois mois.

Le dépôt ne peut pas être utilisé pour payer les derniers mois de loyer. La restitution de ce dépôt doit intervenir à l'issue de l'état des lieux de sortie. S'il n'y a pas de dommage, le propriétaire est tenu de vous restituer le dépôt, mais il n'aura pas à payer les intérêts éventuellement perçus sur celui-ci.

À l'usage, c'est au moment de la restitution du dépôt que les conflits peuvent intervenir. Dans environ un quart des cas, le propriétaire décide de conserver tout ou partie de la caution.

Certains propriétaires sont de bonne foi, d'autres de mauvaise foi. Il est toujours possible d'impliquer un avocat en cas de problème, mais le coût peut être élevé au regard du montant en jeu.

Il vaut mieux faire des photos lors de l'entrée dans les lieux, maintenir une bonne relation avec le propriétaire et éventuellement négocier la somme conservée au moment de la sortie.

En théorie, il est possible que le dépôt soit détenu par un tiers, mais peu de propriétaires sont disposés à accepter cette clause.

Le préavis est stipulé dans le contrat. Généralement, il est de trente jours. Nous conseillons toutefois d'informer votre propriétaire le plus tôt possible d'un départ afin de lui laisser le temps de retrouver un locataire. S'il reçoit un nouveau dépôt de garantie, il sera psychologiquement d'autant plus enclin à vous restituer le vôtre.

Une chose à éviter à tout prix est de diffamer publiquement votre propriétaire, même sur Internet. La diffamation est une infraction pénale et civile en Thaïlande. Si votre propriétaire vous poursuit, vous risquez ensuite d'avoir du mal à quitter le pays.

La négociation reste dans ce domaine la méthode la plus efficace, elle peut être menée par un Thaïlandais, avocat ou pas. Il n'est pas rare que le simple appel téléphonique d'un avocat amène un propriétaire à plus de compréhension.

MARIAGE

Les principes

Le mariage en Thaïlande entre étrangers ou entre nationaux thaïlandais et étrangers est facile à arranger dans un délai rapide.

La procédure administrative d'enregistrement légal auprès du bureau des affaires civiles est simple. Les autorités locales sont compétentes pour célébrer tous les mariages, quelle que soit la nationalité des époux. Les conjoints peuvent ensuite faire enregistrer leur mariage auprès de l'ambassade en Thaïlande du pays d'un des conjoints.

L'enregistrement légal peut être fait dans n'importe quel bureau du district ou dans n'importe quelle province aux jours ouvrables entre 8 h et 15 h.

Le mariage requiert les passeports originaux des futurs mariés et une preuve de célibat.

Si l'un des conjoints a été marié préalablement et que le précédent mariage a pris fin suite à un divorce ou à la mort du conjoint, le futur marié devra fournir les certificats originaux.

Pour les Français souhaitant se marier en Thaïlande, il leur faudra solliciter préalablement la délivrance d'un certificat de capacité à mariage auprès de leur ambassade.

Pour ce faire, le futur conjoint français devra prendre rendez-vous à l'ambassade et fournir les pièces suivantes :
- Copie intégrale d'un acte de naissance délivré depuis moins de 3 mois avec original,

- Passeport original avec photocopie.
- Présentation facultative de la carte d'identité avec une photocopie.
- En cas de veuvage, copie intégrale de l'acte de décès du précédent conjoint.
- Justificatif de domicile. Pour toute personne résidant à l'étranger, le domicile sera justifié par une attestation de résidence ou certificat d'inscription de l'ambassade de France du pays de résidence.

Pour le conjoint thaïlandais, il faudra fournir les pièces suivantes :

- copie d'acte de naissance légalisée **สำเนาสูติบัตร**
- copie légalisée de tous les documents attestant des changements de prénom et de nom au cours de la vie de la personne et de ses parents.

สำเนาใบเปลี่ยนชื่อ และนามสกุลของตนเอง ของบิดาและมารดา

- En cas de divorce, copie légalisée du jugement de divorce.

กรณีที่มีการอย่าร้างมาก่อน ใช้สำเนาใบหย่าร้าง

- en cas de veuvage, copie légalisée de l'acte de décès du conjoint décédé, ainsi que de l'acte de mariage. **กรณีที่เป็นหม้าย ให้ใช้สำเนาใบมรณะบัตรของคู่สมรสที่ได้เสียชีวิตไปแล้วรวมถึงสำเนาใบสำคัญการสมรส**
- justificatif légalisé de domicile (livret bleu délivré par les autorités thaïlandaises).

สำเนาทะเบียนบ้าน

- copie légalisée de la carte d'identité.

สำเนาบัตรประจำตัวประชาชน

- copie légalisée du passeport (traduction non nécessaire) **สำเนาหนังสือเดินทาง**

Tous les documents thaïlandais doivent être :

1) légalisés par le ministère thaïlandais des Affaires étrangères (123 Chaengwatthana Road, Laksi – Bangkok)

2) traduits en français par un traducteur agréé de l'ambassade de France.

L'Ambassade conservera les originaux de toutes les traductions et, par ailleurs, des fiches de renseignements devront être remplies.

La délivrance de ce document requiert le plus souvent plus de huit semaines. Il peut être retiré sans rendez-vous par le futur marié français ou son conjoint dûment mandaté.

Qui célèbre le mariage ?

Deux possibilités existent : soit le mariage est célébré par une autorité française ; soit par une autorité étrangère.

S'il s'agit d'une autorité française, celle-ci peut être représentée par un ambassadeur, un consul ou un officier consulaire. S'il l'a été par une autorité française, il sera reconnu en France.

En fonction de l'autorité qui a consacré le mariage, celui-ci ne sera pas automatiquement retranscrit.

En pratique, lorsqu'un des époux est thaïlandais, le mariage est le plus souvent célébré par l'autorité locale compétente représentée par l'officier de l'état civil local. Les époux devront par la suite faire transcrire le mariage sur leur état civil pour qu'il ait une existence légale en France.

Rappelons qu'un mariage religieux est dépourvu de bases légales en droit français. L'union ne pourra alors pas être reconnue en France. En revanche, il est tout à fait possible qu'un mariage civil soit précédé d'un mariage religieux, ou inversement, en Thaïlande.

Dans l'hypothèse où il y a mariage civil, celui-ci pourra être transcrit en France.

Comment protéger ses biens ?

Une attention particulière devra être accordée à la planification préalable du mariage et à la protection des biens des conjoints.

Nous recommandons d'établir un contrat de mariage rédigé dans les deux langues (par exemple français et thaïlandais) préparé de telle sorte qu'il soit légal dans les deux pays.

Les contrats de mariage seront moins contestables lorsqu'ils sont préparés et signés avant la date du mariage.

L'enregistrement du mariage

L'enregistrement du mariage thaï varie selon la nationalité des époux. Le mariage thaï peut être célébré avec ou sans cérémonie de fiançailles selon le rituel local. La cérémonie de fiançailles n'est qu'une promesse d'épouser et une forme d'accord.

L'accord devient seulement effectif quand le mari donne à sa femme un engagement (*คำมั่นสัญญา*) comme preuve de la promesse d'union.

En cas de rupture des fiançailles, le conjoint s'estimant lésé est en droit de conserver ses cadeaux (bague de fiancailles etc.) voire de réclamer des dommages et intérêts.

Conditions pour pouvoir se marier

Les futurs conjoints devront satisfaire aux conditions suivantes :

– être âgé de plus de 17 ans. Dans le cas contraire, la cour peut permettre de déroger à l'âge légal si elle estime que le futur conjoint a atteint l'âge de la raison.

– être sain d'esprit et ne pas être déclarés incapables.

— ne pas être liés par des relations de sang comme ascendant direct, descendant, frère et sœur ou demi-frère et demi-sœur.

— ne pas avoir eu les mêmes parents adoptifs.

— ne pas avoir déjà un conjoint au moment du mariage. En cas de divorce ou de veuvage, il faudra en apporter la preuve.

Pour une femme dont le mari est mort ou dont le mariage a pris fin, le nouveau mariage peut seulement avoir lieu après l'expiration d'un délai de 310 jours après le décès de l'ancien mari ou après la fin du précédent mariage. Les raisons historiques de ce délai étaient liées au souci d'éviter toute contestation sur une éventuelle paternité.

Néanmoins, le mariage pourra être célébré avant cette période si une des conditions suivantes est remplie : un enfant est né pendant cette période ; le couple divorcé se remarie ; un certificat montre que la femme n'est pas enceinte ; une décision de la cour permet à la femme de se marier.

Les documents nécessaires pour enregistrer le mariage en Thaïlande.

Ressortissants Thaïs

Cartes d'identité des deux parties

Certificats d'enregistrement du foyer (Tabien Baan) des deux parties.

Présence de témoins.

Ressortissants étrangers

Une copie du passeport avec la carte d'arrivée.

Une attestation d'état civil des personnes fournie par leurs ambassades respectives

Présence de témoins.

L'enregistrement du mariage

Un mariage peut être célébré sur la déclaration faite par les parties ayant l'intention de se marier en se promettant publiquement de se prendre comme mari et femme avant l'inscription sur le registre par l'officier d'état civil.

Une demande d'enregistrement pour le mariage peut être déposée dans n'importe quel bureau du district et ce, indépendamment du lieu de naissance ou de résidence du couple.

Si l'enregistrement du mariage est déposé au bureau du district situé au lieu de naissance de la femme (où son nom est enregistré sur le certificat d'enregistrement du foyer ou Tabien Baan), le titre utilisé, avec le prénom et le nom de famille de la femme, sera changé par l'officier du district.

Si les parties se trouvent dans l'impossibilité de déposer une demande d'enregistrement pour le mariage à un bureau du district, le couple pourra alors soumettre une requête à un autre officier d'état civil.

Le mariage prendra effet seulement lorsque l'enregistrement aura été fait. Un certificat d'enregistrement du mariage sera obtenu à titre de preuve.

L'enregistrement du mariage d'un étranger

Les étrangers qui souhaitent se marier devront se présenter en personne avec leurs passeports respectifs et la carte d'arrivée à leur ambassade en Thaïlande pour compléter l'attestation certifiant le célibat et la liberté de se marier conformément à la loi thaïe.

Un visa n'est pas nécessaire pour les citoyens français qui viennent pour leur mariage dès l'instant où ils respectent les limites légales de séjour.

L'attestation devra être traduite en Thaïlandais par un bureau de traduction.

L'ensemble des documents avec la traduction et les copies de passeports doivent être déposés à la Division légale du Département d'affaires consulaires, où la signature du fonctionnaire consulaire sera authentifiée.

Pour les personnes précédemment mariées, un certificat de divorce sera exigé.

Transcription d'un mariage en droit français

La transcription d'un mariage célébré en Thaïlande consiste à le faire reconnaître par la France en faisant transcrire l'acte de mariage étranger sur les registres de l'état civil français du consulat de France, mais aussi par le Service central d'état civil (SCEC) du Ministère des Affaires étrangères établi à Nantes.

La transcription se matérialise par **l'établissement d'un acte de mariage** par le Service central d'état civil et par la **délivrance d'un livret de famille.**

Dans le cas de la France, la transcription demande de déposer les pièces suivantes à l'ambassade de France sans rendez-vous :

Copie de l'acte de mariage thaïlandais (Kho.Ro. 2 ou คร.2) légalisé par le ministère des affaires étrangères thaï. (Original de la légalisation du MAE)

L'original de la traduction en français de ce document en langue thaïe réalisée par un traducteur agréé par l'Ambassade.

Attention, l'acte de mariage thaïlandais est le document recto-verso sur lequel signent les époux, les témoins et l'officier d'état civil local. Ce n'est pas le certificat de mariage, qui ressemble à un diplôme.

L'original du formulaire de demande de transcription qui doit être rempli et signé par le requérant.

Il faut compter environ deux semaines pour que le service d'état civil délivre aux époux un livret de famille français ainsi que des copies intégrales de l'acte de mariage.

Les conséquences de la transcription

Ce n'est qu'après transcription que le mariage célébré en Thaïlande sera opposable à des tiers en France (article 171-5 du Code civil).

Tant que le mariage n'est pas transcrit, il est considéré comme n'existant pas en France, du moins pour tout ce qui peut être considéré comme avantageux pour les époux (en revanche, il peut leur être opposé pour le retrait de l'Allocation de soutien familial ou pour d'autres avantages…).

En particulier, le conjoint étranger ne pourra pas obtenir de visa en tant que conjoint de Français.

Dans un certain nombre de cas, l'Ambassade peut refuser une transcription.

Le concept de dot

Le concept de dot (Sin-Sod-Tong-Man ou *สินสอด-ทองหมั้น*), plus populairement connu sous le nom de « Sin Sod », n'est en aucun cas une exigence légale, mais une tradition très ancrée.

Pendant l'enregistrement du mariage, il n'y a donc pas d'obligation de présentation de la dot, celle-ci intervient seulement pendant la cérémonie des noces.

Cette tradition suscite curiosité, inquiétude et questions des conjoints étrangers qui peuvent craindre d'être victimes d'une forme d'extorsion de fonds.

La dot était en Euripe ou en Inde un système où la jeune épouse apportait un capital au couple pour aider à son installation. En Thaïlande, le système est différent puisque c'est le mari qui apporte ce capital aux parents de son épouse pour les dédommager de l'investissement qui a consisté à l'élever.

La dot est donc payée en signe de gratitude aux parents de votre jeune mariée thaïe pour avoir mené à bien l'éducation de leur fille. Elle prouve également la capacité financière de l'époux.

Parfois, dans un nombre de cas minoritaires, la dot revêt un aspect symbolique et la somme est retournée aux conjoints pour les aider à s'installer dans la vie. Dans ce cas, elle présente un aspect proche de celui en vigueur en Europe dans le passé.

Il arrive également que ce capital devienne la propriété exclusive de l'épouse et lui serve de sécurité en cas de séparation ultérieure du couple.

Sur le principe, il n'y a donc rien de scandaleux à ce qu'une dot soit demandée au mari. L'époux thaïlandais serait soumis à la même demande.

Son montant dépend de plusieurs critères comme le statut social, le niveau d'études, le travail, le contexte familial, le fait que l'épouse ait eu, ou pas, un précédent époux et tous les autres aspects liés à son éducation.

Ce qui peut être surprenant pour les Occidentaux est que la somme est très souvent annoncée publiquement. Ainsi, les invités connaîtront presque toujours la composition de la dot (en or et billets) lors d'un mariage.

Donc, vous devez vous attendre à ce qu'une dot plus importante soit payée quand vous épousez une conjointe thaïlandaise de haut niveau d'éducation et venant d'une famille bourgeoise. À l'inverse, le montant de la dot serait significativement plus bas si vous épousez une personne de condition plus modeste.

Dans l'hypothèse d'une famille modeste le montant de la dot peut s'échelonner entre 100 000 et 300 000 bahts. Pour une famille moyenne supérieure, nous avons l'exemple de un million de baht en liquide, 20 bahts d'or (un baht est ici une unité de poids et vaut actuellement 20 000 bahts pour l'or) et une bague d'une valeur de 150 000 bahts. Soit en tout un montant total de 1,55 million de bahts.

Pour certaines stars, des dots d'un montant de plusieurs dizaines de millions de bahts sont évoquées.

Beaucoup d'étrangers se trouvent dans la situation où leur fiancée exige une dot beaucoup trop élevée et qui peut aller jusqu'à plus d'un million de bahts bien que l'épouse vienne d'un village, qu'elle n'ait pas fini l'école ou ait très peu d'expérience professionnelle (quand elle n'a pas travaillé dans un bar).

Gardez à l'esprit que si une future épouse n'est plus vierge, vient d'une famille à faible revenu, a un enfant d'une relation précédente, ou s'est déjà mariée précédemment, celle-ci n'est pas vraiment en droit d'exiger une dot.

De nos jours, la dot est très fréquemment «mise en scène» pour respecter l'usage et la tradition. Il arrive souvent qu'il soit convenu de la reverser aux jeunes mariés à l'issue de la cérémonie, pour que ces derniers puissent s'installer dans leur nouvelle vie.

La dot a un indéniable côté show-off. Souvent, lors des fiançailles ou du mariage, vous pourrez observer les montagnes de billets ou d'or qui sont mis en scène pour que les invités puissent être témoins de l'importance sociale que revêt le mariage.

Si la dot n'est en aucun cas une obligation légale, la loi prévoit son remboursement dans certains cas.

Si le mariage n'a pas lieu principalement à cause de la femme ou en raison de circonstances rendant la femme responsable et rendant le mariage impropre à l'homme ou rendant l'homme incapable d'épouser cette femme, l'homme peut réclamer le retour du mariage.

Parfois, l'engagement de la mariée est lié au transfert d'un bien du futur marié à la mariée. On parle de *khongman* (*ของหมั้น*) (section 1437). Si ce transfert n'a pas eu lieu, l'engagement de la mariée est caduque.

Le contrat de mariage

Un contrat prémarital (ou prénuptial) est un document juridique que les parties signent avant de se marier et qui organise les relations des conjoints en matière de patrimoine durant le mariage ou lors de la dissolution du mariage (par exemple, lors d'un divorce).

Pour les personnes voulant protéger les biens acquis avant le mariage et durant le mariage, un contrat prénuptial est indispensable.

Traditionnellement, lorsqu'une partie fortunée épousait une partie qui l'était moins, ces contrats visaient à protéger la partie la plus riche.

Mais aujourd'hui, ces contrats peuvent aussi être utiles quand les lois régissant le mariage dans un pays étranger peuvent vous être inconnues ou défavorables.

Un contrat prénuptial peut permettre d'éviter des problèmes éventuels notamment en cas de séparation ou de divorce.

Le principal problème lié à ce type de contrat vient lorsque les époux sont de nationalités différentes. Ainsi dans certains pays, ces contrats doivent être signés par un notaire. Dans d'autres, comme aux États-Unis, chaque état possède ses propres règles.

Ainsi, en Californie, un contrat prénuptial doit être signé 7 jours avant un mariage, car cela donne le temps aux parties de consulter un avocat. En France, on parle souvent d'un contrat de mariage.

L'important est de savoir que les règles changent d'un pays à l'autre, et que certaines clauses d'un contrat peuvent être invalides dans un autre pays. Les lois de différents pays peuvent entrer en conflit.

En vertu de la législation thaïlandaise, les accords post-maritaux n'ont pas une grande force légale en raison de la clause 1469 du Code commercial et civil de Thaïlande.

Sans entrer dans le détail, il vaut mieux privilégier les contrats prénuptiaux. Ceux-ci sont des actes publics qui doivent être enregistrés lors du mariage.

Cela découle du vieux principe d'annoncer en droit civil aux tierces parties le régime légal qui gouvernera la relation entre les conjoints.

L'accord prénuptial peut comporter des clauses sur la juridiction en cas de divorce, des clauses sur la gestion des propriétés communes. L'accord peut aussi servir en cas de divorce à l'étranger, à choisir le régime matrimonial d'un des pays.

Le contrat prémarital sert également à clairement établir les actifs des parties au moment du mariage afin de protéger ce patrimoine en cas de divorce.

Un bon contrat prénuptial énumérera les biens et les valeurs des parties afin de définir et protéger ces biens en cas de divorce.

Conditions pour un contrat prénuptial

Pour que le contrat prénuptial soit valide, il doit strictement respecter les règles légales qui exigent que :

- Ce contrat doit être écrit et signé des deux parties ;

- Deux témoins sont nécessaires ;

- Le contrat prénuptial doit être ENREGISTRÉ lors du mariage légal en Thaïlande sous peine de nullité.

Dans la pratique, ce contrat est annexé au certificat de mariage dans la localité où le mariage est enregistré.

Le principe d'un contrat est basé sur le consentement des parties. Si les époux sont de nationalité différente, il est obligatoire que l'accord soit écrit dans des langues que les parties comprennent. En effet, faute de traduction, une des parties pourrait alors contester le contrat prémarital lors du divorce en arguant du fait qu'il ou elle ne savait pas ce qu'elle signait.

C'est pourquoi les accords prémaritaux doivent être bilingues, thaï-anglais ou thaï-français selon les cas. Un contrat dans une langue autre que l'anglais comme le français nécessitera une traduction certifiée et l'amphur, qui possède beaucoup de latitude, demandera dans certains cas même une légalisation ou une notarisation de la traduction.

Il est généralement plus facile d'enregistrer un contrat prénuptial à Bangkok, que dans une petite ville de province car les officiers publics sont plus rompus à ce genre de procédure.

Notez que vous pouvez vous marier dans n'importe quelle partie du pays et n'importe quel bureau d'enregistrement local (amphur ou khet). Si la loi thaïlandaise est la même partout concernant ces contrats, chaque endroit possède une certaine latitude dans l'interprétation et l'application de la loi.

Comme la division du patrimoine lors d'un divorce est déjà fixée par le Code civil et que l'on ne peut pas contourner ces règles (cela ressemble à ce qu'on appelle la communauté d'acquêt en France ou au Québec), un accord prémarital thaïlandais ne peut créer une séparation des biens.

Il ne concerne généralement que la définition des biens acquis avant le mariage et la gestion des actifs respectifs du mari et de la femme pendant leur mariage.

Le contrat prénuptial sera considéré comme nul si, par exemple, le contrat prénuptial précise que si le mari commet un adultère durant le mariage, la femme peut demander le divorce.

Cette clause sera considérée comme nulle, car il s'agit d'un accord contraire à l'ordre public ou aux bonnes mœurs, selon l'article 1465 alinéa 2 et l'article 150 CCCT.

Toutefois, sachez que l'adultère est un motif fréquent de divorce en Thaïlande, mais que la partie demandeuse devra prouver l'adultère.

Dans l'hypothèse où un conjoint versait une pension alimentaire à sa mère sur une base mensuelle avant le mariage et que le contrat prémarital impose que tous les revenus soient dorénavant octroyés au ménage, alors le contrat sera frappé de nullité puisqu'il s'agit d'un accord contraire à l'ordre public ou aux bonnes mœurs selon les tribunaux thaïlandais.

Les clauses concernant la garde future des enfants dans un contrat prémarital thaïlandais sont également interdites. Car la garde future des enfants sera décidée seulement par un accord de divorce à l'amiable entre les parties ou par un jugement du tribunal.

Un accord sera également nul s'il est spécifié que la dette d'un couple, par exemple la dette pour l'éducation, sera du ressort personnel d'un des conjoints ou que les dettes découlant d'une entreprise seront de la responsabilité d'un seul conjoint.

Encore une fois, nous rappelons que la séparation des biens est d'ordre public en Thaïlande. Un contrat prémarital ne peut aller contre les clauses 1471 à 1474 du CCCT qui définissent la propriété commune et personnelle.

En outre, si une clause d'un contrat prénuptial en Thaïlande précise que cet accord est régi par une loi étrangère, celle-ci sera normalement considérée comme nulle en vertu du droit thaïlandais.

Autre exemple, une clause précisant que dans le cas où les conjoints vivent séparément, tous les biens acquis au cours de la période de séparation seront considérés comme une propriété personnelle. Cette clause n'est pas valide en Thaïlande.

En cas de « Conflit entre les Lois », la section 24 du « *Conflict of Laws Act* » de 2481 (1938) stipule :

« En ce qui concerne les biens du mari et de la femme, si un accord anténuptial (prénuptial) est conclu, la capacité de conclure un tel accord sera régie par la loi sur la nationalité de chaque partie. »

Ensuite, la section 25 mentionne :

« Si les parties ont la même nationalité, les éléments et effets essentiels d'un accord prénuptial sont régis par la loi de la nationalité commune des parties. S'ils ont des nationalités différentes, ces éléments et effets essentiels sont régis par la loi en vertu de laquelle les parties ont voulu ou peuvent être supposées avoir l'intention de se soumettre ; en l'absence d'une telle intention, la loi du premier domicile conjugal prévaudra.

Toutefois, en ce qui concerne les biens immobiliers, la loi du lieu où ces biens sont situés doit prévaloir. »

Notez la dernière partie qui affirme que pour les propriétés immobilières, c'est la loi de l'endroit où est située la propriété qui doit gouverner le partage des biens en cas de divorce. Rappelons que les étrangers en Thaïlande ne peuvent normalement pas être propriétaire d'un terrain. Et souvent, lors d'un achat immobilier, le Land Office exige la signature d'un document affirmant que la propriété foncière est entièrement propriété personnelle du conjoint thaïlandais.

Comme un achat immobilier représente souvent un investissement important pour un couple, il convient d'être prudent en Thaïlande. Mieux vaut consulter un spécialiste avant de réaliser un achat immobilier qui s'avérera la propriété exclusive du conjoint thaïlandais, même si les fonds pour cet achat viennent du conjoint étranger.

La majorité est de 20 ans en Thaïlande. Dans le cas d'un mineur qui souhaite se marier et contracter un accord prémarital, il doit obtenir le consentement des parents, des parents adoptifs ou du représentant légal du mariage.

Les régimes matrimoniaux

Le droit thaïlandais régit les biens acquis pendant le mariage et ne reconnaît pas la séparation des biens à la différence par exemple des droits européens. Historiquement, il s'agissait de protéger les épouses qui souvent ne travaillaient pas et n'avaient donc pas de revenus propres. En cas de séparation complète, elles risquaient de se retrouver sans rien.

Cela signifie que le contrat de mariage ne pourra porter sur la séparation des biens acquis pendant le mariage en Thaïlande, mais sur d'autres points : gestion de ces biens et surtout un état des biens de chaque partie avant le mariage.

Par contre, si des biens sont possédés à l'étranger le contrat de séparation de ces biens sera bien reconnu pour ces biens par le droit étranger.

La propriété matrimoniale

Le droit de la propriété matrimoniale est en grande partie régi par la section du code civil et commercial concernant les biens entre mari et femme.

En règle générale, les «avantages et revenus» de chaque époux acquis pendant le mariage deviendront, en vertu de la loi thaïlandaise, la propriété conjointe du mari et de la femme.

Un contrat prénuptial est autorisé en Thaïlande, mais il n'est pas possible d'exclure le régime de propriété générale entre mari et femme dans ce contrat prénuptial.

Propriété personnelle dans un mariage thaïlandais

Les lois thaïlandaises sur la famille et le mariage précisent que les biens appartenant à l'un ou l'autre des époux avant le mariage demeurent sa stricte propriété personnelle après le mariage.

Si, pendant le mariage, des biens personnels ont été échangés contre d'autres biens, cela reste une propriété personnelle.

La section 1471 (Code civil et commercial) stipule que :

« Les biens personnels (Sin Suan Tua ou *สินส่วนตัว*) comprennent : (1) les biens appartenant à l'un ou l'autre des conjoints avant le mariage (2) les biens personnels, les vêtements ou les ornements appropriés à la vie et les outils (3) les biens acquis par l'un ou l'autre des conjoints pendant le mariage suite à un testament ou une donation ».

La section 1472 (Code civil et commercial) établit que :

« En ce qui concerne les biens personnels (Sin Suan Tua), si ceux-ci ont été échangés contre d'autres biens, si d'autres biens ont été achetés par de l'argent acquis de la vente de ces biens, les autres biens ou capitaux acquis seront des biens personnels (Sin Suan Tua). Lorsque le Sin Suan Tua a totalement ou partiellement disparu, mais a été remplacé par d'autres biens ou l'argent, ces autres biens seront des biens personnels (Sin Suan Tua). »

Propriété matrimoniale ou commune

Le régime matrimonial légal applicable en Thaïlande est celui de la communauté de biens acquêts. Chaque époux conserve la propriété des biens qui lui appartiennent avant le mariage, et les biens achetés par les époux lors du mariage sont des biens communs.

La Section 1474 du Code civil et commercial concerne les actifs matrimoniaux (propriété matrimoniale ou commune détenue en commun entre mari et femme) que le droit thaïlandais appelle « Sin Somros » et qui se composent des biens suivants :

– Les biens acquis pendant le mariage, par exemple les salaires reçus par les conjoints ;

– Les biens reçus par l'un ou l'autre des conjoints pendant le mariage suite à un testament, ou à une donation faite par écrit si celui-ci ou celle-ci est déclaré être Sin

Somros. En règle générale, un héritage ne deviendra donc pas une propriété matrimoniale, mais il sera considéré comme un bien personnel (Sin Suan Tua) de la personne recevant l'héritage. Son conjoint n'aura pas droit au moment du divorce de réclamer la moitié de cet héritage.

– Les fruits des biens personnels (Sin Suan Tua). Par exemple, les loyers produits par un bien personnel seront considérés comme un bien commun.

En cas de doute quant à savoir si une propriété est détenue conjointement (Sin Somros) ou un bien personnel (Sin Suan Tua), ce bien sera présumé être un bien commun (Sin Somros).

Dans sa dernière phrase, l'article 1474 stipule que tous les biens acquis tout au long du mariage deviennent des biens matrimoniaux conjoints entre mari et femme, quel que soit le titre de propriété, à l'exception des biens relevant des articles 1471 et 1472 du Code civil et commercial. Tout est donc commun sauf ce qu'un des conjoints peut prouver être une propriété personnelle.

C'est donc au possesseur de biens personnels avant le mariage de faire la preuve que ces biens étaient dans la catégorie de ses biens personnels (Sin Suan Tua). D'où l'intérêt d'un contrat de mariage.

La gestion des biens pendant le mariage

Chaque conjoint reste le gérant de ses biens personnels pendant le mariage en Thaïlande (Sin Suan Tua).

Certains biens matrimoniaux doivent être gérés conjointement alors que d'autres biens peuvent être gérés par chaque conjoint. Un contrat prénuptial peut donner le droit de gérer certains biens communs (Sin Somros) à l'un des conjoints.

En l'absence de contrat de mariage ou de mariage, certains actes juridiques relatifs à certaines propriétés en copropriété doivent être gérés conjointement par le mari et la femme et nécessitent un consentement conjoint.

L'article 1476 stipule que : «Dans la gestion du Sin Somros, le mari et la femme doivent dans les cas suivants être cogérants ou obtenir le consentement de l'autre :

— La vente, l'échange, la vente avec droit de rachat, la location de biens en location-vente, l'inscription d'hypothèque, la levée d'hypothèque ou le transfert du droit d'hypothèque sur des biens immeubles ou sur des biens meubles hypothécables.

— Créer ou distinguer tout ou partie de la servitude, droit d'habitation, droit de superficie, usufruit ou charge sur immeuble.

— La location de biens immobiliers pour plus de trois ans.

— Le prêt d'argent

— Faire un don à moins que ce soit un don à des fins charitables, sociales ou morales et convient à la condition familiale.

— Signer un compromis.

— Soumettre un différend à l'arbitrage.

— Mettre la propriété en garantie ou en sécurité auprès d'un fonctionnaire compétent ou de la Cour.

Dans tous les autres cas que ceux prévus dans ce paragraphe premier, la gestion du Sin Somros peut être faite par un des conjoints sans avoir à obtenir le consentement de l'autre.

Nous conseillons dans la mesure du possible d'obtenir le consentement du conjoint pour les actes d'importance, ou au moins de l'en informer en gardant une trace de cette information. En effet, le conjoint peut au moment du divorce contester des actes de gestion du patrimoine commun qui se sont soldés par des pertes pour ce patrimoine.

Lorsque le mariage prend fin en raison d'un divorce, les biens personnels séparés restent avec chaque conjoint. Quant aux biens matrimoniaux, ils seront divisés et répartis en parts égales entre le mari et la femme.

Le cas spécifique des biens immobiliers

Un étranger marié à un Thaïlandais n'est pas autorisé à détenir une forme de copropriété foncière dans le pays avec son conjoint thaïlandais.

Toute terre acquise en Thaïlande au cours du mariage avec un étranger ne peut pas être considérée comme un Sim Somros ou un actif matrimonial selon l'article 1474, mais doit devenir un actif personnel du conjoint thaïlandais conformément aux articles 1471 et 1472.

Considéré comme étant un actif non matrimonial et donc personnel, ce bien sera uniquement géré par le conjoint thaïlandais. En pratique, la terre et la maison seront enregistrées comme une propriété personnelle du ressortissant thaïlandais.

C'est un aspect important à prendre en compte pour le conjoint étranger, car cela signifie que le conjoint thaïlandais a la gestion entière et le contrôle total de la propriété et qu'il peut la vendre ou en grever la propriété sans requérir le consentement du conjoint étranger (l'article 1476 ne s'applique pas).

Il n'est pas rare que des conjoints thaïlandais hypothèquent la maison commune sans en informer le conjoint étranger.

En outre, en tant qu'actif personnel et non matrimonial, ce bien ne sera pas considéré comme une propriété commune du couple.

En cas de divorce, le conjoint thaïlandais aura la propriété entière de l'actif immobilier.

En cas de décès du conjoint thaïlandais, le conjoint étranger devra traiter avec les héritiers du conjoint thaïlandais, sauf si un testament a été rédigé.

Une première protection pour le conjoint étranger consiste à obtenir une propriété conjointe, voire unique, sur le bâtiment séparé du terrain.

En effet, c'est seulement le foncier de la propriété qui est interdit de propriété étrangère, cette restriction ne concerne pas les structures construites sur ce terrain ni la propriété immobilière dans son ensemble.

Les structures édifiées sur le terrain peuvent être en copropriété ou même être détenues comme propriété personnelle par le conjoint étranger (section 1472).

En détenant la propriété ou la copropriété de la maison dans une procédure distincte auprès du département du cadastre (Land Office), le conjoint étranger empêche une situation où le conjoint thaïlandais serait en mesure de vendre la propriété entière sans son consentement.

Lorsque la maison est considérée comme Sin Somros, elle doit être gérée conjointement par les deux conjoints et la vente nécessite le consentement des deux conjoints — à moins qu'un accord prénuptial à cet égard n'ait été conclu, donnant la gestion exclusive de Sin Somros à l'un des deux conjoints.

Section 1475 du Code civil et commercial : « Lorsqu'un Sin Somros est un bien du type mentionné à l'article 456 — c'est à dire un bien immobilier — du présent Code ou à un titre documentaire, le mari ou la femme peuvent demander que son nom soit inscrit dans les documents en tant que copropriétaires.

De fait, cette inscription garantit la préservation des intérêts du copropriétaire d'un bien commun.

La seconde option de protection possible réside dans un droit d'usufruit, ou dans le cas d'un terrain non aménagé, un droit de superficie sur la propriété. Ces droits seront inscrits au nom du conjoint étranger au département du cadastre.

Un droit d'usufruit ou de superficie inscrit sur l'acte de propriété est une protection acceptable pour un conjoint étranger, surtout si l'argent dépensé sur la propriété provient de ce qui est considéré comme la propriété personnelle du conjoint étranger.

Les dettes communes

L'article 1490 stipule que les tribunaux doivent considérer comme des dettes communes au ménage, les dettes suivantes ayant les objets suivants :

1. la vie du ménage, la scolarité des enfants et les frais médicaux ;

2. l'acquisition de biens communs (Sin Somros) pendant la période du mariage (véhicule, logement, etc.)

3. l'entreprise possédée par les deux conjoints ;

4. les dettes contractées par un conjoint qui ont été approuvées par l'autre.

Si par exemple, le conjoint thaï a personnellement contracté des dettes de jeu sans l'accord de son conjoint, une situation fréquente, cette dette ne pourra être de la responsabilité commune, car le jeu est illégal en Thaïlande (Gambling Act BE 2478 datant de 1935).

Dans la réalité, la pression et les menaces sur le conjoint thaïlandais peuvent obliger le conjoint étranger à payer, mais dans cette situation, nous ne sommes plus dans le registre du droit.

Par ailleurs, en vertu des lois thaïlandaises sur la famille et le divorce, le conjoint n'est responsable que des dettes communes. Une dette due à un loisir coûteux ne serait pas une dette ordinaire en vertu de l'article 1535 du Code civil.

Par contre, si un bien immobilier est enregistré comme propriété personnelle de votre conjoint, comme cela est souvent le cas pour les maisons avec terrain, le conjoint pourra en transférer la propriété sans votre consentement pour rembourser ses dettes personnelles et ceci en toute légalité.

FILIATION & ENFANTS

Naissance

Comment reconnaître la paternité d'un enfant né en Thaïlande ?

La section 1548 du Code civil et commercial stipule que le père ne peut demander l'enregistrement de la légitimation de l'enfant qu'avec le consentement de l'enfant et de la mère.

Dans le cas où l'enfant et la mère ne comparaissent pas devant le greffier pour donner leur consentement, le greffier informe l'enfant et la mère de la demande formulée par le père.

Si l'enfant ou la mère n'émettent ni objection ni consentement dans les soixante jours suivant la réception de la notification, il sera supposé que ceux-ci ne donnent pas leur consentement. Le silence vaut donc objection.

Ce délai sera porté à cent quatre-vingts jours si l'enfant ou la mère se trouve hors de Thaïlande.

Dans le cas où l'enfant ou la mère objecte que le demandeur n'est pas le père, ou ne donne pas le consentement, ou sont incapables de donner leur consentement, alors la légitimation devra être exécutée par un jugement de la cour.

La cour peut alors considérer une vie commune ou demander des tests de type ADN pour établir la filiation biologique.

Une fois que la Cour aura prononcé un jugement selon lequel le père peut enregistrer la légitimation de l'enfant, le père pouvait alors demander au greffier d'enregistrer la légitimation sur la base du dit jugement.

Comment devenir thaïlandais ?

Les lois sur la nationalité sont fondées sur la loi de 1965 sur la nationalité avec l'amendement n° 2 AD 1992 et l'amendement n° 3 AD 1993.

Elle est fondée sur le **droit du sang et non sur le droit du sol** comme c'est le cas en France.

La naissance sur le territoire de la Thaïlande ne confère pas automatiquement la citoyenneté.

Une personne née d'un père ou d'une mère de nationalité thaïlandaise, que ce soit à l'intérieur ou à l'extérieur du Royaume de Thaïlande, obtiendra la nationalité thaïlandaise.

La naturalisation existe, mais avant de pouvoir demander la citoyenneté thaïlandaise, la personne doit remplir un nombre de conditions telles que cet accès est très limité.

Enregistrer une naissance à l'ambassade ?

La naissance d'un enfant français en Thaïlande peut être enregistrée dans les registres de l'état civil consulaire français soit par déclaration devant l'officier d'état civil à l'ambassade de France, soit par transcription de l'acte de naissance thaïlandais.

Pour les enfants de moins de 30 jours.

Il faut fournir l'original du certificat médical d'accouchement, ou *Medical certificate of delivery* (ใบรับรองแพทย์หรือใบรับรองการคลอดบุตร) avec sa traduction par un traducteur agréé. Ce n'est pas l'acte de naissance délivré par l'état civil thaïlandais. Il est recommandé de faire la demande de ce document aux personnels de l'hôpital avant l'accouchement.

— Le certificat doit comporter nom et prénom de la mère.

— La précision, accouchement naturel ou par césarienne

— la date et l'heure de l'accouchement

— L'adresse du lieu d'accouchement (adresse exacte de l'hôpital)

— La signature d'un agent de l'hôpital (exemple : médecin ou infirmière ou encore un employé de l'hôpital) et le tampon officiel de l'hôpital.

Pour les enfants de plus de trente jours

Il s'agit alors d'une transcription de naissance. Il faut se procurer l'acte de naissance thaïlandais avec le tampon original du ministère thaïlandais des Affaires étrangères.

Ce document en Thaïlandais doit être traduit en français par un traducteur certifié. Ce document est appelé en langue thaïe.
สำเนาสูติบัตรที่ได้รับการรับรองจากสถานกงศุลไทย

Il sera conservé par le consulat.

Reconnaître une filiation à l'ambassade ?

La reconnaissance de paternité ou maternité permet d'établir un lien de filiation. La filiation est le lien juridique qui unit un individu au père et à la mère dont il est issu.

Pour la mère française et thaïlandaise, la filiation maternelle est établie par la seule indication de l'identité de la mère figurant dans l'acte de naissance de l'enfant.

Le père et la mère peuvent reconnaître leur enfant **avant la naissance** dès le sixième mois de grossesse, ensemble ou séparément. Ceci facilite l'attribution du patronyme paternel. La démarche se fait au consulat français autorisé à dresser des actes d'état civil.

La reconnaissance peut intervenir plus tard (jusqu'à l'âge de 18 ans). Elle requiert la présence du parent déclarant, les papiers d'identité des deux parents, un justificatif de domicile ainsi qu'une lettre de la mère reconnaissant ce lien de filiation.

Engager une reconnaissance en paternité ?

La mère d'un enfant né hors mariage peut engager une procédure en reconnaissance de paternité envers un père étranger et un tribunal peut exiger des tests ADN.

Cependant si le père putatif vit à l'étranger, la procédure sera beaucoup plus lourde et difficile à mettre en œuvre.

Un test ADN peut-il être imposé ?

Un tribunal peut imposer des tests ADN notamment en cas d'enquête en reconnaissance de paternité.

Le refus de se soumettre à ce test sera considéré comme un élément en faveur du demandeur.

Adoption

L'adoption consiste à placer légalement un enfant auprès de parents adoptifs autres que ses parents biologiques. Elle met fin aux responsabilités et aux droits des parents naturels et les transfère aux parents adoptifs.

Les adoptions nationales en Thaïlande

Ce type d'adoption n'est possible que pour les parents adoptifs domiciliés en Thaïlande.

L'adoption internationale en Thaïlande

Ce type d'adoption est réservé exclusivement aux étrangers qui souhaitent adopter un enfant thaï avec l'intention de l'élever hors de la Thaïlande.

Conditions préalables pour une demande d'adoption en Thaïlande

Le candidat doit avoir au moins 25 ans et être âgé de plus de 15 ans que l'enfant adopté.

Le candidat étranger doit avoir un conjoint légitime. Une condition qui ne s'applique pas à un adoptant de nationalité thaïlandaise

Le candidat étranger doit être légalement autorisé à adopter un enfant conformément à la loi du pays de son domicile et ce pays doit entretenir des relations diplomatiques avec la Thaïlande.

Les étrangers qui peuvent demander l'adoption en Thaïlande

Un étranger domicilié hors de Thaïlande peut soumettre une demande d'adoption à l'autorité compétente de son pays et aux agences de protection de l'enfance non gouvernementales autorisées à traiter avec le Centre d'Adoption d'Enfants du Département de Développement social et de l'Assistance publique (DSDW) du Ministère du Développement social et de la Sécurité humaine de Thaïlande.

Un étranger domicilié en Thaïlande et apportant la preuve de sa résidence, ainsi que l'enregistrement de sa maison, peut soumettre une demande d'adoption à son lieu de domicile.

Le candidat qui possède son domicile à Bangkok peut soumettre la demande au Centre d'Adoption d'Enfant de DSDW. Enfin, celui qui réside à l'extérieur de Bangkok peut soumettre sa demande au DSDW de sa province.

Un étranger ayant son domicile provisoire à l'intérieur de la Thaïlande avec la preuve d'un permis de travail émis par le Ministère du Travail de la Thaïlande, résidant en Thaïlande depuis au moins 6 mois avant le dépôt de la demande, et pouvant exécuter une période de six mois de préplacement d'adoption en Thaïlande, peut soumettre la demande d'adoption thaïe avec les documents exigés certifiés par leur ambassade ou autorités consulaires en Thaïlande au Centre d'Adoption d'Enfants de DSDW.

DIVORCE

Selon la loi thaïlandaise (article 1501 du Code civil et commercial de Thaïlande), un mariage peut prendre fin pour trois raisons : le décès d'un des conjoints, l'annulation du mariage par la cour et le divorce.

Une annulation par la Cour est rare. Normalement, cette décision a un effet rétroactif, ce qui signifie que juridiquement le mariage n'a jamais eu lieu.

Dans ces rares cas, un conjoint peut, par exemple, plaider qu'il n'aurait pas épousé une personne s'il avait eu connaissance de certains éléments, ou que le mariage est nul en raison de certains faits comme le fait qu'un des conjoints n'ait pas atteint l'âge légal.

Dans la réalité, c'est le divorce qui est la procédure la plus usitée pour mettre un terme à un mariage. C'est malheureusement le cas dans la moitié des mariages et les mariages entre étrangers et thaïlandais ne font pas exception à la règle.

Aux problèmes conjugaux que rencontre tout couple s'ajoutent en effet les barrières linguistiques, culturelles et parfois sociales avec d'importants écarts de patrimoine et de niveau culturel. L'éducation des enfants peut souvent constituer une source de conflits entre deux conceptions diamétralement opposées et incompatibles.

La loi thaïlandaise ne fait aucune différence entre les étrangers et les Thaïlandais qui sont traités également lors de cette procédure. Mais pour certains aspects de la propriété commune (en particulier les biens immobiliers), ou parce qu'il faut traduire certains documents, la procédure peut être un peu plus compliquée pour un étranger.

La procédure de divorce

Si l'un des époux souhaite mettre fin au mariage, la loi thaïlandaise l'autorise à divorcer sans avancer de raison. En effet, le mariage est un contrat civil.

Par conséquent, les conjoints peuvent, en suivant la procédure, modifier et annuler leur contrat par consentement mutuel. Les divorces incontestés *การหย่าโดยความยินยอมร่วมกันหรือไม่มีข้อโต้แย้ง* (on parle également de divorces administratifs) sont peu onéreux et rapides.

Rappelons que de nombreux pays de droit civil acceptent ces divorces incontestés. À l'inverse, les pays gouvernés par le Common Law (Royaume-Uni, États-Unis, Australie) qui n'acceptent pas le concept de divorce non contesté exigent une décision judiciaire.

Si les deux conjoints ne sont pas d'accord pour divorcer, le divorce sera dit contesté *การฟ้องหย่า*.

La procédure de divorce peut alors s'avérer très coûteuse et exiger l'intervention d'un avocat spécialisé dans les questions de divorce.

Le divorce incontesté
การหย่าโดยความยินยอมร่วมกันหรือไม่มีข้อโต้แย้ง

Le divorce incontesté est la forme administrative du divorce la plus fréquente en Thaïlande.

Ce divorce est préféré par les couples en raison de sa rapidité, de son efficacité et de son coût. Cependant, tous les couples ne peuvent pas utiliser ce type de divorce. Seuls ceux qui ont enregistré leur mariage en Thaïlande, peuvent bénéficier de cette option.

Le divorce par consentement mutuel doit être fait par écrit et certifié par la signature de deux témoins conformément à l'article 1514 du Code civil et commercial.

Un accord de divorce peut être conclu soit au bureau de district soit directement dans un cabinet d'avocats.

Il n'existe pas de format requis pour cet accord, l'important est que les deux parties acceptent librement de divorcer et comprennent les enjeux de cette décision en toute connaissance de cause.

C'est pourquoi un accord bilingue est essentiel pour un couple thaïlandais étranger. En vertu de la loi thaïlandaise, la présence de deux témoins pour signer l'accord de divorce est également indispensable et l'accord doit être enregistré au bureau de district.

Divorce entre Thaïlandais

Les Thaïs ont pour habitude de mettre fin à leur mariage par un divorce incontesté. Ils favorisent cette option parce qu'elle permet de prévenir tout nouveau conflit entre le mari et la femme, aussi bien qu'entre leurs familles.

Autant que possible, les couples préfèrent régler les questions à l'amiable sur le partage de garde d'enfant, le versement d'une prestation compensatoire et la propriété matrimoniale de manière privée.

Si le couple divorçant doit faire face à des questions touchant à la garde d'enfant et au partage de la propriété matrimoniale, un divorce incontesté reste toujours possible, mais il coûtera plus cher en frais d'avocat et demandera plus longtemps (six mois en moyenne).

Les époux doivent cependant parvenir à un accord de divorce où les dispositions sont expressément stipulées par écrit. Le conseil d'un avocat au sujet des droits dont chaque partie pourra jouir après le prononcé du divorce est indispensable.

L'accord du divorce doit être signé par les deux parties en présence de deux témoins valables avant le divorce. Le lieu de signature n'est pas forcément à l'état civil. Il sera alors enregistré en même temps que le divorce pour devenir exécutoire.

Dans les cas où un compromis n'a pu être trouvé entre les époux, un avocat peut aider le couple dans l'élaboration d'un accord de divorce équilibré.

Divorce entre un étranger et une personne thaïlandaise

Les mariages entre des ressortissants thaïs et des étrangers sont nombreux et se terminent parfois par des divorces.

Dans la majorité des cas, le conjoint thaï suggère un divorce incontesté si l'enregistrement du mariage a eu lieu en Thaïlande, car cette procédure est plus usitée par les Thaïs.

Les étrangers doivent prendre le soin d'étudier la chose avant d'opter pour un divorce incontesté. En effet, beaucoup de pays reconnaissent maintenant le divorce incontesté, mais seulement dans des circonstances spéciales.

Cela peut poser des problèmes plus particulièrement si l'étranger compte se remarier.

Divorce entre étrangers

Les étrangers qui veulent divorcer en Thaïlande doivent demander le conseil d'un avocat spécialisé dans les divorces pour vérifier si leurs pays d'origine respectifs reconnaissent un divorce prononcé en Thaïlande et plus spécifiquement, la forme incontestée ou administrative du divorce.

En effet, les procédures de divorce diffèrent selon les pays. Ce qui peut être valable dans un pays ne l'est pas nécessairement dans un autre.

Il est possible que certains pays permettent à leurs ressortissants d'appliquer la procédure de divorce d'un autre pays (en l'occurrence la Thaïlande), et ce, en raison de considérations spéciales comme le domicile ou la résidence.

Le couple qui souhaite divorcer devra se présenter devant le bureau d'état civil (« amphur » ou « khet ») pour la procédure. Il ne pourra pas être représenté par un membre de la famille, par un avocat, un conseil ou un notaire. La présentation personnelle est indispensable, car les parties sont tenues de répondre aux questions en ce qui concerne leur décision de rompre le mariage.

L'officier doit vérifier que leur décision a été volontaire et obtenue sans contraintes. Un traducteur peut être nécessaire si les époux ne parlent pas le thaï.

Traditionnellement, les couples devaient divorcer au même bureau d'état civil où ils ont enregistré leur mariage, mais récemment, les couples ont obtenu l'autorisation d'obtenir un divorce incontesté dans un bureau d'état civil différent de celui où le mariage a été enregistré.

Le bureau d'état civil peut cependant exiger la présentation de documents complémentaires avant que le divorce ne soit traité.

Les documents exigés pour un divorce incontesté en Thaïlande sont les suivants :

Thaï : certificat de mariage, carte d'identité, certificat d'enregistrement du foyer (Tabien Baan).

Étrangers : certificat de mariage, copie certifiée du passeport, passeport.

Le processus prend une seule journée au bureau d'enregistrement local. Ce type de divorce n'est possible que si le couple n'a pas de désaccords sur des questions cruciales telles que la garde des enfants, le paiement éventuel d'une prestation compensatoire, ses clauses de révision ou la répartition du patrimoine commun.

Les parties doivent inclure tous les aspects de leur accord dans l'accord de divorce qui sera enregistré au bureau de district.

Qui peut obtenir un divorce contesté ?

Les couples qui ont enregistré leur mariage en Thaïlande peuvent déposer une demande en divorce contesté si :

Une partie souhaite divorcer, mais pas l'autre conjoint d'où la contestation ;

Les questions relatives au partage de propriété matrimonial et à la garde des enfants ne peuvent être résolues à l'amiable entre les époux.

Les mariages non enregistrés en Thaïlande peuvent-ils être soumis à cette procédure ?

En règle générale, non.

Cependant, les couples qui n'ont pas enregistré leur mariage peuvent demander aux tribunaux thaïlandais de statuer sur leur divorce sur la base des considérations suivantes : une des parties est de nationalité thaïe ; ou une des parties a résidé ou travaillé en Thaïlande pendant une longue période de temps.

Les motifs de divorce contesté ?

Le divorce incontesté n'a pas besoin de motifs puisqu'il s'agit de la modification d'un contrat entre deux personnes.

Si les deux parties ne peuvent s'entendre sur leur divorce, la partie souhaitant divorcer doit déposer une requête auprès du tribunal.

Mais pour ce faire, elle doit avancer une raison valable pour justifier sa demande.

En effet, le fardeau de la preuve incombera à la personne demandant le divorce et elle devra comparaître devant le tribunal et expliquer, preuves à l'appui, les raisons motivant sa demande de divorce.

Nous ne sommes donc pas loin du concept de **divorce pour faute**. L'intervention d'un avocat est essentielle pour apprécier honnêtement de la force des éléments de preuve que le demandeur présentera devant la cour.

Pour le divorce contesté, le Code civil et commercial thaï prévoit notamment les motifs suivants dans l'article 1516. :

Le mari entretient ou honore une autre femme

L'épouse a commis un adultère.

Le conjoint est coupable d'inconduite (pénale ou autre).

Le conjoint a porté atteinte à la santé physique et psychologique de l'autre.

Un des conjoints a quitté le domicile conjugal depuis plus d'un an.

Un conjoint a été condamné par jugement définitif de la Cour à plus d'un an de prison ferme, ceci si l'infraction a été commise sans aucune participation, consentement ou connaissance de l'autre conjoint.

La cohabitation risque de causer à l'autre partie des blessures ou des problèmes excessifs.

Le mari et la femme vivent volontairement séparément depuis plus de trois ans.

Un conjoint a été déclaré disparu ou a quitté le domicile pendant plus de trois ans et il est incertain s'il est vivant ou décédé.

Le conjoint manque à son devoir d'assistance.

Un des conjoints a souffert sans interruption pendant plus de trois ans de problèmes mentaux difficilement curables.

Un conjoint a rompu son obligation de bon comportement.

Un des conjoints souffre d'une maladie transmissible, dangereuse et incurable qui peut causer des blessures à l'autre conjoint.

Un des conjoints est atteint d'un handicap physique qui l'empêcherait de cohabiter de façon permanente en tant que mari et femme.

Le dépôt de la demande de divorce

Pas besoin de déposer sa demande personnellement. La partie à l'initiative de la demande de divorce peut être représentée par un avocat quand elle dépose sa demande avant la saisine des cours thaïes.

Par contre, la partie à l'initiative de la demande ne peut pas être représentée par un conseil lors des audiences. Elle sera appelée à comparaître au moins une fois pour témoigner contre l'autre époux et faire valoir sa demande de divorce.

Le dépôt de la requête

La partie à l'initiative de la demande doit déposer une requête auprès de la Cour. Si elle réclame sa part de l'actif commun du couple, un dépôt représentant normalement 2 % de la valeur réclamée doit être fait à la Cour.

Par exemple, si le couple a acheté pendant le mariage un appartement et une voiture, et que ces biens sont la totalité de la propriété commune (Sin Somros *สินสมรส*) pour une valeur de 6 millions de bahts, le demandant aura le droit à réclamer 50 % de cette somme soit 3 millions de bahts dans sa demande.

Par conséquent, il devra donc faire un dépôt de 2 % de cette somme, soit 60 000 bahts, à la Cour. S'il gagne l'affaire, le juge peut ordonner à l'autre partie de rembourser ce dépôt.

Si le couple a des enfants en commun, il devra probablement se présenter d'abord à la section des mineurs qui fera un rapport qui sera transmis à la Cour.

Les divorces sont prononcés dans la division de la Cour en charge de la famille (Family Court Division).

Ce n'est qu'ensuite que la première audience à la cour aura lieu, elle constitue normalement en une séance de médiation.

Si les parties ne tombent pas d'accord, un procès sera ordonné. Si le défendeur ne se manifeste pas, les seules preuves examinées seront celles produites par le demandeur.

Si l'autre conjoint est introuvable, un divorce ex parte peut également être prononcé dans certaines circonstances et après publication d'une annonce légale.

Pour le procès, le demandeur doit être présent et le fardeau de la preuve lui incombe.

Absence d'une partie à l'audience

La Cour sera amenée à déclarer cette partie défaillante.

La partie défaillante perd alors son droit de présenter les preuves contre l'autre partie. La cour entendra et décidera de statuer uniquement sur la base des éléments apportés par la partie demanderesse.

Il est probable que dans ce cas la requête en divorce soit acceptée par la Cour.

Selon la complexité du dossier, un divorce contesté peut prendre entre 3 mois et 1 an. Cela exclut les éventuels appels et les circonstances spéciales.

Le partage des biens communs

Dans un cas de divorce, la cour abordera les questions relatives au partage de propriété matrimoniale, à la garde d'enfant et au versement éventuel d'une prestation compensatoire.

Si les conjoints parviennent à un accord amiable en ce qui concerne ces questions, la cour respectera l'accord et l'inclura simplement dans sa décision.

Cependant, si le couple ne peut pas régler à l'amiable ces questions, la cour sera forcée de les résoudre sur la base des lois thaïes.

Que faire une fois le divorce prononcé ?

Le bureau d'état civil va publier un certificat de divorce en thaï. Le divorce est alors juridiquement prononcé.

Les étrangers devront alors faire traduire cette décision (généralement en anglais) et la faire certifier par le Ministère des Affaires étrangères de la Thaïlande pour que le divorce puisse être déclaré et enregistré à leur ambassade ou leur consulat en Thaïlande si le mariage a été préalablement transcrit dans leur pays d'origine.

De son côté, l'ex-conjoint thaï doit signaler son divorce auprès du bureau d'état civil où sa naissance a été déclarée.

De plus, les femmes thaïes divorcées auront l'obligation de reprendre leur nom de jeune fille. Leur carte d'identité et leur passeport devront par conséquent être modifiés.

Changer de procédure ?

Chacune des deux parties peut retirer sa demande en divorce incontesté en faveur d'un divorce contesté, et ce, à n'importe quel moment de la procédure.

La prestation compensatoire

La pension alimentaire pour conjoint (*ค่าเลี้ยงดู*), équivalent à la prestation compensatoire française, n'est pas obligatoire en Thaïlande. Il n'existe aucune loi qui oblige le versement d'une pension alimentaire, ou qui en dicte le montant suite à un divorce.

Cependant, la jurisprudence récente soutient l'octroi d'une pension alimentaire par le conjoint responsable du divorce.

Lorsque le versement d'une pension alimentaire est envisagé dans le cadre d'un accord de divorce ou d'une demande d'un tribunal, voici les lignes directrices ou les déterminants habituels qui en guide le montant :

la durée du mariage

l'âge du conjoint bénéficiaire

la probabilité de remariage du conjoint bénéficiaire

la santé du conjoint bénéficiaire

le niveau de scolarité du conjoint bénéficiaire

l'emploi actuel du conjoint bénéficiaire, le cas échéant

l'employabilité du conjoint bénéficiaire

le mode de vie habituel du conjoint bénéficiaire

la capacité financière actuelle du conjoint payeur

la situation financière future du conjoint payeur

Ces éléments constituent simplement des lignes directrices sur ce qui peut être considéré comme un soutien raisonnable au conjoint.

GARDE DES ENFANTS

Qui décide de la garde de l'enfant ?

La question de la garde d'enfants est centrale lors d'une séparation. Elle concerne également les couples non mariés ayant eu des enfants hors mariage.

Les droits d'un couple mixte sur leurs enfants lors d'une séparation sont juridiquement assez simples, mais leur application s'avère être plus compliquée dans la mesure où, comme ailleurs dans le monde, c'est le cas par cas qui prévaut.

En ce qui concerne un couple non marié, l'autorité parentale appartient (comme en France) à la mère seule, si l'enfant n'a pas été reconnu par son père.

Dans le cas contraire, la garde est alors conjointe. Lorsque les deux parents ne s'entendent pas sur l'exercice de la garde ou du droit de visite, il faut alors saisir le juge qui se chargera de statuer.

Lorsque l'un des parents est en désaccord avec ce jugement, il doit alors prouver que le conjoint n'est pas capable d'assurer la charge de l'enfant.

Si le couple était marié, la garde des enfants appartient en principe aux deux parents conjointement. La répartition concrète de la garde des enfants et de l'exercice du droit de visite est déterminée par contrat.

Ce contrat peut être amiable, si le couple trouve un terrain d'entente ou, en cas de contentieux, être déterminé d'après le jugement des autorités locales en fonction de l'intérêt de l'enfant. Dans les deux situations, c'est la juridiction sous laquelle a été prononcé le divorce qui sera compétente.

Pour un couple franco-thaï marié sous la loi thaïlandaise (ce qui est le cas de la majorité des couples se mariant sur le sol thaïlandais, à de rares exceptions près), le divorce s'effectuera sous cette même loi, sauf si le couple réside depuis en France — il peut alors soumettre son divorce à la juridiction française qui statuera sur la garde des enfants.

Mais il faut savoir qu'un couple franco-thaïlandais dans cette situation peut rencontrer des difficultés, une fois de retour sur le sol thaïlandais, dans la mesure où il peut être difficile de faire exécuter en Thaïlande une décision appliquée en France ou à l'étranger en général.

En effet, le jugement dit d'exequatur, qui rend applicable sur le territoire français un jugement rendu à l'étranger, ne figure pas dans la loi thaïlandaise. Par conséquent, un jugement rendu en France n'est pas applicable d'office en Thaïlande.

Le cas doit donc être réexaminé par la justice locale et il est tout à fait possible que son jugement soit différent de celui rendu par la justice française.

D'une manière générale, les critères de la justice thaïlandaise déterminant le droit de garde des enfants au père ou à la mère sont similaires à ceux de la justice française. La garde d'enfants en bas âge ira généralement à la mère, que le couple soit mixte ou non.

D'un point de vue financier, à situation égale ou presque égale entre les deux conjoints, la femme sera avantagée.

Toutefois, dans le cas où la mère ne peut assurer un environnement financier, social et médical favorable à l'enfant, il est tout à fait envisageable de confier sa garde au père, même étranger.

Cela dit, on observe que pour un couple non marié, le conjoint thaïlandais est souvent privilégié lorsque le conjoint français envisage de retourner en France. En revanche, si le couple était marié, le français, même s'il choisit de retourner en France, peut se voir confier l'enfant si le juge considère que c'est dans l'intérêt de ce dernier.

Si cette dernière situation pose un problème financier au conjoint resté en Thaïlande qui l'empêche d'exercer son droit de visite à l'étranger, il est possible pour lui de faire une demande afin que ces frais soient à la charge du conjoint résident à l'étranger.

À noter enfin que dans les cas où l'enfant est capable d'un choix raisonné, la Cour peut l'écouter et entériner son choix de demeurer avec l'un ou l'autre de ses parents.

Obtenir la garde de ses enfants

Deux procédures existent : le consentement mutuel des parties ou la décision du tribunal.

Garde d'enfants acceptée par consentement mutuel

Si les parents divorcent par consentement mutuel suivant la procédure du divorce non contesté, ils devront alors établir un accord de divorce prévoyant le partage de la garde entre eux.

De plus, l'accord peut aussi inclure les droits de visite et l'assistance financière à l'enfant.

Cependant, pour que l'accord sur la garde d'enfants soit valable, il doit être signé par deux témoins et enregistré au bureau du district au moment de l'enregistrement du divorce.

Garde d'enfants pour un couple non marié

L'enfant est né hors mariage, la mère aura a priori la garde unique de l'enfant.

Si le père souhaite exercer un droit de garde de l'enfant, ce dernier devra être reconnu comme son enfant légitime.

Pour cela, le père doit enregistrer cette reconnaissance en Thaïlande au bureau du district. Si la mère et l'enfant consentent à une telle reconnaissance, alors l'enregistrement permettra au père d'obtenir la garde commune ou unique de l'enfant avec l'accord de la mère.

Garde d'enfants par décision du Tribunal

Pour un couple marié, lorsque le divorce est établi par jugement du tribunal, le juge décidera de la garde de l'enfant. Il peut également nommer un tiers comme tuteur, si l'intérêt de l'enfant le justifie.

Néanmoins, le juge peut aussi, au moment du divorce, ou plus tard, revenir sur la garde, notamment si un parent s'avère manifestement incompétent, fait preuve de manquements, ou abuse de son pouvoir parental.

Le parent n'ayant pas la garde ou le ministère public peuvent déposer une requête pour modifier la garde à tout moment.

Pour un couple non marié, si le père de l'enfant né hors mariage a effectué une reconnaissance de paternité en Thaïlande, une requête afin d'obtenir la garde pourra également être déposée.

Le tribunal, dans ce cas, décidera si le père est apte à exercer la garde partielle ou entière de l'enfant.

Les droits de garde prévus

Selon le Code civil et commercial thaï (CCCT), le terme utilisé pour les droits de garde est celui de «pouvoir parental».

Le pouvoir parental est exercé par le père, la mère, ou un tiers qui est un tuteur légal de l'enfant jusqu'à ce qu'il atteigne la majorité (20 ans).

La personne exerçant le pouvoir parental dispose des prérogatives suivantes :

Déterminer le domicile de l'enfant

Éduquer l'enfant raisonnablement

Exiger que l'enfant travaille, en accord avec ses capacités et son statut

Gérer la propriété de l'enfant.

Pour la vente, l'hypothèque et l'échange de propriété appartenant à l'enfant, il faudra obtenir l'approbation préalable du tribunal.

Ceci afin de protéger l'enfant d'une spoliation.

Le soutien financier aux enfants

En vertu du droit de la famille thaïlandais, les deux parents sont tenus de soutenir financièrement et d'entretenir leurs enfants jusqu'à la majorité légale (20 ans).

Lorsque les enfants vivent avec leurs deux parents, le problème de la pension alimentaire pour un enfant ne se pose pas.

Cette question survient lors de la séparation et lorsque l'enfant est né hors mariage. Généralement, la pension alimentaire pour enfants et la garde des enfants peuvent être décidées par accord écrit ou par ordonnance du tribunal.

La pension alimentaire pour l'enfant doit être utilisée pour ses dépenses, y compris la nourriture, le logement, les vêtements, les dépenses médicales et les besoins éducatifs, mais elle ne doit pas être utilisée pour les besoins du parent en charge de la garde de l'enfant.

Pension alimentaire pour parents divorcés

La question de la pension alimentaire pour enfants peut être décidée par les parents dans l'accord de divorce. Le montant de la pension alimentaire et le mode de paiement seront alors fixés en accord entre les deux parents.

Pour être valide, l'accord signé en présence de deux témoins doit être enregistré auprès du bureau de district au moment de l'enregistrement du divorce.

Lorsque la question de la pension alimentaire pour enfants ne peut être réglée par un accord amiable, le tribunal ordonne le plus souvent au parent non gardien de verser au parent ayant la garde un montant fixé comme soutien financier.

L'un des parents peut cependant demander une pension alimentaire pour enfants même en cas de garde conjointe ou de partage des responsabilités parentales.

Fondamentalement, le tribunal décidera du montant de la pension alimentaire et du mode de paiement en tenant compte de la condition de l'enfant et de la capacité financière du parent payeur.

Il est clair qu'en cas de forte disparité de revenus entre un parent étranger et un parent thaïlandais à faible revenu le calcul ne se fera pas à l'avantage du parent étranger.

Si le parent non gardien ne paie pas la pension alimentaire comme convenu (accord de divorce ou décision du juge), le gardien a le droit de déposer une requête auprès du tribunal pour exiger l'exécution de cet accord.

Pension alimentaire pour enfant né hors mariage

Lorsqu'un enfant naît hors mariage, le père biologique de l'enfant n'est pas tenu par la loi de fournir un soutien financier.

Toutefois, il n'est pas interdit au père de conclure une entente sur le paiement de la pension alimentaire pour enfants avec la mère de l'enfant, et cette entente est exécutoire lorsqu'elle est enregistrée auprès du bureau de district.

Autre possibilité, la légitimation de la paternité de l'enfant en Thaïlande est portée par la mère devant le tribunal. Celui-ci fait une recherche en paternité.

Ce n'est qu'ensuite que le tribunal décidera des questions concernant la légitimation, la garde des enfants et la pension alimentaire dans cette affaire.

Changement de situation du parent payeur

Si la situation financière du parent payeur de la pension change (chômage, revers de fortune, retraite…), celui-ci peut déposer une requête auprès du tribunal qui a accordé la pension alimentaire pour la réduire ou la réaménager.

En cas de non-paiement d'une pension par un étranger que se passe-t-il ?

Si la personne possède des biens mobiliers ou immobiliers en Thaïlande, le tribunal ordonnera une saisie (comptes, titres, appartements) suivie d'une vente aux enchères de ces propriétés. Le produit de l'enchère servira à payer la pension alimentaire.

Mieux vaut pour le parent défaillant procéder lui-même à cette vente, si elle est nécessaire, car les prix obtenus en ventes publiques sont rarement intéressants pour le vendeur.

En l'absence de propriété en Thaïlande, le tribunal thaïlandais travaillera en coopération avec le tribunal du pays d'origine où une propriété est éventuellement située pour la saisir (comptes, propriété immobilière) et la vendre pour régler les paiements de pension alimentaire pour enfants.

Bien entendu, ces procédures sont beaucoup plus longues et incertaines.

DÉCÈS ET SUCCESSION

Les démarches en cas de décès

Le décès d'un ressortissant étranger doit impérativement être déclaré à l'état civil local dans les mêmes conditions que le décès d'un citoyen Thaïlande.

Un acte de décès est alors établi. Les services consulaires du pays d'origine pourront alors transcrire l'acte de décès thaïlandais dans le registre d'état civil du pays d'origine.

Des copies d'acte de décès certifiées conformes à l'original pourront alors être émises par le consulat. Par la suite, les proches pourront se procurer ce document auprès de ce service d'état civil.

Pour les citoyens français, la démarche est possible auprès du service central d'état civil à Nantes ou auprès du poste diplomatique et consulaire de à Bangkok.

L'établissement de l'acte de décès n'est pas obligatoire pour la France, mais il est fortement recommandé, car il permettra à la famille d'effectuer un certain nombre de démarches en France (successions, pension de retraite ou salaires, réversion, assurance-décès des emprunts en cours…).

Idéalement, il importe de communiquer à l'avance aux autorités consulaires le choix du défunt pour les funérailles (crémation ou rapatriement du corps).

Idéalement ce choix peut figurer dans les volontés testamentaires.

Il faut savoir que le rapatriement par défaut du corps est très coûteux et qu'il sera facturé à la famille du défunt.

Ordre d'héritage sans testament

En l'absence de testament valide, la loi thaïlandaise (règles ab intestat) déterminera l'affectation des biens de la personne décédée.

En vertu des lois sur l'héritage thaïlandais, cela signifie généralement que les biens seront répartis entre les héritiers légaux.

En vertu de l'article 1629 du Code civil et commercial de Thaïlande, il existe 6 catégories d'héritiers légaux qui possèdent le droit d'hériter dans l'ordre suivant :

- Descendants
- Ascendants
- frères et sœurs de sang total
- Frères et sœurs de sang mêlé
- grands-parents
- Oncles et tantes

Le conjoint survivant est un héritier statutaire, sous réserve des dispositions spéciales de l'article 1635 du code civil et commercial.

Les lois thaïlandaises sur l'héritage désignent les héritiers ab intestat. Un héritier ab intestat est l'héritier de droit en l'absence de testament. Ab intestat est une expression latine signifiant « qui n'a pas fait de testament ». Les héritiers sont alors désignés par le Code civil.

Tant qu'un héritier survit dans l'une des classes, l'héritier de la classe inférieure n'a pas droit au partage des biens du défunt. La seule exception est lorsqu'il existe un descendant et un parent, auquel cas ils prennent une part égale (section 1630). S'il y a plus d'un héritier dans une classe, ils prennent une part égale du droit de cette classe.

Le conjoint survivant est un héritier statutaire, mais son droit dépend des autres catégories d'héritiers légaux. S'il y a des enfants survivants au défunt, le conjoint et les enfants partagent la succession entre eux par parts égales.

Par conséquent, s'il y a trois enfants, la succession est divisée en quatre parts égales.

Les testaments étrangers légaux sont acceptés dans les juridictions thaïlandaises sous réserve d'être traduits et autorisés au ministère des Affaires étrangères, mais la procédure légale pour l'appliquer peut prendre beaucoup de temps.

L'exécution d'un testament étranger en Thaïlande est toujours soumise à une procédure judiciaire longue. Par conséquent, il est préférable d'établir un testament en Thaïlande.

Le testament et l'ordre de succession ?

L'exhérédation (le fait de déshériter une personne) au sens premier du terme est devenue impossible en France en ce qui concerne les descendants, puisqu'une réserve leur est automatiquement accordée. Il faut savoir que ce n'est pas le cas en Thaïlande.

Le code civil et commercial thaïlandais stipule que l'exhérédation d'un héritier ne peut se faire que par une disposition expresse d'un testament, ou par un écrit déposé auprès du fonctionnaire compétent.

En outre, l'identité de l'héritier exclu doit être clairement indiquée dans le testament ou dans l'acte écrit mentionné ci-dessus.

Néanmoins, il est sous-entendu que lorsque le testateur distribue tous ses biens par testament, tous les héritiers qui ne sont pas inclus dans le testament sont considérés comme déshérités.

Contrairement à ce qui se passe dans d'autres pays, le Code civil et commercial thaïlandais ne prévoit pas de motifs spécifiques pour déshériter un héritier légal.

Par conséquent, c'est le bon vouloir exprimé par le rédacteur du testament qui prévaut sans devoir de justification.

Par contre, le Code civil et commercial prévoit des motifs pour lesquels un héritier peut être automatiquement exclu par la loi de sa part d'héritage.

Quelle différence avec la France ?

Selon l'article 912 du Code civil français : La réserve héréditaire est la part des biens et droits successoraux dont la loi assure la dévolution libre de charges à certains héritiers dits réservataires, s'ils sont appelés à la succession et s'ils l'acceptent.

Autrement dit, il existe une part, dite réserve, du patrimoine d'un individu qui est obligatoirement destiné à ses enfants. Par conséquent, on ne peut donc pas déshériter complètement un enfant.

La quotité disponible est la part des biens et droits successoraux qui n'est pas réservée par la loi et dont le défunt peut disposer librement.

Autrement dit, la quotité disponible est la part du patrimoine d'un individu qu'il peut léguer comme bon lui semble. Ainsi, la loi française est un entre-deux. On ne peut pas déshériter un enfant, mais on peut le désavantager.

Chaque enfant a droit à une part dite « réservataire » des biens que laissent ses parents :

la moitié des biens s'il n'y a qu'un enfant ;

le tiers, s'ils sont deux,

le quart, s'ils sont trois ou plus.

Cette règle française est un legs de la Révolution française qui voulait supprimer les règles d'Ancien Régime (privilège de masculinité et de primogéniture).

Les révolutionnaires n'ont pas voulu donner au testataire une pleine liberté d'action et ont opté pour un droit des successions fondé sur l'égalitarisme des successeurs, avec le risque d'aboutir à un morcellement du patrimoine et des propriétés agricoles.

Rien de tel en Thaïlande qui applique des règles plus proches de celles de l'Ancien Régime ou des pays de *Common Law* (États-Unis, Royaume-Uni, etc.) : le testateur demeure pleinement libre de disposer de ses biens et donc de ses choix en matière d'héritage.

Les différents types de testaments ?

Le testament permet de déclarer la volonté d'une personne (le testateur) quant à la disposition de ses biens ou succession et effets après sa mort.

Pour être valide, il doit être fait par une personne libre et saine d'esprit sous l'une des formes prescrites au chapitre II des articles 1655 à 1672 du Code civil et commercial.

1) Le testament le plus courant en Thaïlande est un écrit de ses dernières volontés (Last Will), daté et signé par le testateur en présence d'au moins 2 témoins qui signent de leurs noms pour certifier la signature du testateur (section 1656 du code civil et commercial). Il n'est pas nécessaire qu'un tel testament soit notarié ou enregistré pour qu'il soit légalement valide.

2) Un testament peut également être fait en tant que document public à l'amphur local — à Bangkok, ces bureaux publics locaux sont appelés Khet — par une déclaration à l'officier public concerné. Le testateur doit déclarer ses volontés (en thaï) à un officier public qui doit les enregistrer dans un testament en thaï (article 1658 du code civil et commercial). Le fonctionnaire doit alors le relire au testateur et aux témoins qui doivent signer le testament rédigé par l'officier public. Ce mécanisme est

déconseillé pour les étrangers, car il exige de savoir lire le thaïlandais.

3) Un dernier testament peut être fait au même amphur par un document secret. Le testateur dans ce cas doit fermer le document (son dernier testament), le signer et le remettre au fonctionnaire (article 1660 du code civil et commercial). Deux témoins doivent également signer le document fermé et le fonctionnaire scellera le testament fermé.

4) La loi prévoit dans certaines circonstances exceptionnelles telles qu'un danger de mort imminent ou lorsque la personne est empêchée de faire son testament sous l'une des formes prévues au chapitre II articles 1655 à 1672 du Code civil et commercial que celle-ci puisse faire oralement un testament valide.

5) Une personne peut également faire un testament holographique, c'est-à-dire un testament écrit entièrement par le testateur lui-même, y compris la date de rédaction et la signature du testateur (section 1657 du Code civil et commercial).

Qui peut être témoin d'un testament ?

Les témoins sont au sens du droit romain des « témoins instrumentaires ».

Cet adjectif vient du latin « instrumentum » qui qualifie le support matériel qui constitue la preuve d'un évènement ou du contenu des conventions conclues entre les parties.

« Instrumentaire » qualifie ce qui se rapporte à la **preuve écrite**.

On peut qualifier d'« agent instrumentaire » un huissier lorsqu'il dresse un simple constat.

Les « témoins comparaissant dans un acte authentique sont dits témoins instrumentaires ». Leur témoignage est nécessaire à la validité de certains actes comme les testaments en Thaïlande.

Ils peuvent être thaïlandais ou étrangers. Mais nous conseillons de préférer des témoins qui seront présents en Thaïlande à long terme.

En effet, en cas de contestation d'un testament, la présence des témoins peut être requise par une juridiction chargée de trancher un conflit. Si le témoin est un étranger qui a quitté le pays, sa présence posera problème.

De plus, le témoignage devra être en thaïlandais. Avec un témoin étranger, il faudra prévoir en plus un traducteur/interprète.

De plus, mieux vaut que les témoins soient des personnes jeunes et en bonne santé pour être encore vivantes au moment du décès du testateur.

Nous conseillons donc de prendre des témoins de nationalité et de langue thaïlandaise jeunes, en bonne santé et ayant reçu une bonne éducation pour pouvoir apporter leur témoignage au tribunal.

Les personnes suivantes ne peuvent pas témoigner d'un testament (section 1670) :

- Mineurs
- Personnes aliénées ou quasi incompétentes ne jouissant pas de leur pleine capacité juridique suite à une ordonnance de la Cour. Cela exclut les personnes placées sous des régimes comparables à la tutelle ou la curatelle.
- Personnes sourdes, muettes ou aveugles
- Bénéficiaires du dernier testament et conjoints de ceux-ci.

Qui peut être exécuteur testamentaire ?

L'exécution ou l'administration d'un testament en Thaïlande est soumise à la nomination d'un administrateur par le tribunal qui détermine si le testateur a fait un testament valide.

L'exécuteur testamentaire est une personne désignée par le testateur pour « exécuter » ses dernières volontés. En principe, l'exécuteur testamentaire n'a pas la libre disposition des biens du défunt.

Il peut simplement procéder à l'inventaire du patrimoine ou encore prendre des mesures conservatoires. Par exemple, il peut vendre certains biens mobiliers pour régler les frais de succession ou des dettes urgents, etc.

Dans un certain nombre de cas, ses pouvoirs peuvent être étendus (actes de gestion, vente de biens pour régler la succession ou en payer les droits).

La mission de l'exécuteur testamentaire peut être bénévole ou rémunérée, comme cela est le cas si c'est un cabinet d'avocats.

Pour éviter un conflit d'intérêt et des malversations, un exécuteur testamentaire ne peut pas normalement acquérir les biens qu'il est censé gérer lors d'un héritage.

Ne peuvent être administrateurs ou exécuteurs testamentaires, les personnes suivantes :

- Mineurs
- Personnes aliénées ou ne jouissant pas de leur pleine capacité juridique suite à une ordonnance de la Cour. Cela exclut les personnes placées sous des régimes comparables à la tutelle ou la curatelle.
- Personne en faillite en vertu d'un jugement de la Cour

Si aucune volonté légale valide n'a été faite, c'est-à-dire que les biens du défunt ne sont pas cédés par un testament légal, la succession sera répartie entre les héritiers statutaires conformément aux lois sur la succession légale.

Rédiger un testament en Thaïlande

Les étrangers ayant des actifs en Thaïlande peuvent choisir de faire un testament thaïlandais spécifique pour leurs actifs en Thaïlande.

Le document détaillera vos actifs en Thaïlande, tels que les biens immobiliers, les comptes bancaires, les véhicules et les objets personnels. Celui-ci sera limité à la juridiction de la Thaïlande et exclura expressément les actifs hors de Thaïlande (patrimoine mondial).

Habituellement, à la mort d'un étranger en Thaïlande, l'agent du gouvernement demande à la famille une copie du testament ou il recherche l'avocat ou l'exécuteur testamentaire pour obtenir ce document.

Avoir un testament rédigé dans son pays d'origine pour traiter de la transmission des biens en Thaïlande peut être problématique et contraignant pour la famille, car les documents devront être traduits, notariés et approuvés par un organisme gouvernemental.

Avoir un testament séparé pour les biens en Thaïlande est donc essentiel. Il faut noter également que l'imposition des successions en Thaïlande est nulle ou symbolique.

Toutefois, le bénéficiaire devra payer des frais au Land Office lors du transfert des titres de propriété à son nom.

La rédaction d'un testament permet de s'assurer qu'au moment du décès, les biens du défunt en Thaïlande seront répartis selon ses souhaits et non d'une manière qui ne lui convient pas.

La loi thaïlandaise permet une grande souplesse dans le choix de ses héritiers, faut-il encore qu'un testament valide soit rédigé.

Un testament devra inclure :

- Les informations personnelles du testateur,
- les coordonnées des bénéficiaires,
- les détails des bénéficiaires remplaçants (non requis)
- le nom d'un exécuteur testamentaire (non requis)
- le nombre d'exemplaires originaux du testament et le lieu où ceux-ci sont conservés

- les noms et les coordonnées de deux témoins de confiance avec les copies de leurs pièces d'identité.
- Exigences funéraires, et notamment ce qui adviendra du corps. En l'absence de dispositions en ce sens, il arrive que les services consulaires rapatrient d'office le corps d'un étranger vivant en Thaïlande à ses frais ou plutôt aux frais de ses héritiers.

Le coût de ce rapatriement est élevé (plusieurs milliers d'euros). Il est donc plus prudent de prendre ses dispositions à l'avance notamment en cas de souhait d'une crémation.

Une copie de ce souhait pourra être faite aux services consulaires du pays d'origine.

Les biens acquis avant le mariage

En cas de décès d'une personne, les biens acquis avant le mariage sont sa propriété propre et pas celle du couple.

Si cette personne possède un descendant né avant son mariage, les biens acquis avant le mariage seront traités différemment en cas de décès.

Il importe de faire un état de ces biens au moment du mariage afin de disposer d'un état patrimonial précis.

Les biens possédés à l'étranger

Le conjoint d'un étranger décédé ou ses enfants vivant en Thaïlande peuvent faire valoir leurs droits à la succession du défunt dans les différents pays où se trouvent ces biens.

Les biens seront cependant soumis aux règles de succession en vigueur dans les différents pays où ils se trouvent. Ceci notamment en fonction de l'existence de testaments locaux ou d'un testament mondial, de la présence d'autres héritiers (enfants légitimes ou naturels).

Pour éviter des procédures longues et complexes, il est conseillé aux personnes jouissant d'un patrimoine conséquent réparti entre différents pays — et donc entre différentes juridictions — d'établir à l'avance les documents légaux permettant une répartition de ces biens.

Ceci limitera les conflits de succession qui peuvent être longs et complexes. La nomination d'un exécuteur testamentaire est également conseillée.

Les droits de succession

Historiquement, la Thaïlande est un pays qui ne taxait pas les successions. Un privilège contesté par certains, car il contribuait à accentuer la concentration des patrimoines entre les mains de quelques centaines de familles.

C'est la raison pour laquelle, le gouvernement a adopté la première loi fiscale du pays sur les successions. La loi a été publiée dans la Gazette royale (l'équivalent du Journal officiel) le 5 août 2015, de telle sorte que la date d'entrée en vigueur soit effective 181 jours plus tard, c'est-à-dire le 1er février 2016.

Les droits de succession sont nuls entre époux.

Ils sont de 5 % pour les ascendants ou les descendants et de 10 % pour les autres. Ils ne sont prélevés que sur des actifs nets (le passif est déduit) d'une valeur supérieure à 100 millions bahts.

La taxe est perçue sur les héritiers qui sont soit des particuliers, soit des personnes morales thaïlandaises.

Cette taxe est également appliquée aux ressortissants étrangers qui possèdent des biens situés en Thaïlande, ceci qu'ils résident ou pas en Thaïlande.

Pour contrer la possibilité de contourner le nouvel impôt sur les successions, un impôt sur les donations a également été introduit en modifiant les types de revenus exonérés d'impôt dans le Code des impôts thaïlandais.

Ce nouvel impôt est entré en vigueur à la même date que la Loi sur l'héritage.

La définition d'un « don » en vertu du TRC (Thai Revenue Code ou code des impôts) a été modifiée par le décret royal no 40.

Jusqu'au 31 janvier 2016, les types de revenus exonérés de l'impôt sur le revenu des particuliers comprenaient les revenus d'entretien provenant d'obligations morales, d'héritages ou de dons reçus lors d'une cérémonie ou à d'autres occasions, conformément à la coutume établie.

À compter du 1er février 2016, cet article de la loi exonère d'impôts uniquement les types de revenus suivants :

– La part des revenus d'héritage avec un plafond de 100 millions de bahts au titre de l'article 12 de la loi sur les droits de succession par année d'imposition ;

– Les revenus provenant du transfert du droit de propriété ou de possession sur un bien immobilier sans contrepartie parentale à un enfant légitime non adopté, pour un montant maximal de 20 millions de bahts par année d'imposition :

– Les revenus provenant de l'entretien ou du don des ascendants, descendants ou conjoint, pour un montant maximal de 20 millions de bahts par année d'imposition ;

– Les revenus provenant de l'entretien à des fins morales, ou les sommes reçues lors d'une cérémonie (mariage, dot, etc.) ou à des occasions selon la coutume et la tradition de personnes non ascendantes, descendantes pour un montant maximal de 10 millions de bahts par année d'imposition

– Les revenus provenant de dons reçus à des fins religieuses, éducatives ou publiques conformément aux règles et aux conditions d'un règlement ministériel en cours de publication.

La déclaration doit être transmise au fisc dans les 150 jours suivant le décès. Tout retard dans le paiement de cette taxe fera l'objet d'intérêts légaux au taux de 1,5 % par mois ou fraction de mois.

Le décret royal n° 40 prévoit également une option pour les contribuables recevant un revenu dépassant les seuils indiqués à payer l'impôt au taux de 5 % (flat tax) au lieu d'être taxé à leur taux marginal d'imposition.

Les contribuables qui le font peuvent déduire ce montant de leur revenu imposable dans leur calcul de l'impôt annuel à payer.

On voit que dans les faits, les montants qui peuvent être transférés par donation ou héritage à des proches sans taxation sont considérables.

Succession pour des biens immobiliers détenus par un étranger

Un étranger ne pouvant posséder de terrain, il ne peut le transmettre par héritage.

Par contre, il peut hériter d'un terrain possédé par son épouse. Tout héritier statutaire étranger (conjoint étranger) doit vendre le terrain dans un délai d'un an en vertu de l'article 94 de la loi sur le code foncier.

Succession pour un bien en copropriété

L'article 19 (7) de la loi sur les condominiums de la Thaïlande divise les héritiers étrangers et les légataires des copropriétés en personnes qualifiées et non qualifiées pour l'enregistrement de la propriété.

Les héritiers ou légataires étrangers qualifiés en vertu du paragraphe 19 (1) peuvent enregistrer la propriété d'un condominium à moins que l'inscription au nom de l'étranger ne dépasse le quota de propriété étrangère dans le condominium.

Dans ce cas, **l'unité devra être cédée par l'étranger dans un délai d'un an** à compter de la date d'acquisition de cette unité en copropriété par voie d'héritage.

Les étrangers éligibles en vertu du paragraphe 19 (1) de la loi sur les copropriétés sont :

Les étrangers autorisés à résider dans le Royaume en vertu de la loi sur l'immigration (qualifiés pour détenir la propriété dans le quota de propriété étrangère d'un condominium).

Les étrangers autorisés à entrer dans le Royaume en vertu de la loi de promotion des investissements (qualifiés pour détenir la propriété dans le quota de propriété étrangère d'un condominium).

Les personnes morales, telles que prévues aux articles 97 et 98 du Code foncier, et personnes morales enregistrées en vertu de la loi thaïlandaise (qualifiées pour détenir la propriété dans le quota de propriété étrangère d'un condominium).

Les personnes morales qui sont des étrangers en vertu de l'article 4 de la loi sur les affaires étrangères et ont obtenu un certificat de promotion en vertu de la loi de promotion des investissements (qualifié pour détenir la propriété dans le quota de propriété étrangère d'un condominium).

Les étrangers, ou les personnes morales considérées par la loi comme des étrangers, qui ont apporté des devises dans le Royaume ou retiré de l'argent du compte en bahts des personnes qui résident en dehors du Royaume, ou retiré de l'argent du compte en devises étrangères (qualifié pour détenir la propriété étrangère quota d'un condominium).

Les héritiers ou légataires étrangers non qualifiés sont tous les autres. Par exemple, une personne physique étrangère résidant à l'étranger.

Ces héritiers notifieront par écrit le fonctionnaire compétent (le bureau foncier local ou provincial) dans un délai de soixante jours à compter de la date d'acquisition de la propriété. Ils disposeront d'une année pour céder cette unité.

Dans la pratique, cela signifie que la majorité des étrangers qui héritent d'une unité de condominium en Thaïlande ne peuvent pas enregistrer la propriété et doivent vendre l'appartement dans l'année suivant l'acquisition par héritage.

Héritage des baux de type *leasehold*

Le bail (location de biens) est un droit de contrat personnel du locataire. Il suit le principe général de la loi thaïlandaise qui établit que le contrat de location est résilié au décès du locataire.

Si la structure de location n'inclut pas de dispositions nécessaires en cas de succession alors le bail sera définitivement résilié au décès du locataire.

Lorsqu'une succession est prévue dans le contrat de location, les héritiers du locataire ont alors le droit de réclamer l'exécution directement au bailleur qui a signé le contrat de bail (article 374 du Code civil et commercial), mais ce n'est pas automatiquement le cas avec les successeurs du bailleur.

Pour éviter d'éventuelles complications, il est recommandé d'inclure les colocataires (par exemple les membres d'un couple) dans le contrat de location, afin que ceux-ci puissent poursuivre le bail de façon autonome en cas de décès de l'un des locataires.

Une société peut-elle posséder un bien foncier ?

Jusqu'aux lignes directrices des bureaux fonciers publiées en 2006 conjointement par le ministère de l'Intérieur et le Land Office, il était fréquent que les étrangers créent une société thaïlandaise pour l'achat de terrains ou de condominiums au-delà du quota de propriété étrangère en Thaïlande.

Tant que la société détenait une participation majoritaire thaïlandaise, elle était traitée comme toute autre société thaïlandaise et ne souffrait pas des restrictions à l'achat d'une propriété par un étranger.

Désormais, le gouvernement restreint cette utilisation illégale des sociétés thaïlandaises et des structures d'actionnariat avec portage pour les étrangers.

En vertu des nouvelles réglementations applicables aux bureaux fonciers et aux services d'enregistrement des entreprises, les fonctionnaires doivent désormais suivre certaines procédures lorsqu'ils sont confrontés à une société thaïlandaise comprenant des actionnaires étrangers ou un administrateur étranger autorisé à signer ou cosigner au nom de la société.

En théorie, ces nouvelles procédures doivent empêcher ou au moins complique l'utilisation illégale d'actionnaires thaïlandais et de sociétés-écrans par des étrangers.

Dans la réalité, quand un étranger en vertu des nouvelles procédures de bureau de la terre achète une propriété en Thaïlande à travers une société thaïlandaise, il n'apparaîtra généralement pas sur les documents de constitution de la compagnie (Mémorandum d'association/liste des actionnaires) et passe donc au travers de la péocédure mise en place par le Land Office.

Ce n'est qu'ensuite, après transfert de la propriété foncière à la société 100 % thaïlandaise, que jusqu'à 49 % des actions (de préférence) seront transférées à l'actionnaire étranger, propriétaire réel de fait.

Si ce montage est fréquent, il faut noter qu'une société thaïlandaise formée dans le but de contourner la loi sur la propriété étrangère du foncier est illégale. Elle relève de l'abus de droit.

Une entreprise qui possède un bien immobilier doit apparaître comme une société active normale qui mène une activité commerciale réelle, tient des assemblées annuelles, dépose des bilans annuels et tient une comptabilité.

Une société partiellement étrangère doit se conformer aux lois commerciales. Il ne peut s'agir d'une société holding dormante ayant pour seul but la détention de biens fonciers pour le compte de l'étranger (ce serait illégal).

Héritage et contrôle de « société ad hoc »

Si l'administrateur étranger et actionnaire minoritaire d'une société thaïlandaise à responsabilité limitée décède, les actionnaires thaïlandais ne peuvent revendiquer la propriété des actifs de la société.

Les héritiers peuvent exiger le transfert des actions du défunt, mais par contre, le statut d'administrateur ne leur sera pas automatiquement transféré.

Légalement, dans une société normale, une assemblée générale des actionnaires doit être convoquée et une décision des actionnaires réunis en assemblée est nécessaire pour nommer un nouvel administrateur.

De nombreux étrangers, en particulier avant 2006, ont créé des sociétés thaïlandaises pour obtenir la propriété de terres en Thaïlande en leur nom.

Dans ce cas, l'étranger est légalement considéré comme le principal et le véritable propriétaire des actions et des biens.

La société et les actionnaires nominés thaïlandais sont considérés comme son agent détenant le terrain (via les actions) en son nom.

C'est ce qui est illégal dans cette structure, mais comme l'entreprise (différente d'une société normale) détient les actifs pour le compte de l'étranger, la société doit céder les biens immobiliers aux héritiers de l'étranger décédé pour revenir dans le cadre de la loi.

Sinon, d'éventuels héritiers étrangers, en tant que propriétaires réels par succession, ont le droit de réclamer les biens de la société par une action en justice, mais une fois qu'ils auront obtenu gain de cause, ils devront vendre les biens immobiliers en vertu de la loi sur le code foncier dans un délai d'un an.

Succession pour un héritier mineur

En Thaïlande, la majorité est fixée à 20 ans, et pas 18 ans comme en France.

Concernant l'option successorale, un mineur peut cependant accepter une succession si l'actif de la succession est supérieur au passif de celle-ci.

Par contre, il ne possède pas la capacité d'exercice, notamment concernant l'administration de ses biens. Cela signifie qu'il ne peut pas exercer ses droits par lui-même. Il n'est donc pas apte à gérer personnellement son patrimoine.

Dans le cas où tes enfants héritent alors qu'ils sont encore mineurs, il faut prendre en compte plusieurs éléments pour préserver leur patrimoine.

À ce titre la loi thaïlandaise est inspirée du Code civil qui existe en France et les mécanismes sont proches.

Une fois que le mineur a accepté la succession, l'exécuteur testamentaire va transférer à son nom les différents biens immobiliers et mobiliers. Seul problème, le mineur ne pourra pas les gérer ni les vendre.

En principe, les biens des enfants mineurs sont administrés par **leurs parents encore en vie**, qu'ils détiennent ou pas l'autorité parentale.

Il faudra cependant que le parent obtienne ce droit auprès d'un tribunal, mais, en tant que parent biologique, il lui sera généralement accordé.

Cependant pour certains actes importants, par exemple la vente d'un bien immobilier, il faudra que le tuteur obtienne l'accord préalable de la cour. Pour cela, le tuteur devra motiver sa demande : par exemple, il n'a plus assez de revenus pour subvenir aux besoins de la famille.

Il y a donc bien un contrôle sur les biens des mineurs, mais, dans les faits, ce contrôle n'empêche pas des dépenses inconsidérées, notamment en tirant sur les comptes bancaires.

Si les deux parents décèdent, l'enfant mineur devient orphelin. En l'absence de testament, la tutelle est généralement accordée par le tribunal à un membre de la famille (oncle, tante).

Désignation d'un tuteur

La désignation du tuteur peut avoir été anticipée par un des parents dans son testament.

Il faut bien sûr que le tuteur ait donné son accord. Idéalement, une lettre d'accord serait un élément pris en compte par le tribunal qui, de toute façon, validera, ou pas, la tutelle.

Il n'existe pas de conflit de loi sur ce point entre la Thaïlande et la France (Act on conflict of laws, B.E. 2481 datant de 1938), mais il faudra intégrer à cette tutelle les biens mobiliers, car la section 32 spécifie que la tutelle se fait sous la loi thaïlandaise uniquement pour les biens immobiliers.

Section 32.

Les cas dans lesquels le mineur, n'ayant aucun parent exerçant la puissance parentale, peut être mis sous tutelle, les devoirs et les pouvoirs du tuteur et les cas où la tutelle est terminée sont régis par la loi de la nationalité de ce mineur. Toutefois, en ce qui concerne les biens immobiliers, les pouvoirs du tuteur pour traiter ces biens sont régis par la loi du lieu où ces biens sont situés.

Quant au mineur de nationalité étrangère ayant son domicile ou sa résidence en Thaïlande, il peut être placé sous tutelle conformément à la loi thaïlandaise s'il apparaît que, dans les circonstances de l'espèce, les intérêts de ce mineur ne peuvent être efficacement protégés par l'organisation et la gestion de la tutelle en vertu de la loi étrangère.

Pour les biens mobiliers, une solution simple serait que le tuteur soit la même personne dans la loi thaïlandaise et étrangère.

Le tuteur désigné sera en charge de la gestion du patrimoine du mineur jusqu'à sa majorité. Il agira au nom du mineur, mais devra obtenir l'autorisation du tribunal pour vendre des biens immobiliers appartenant à la succession.

Une fois que le tuteur est désigné par la cour, il dispose de trois mois pour organiser les comptes des héritiers sous tutelle, sous peine de se voir retirer la tutelle.

Si le mineur a plus de quinze ans, le tuteur doit se coordonner avec lui pour organiser la gestion des biens.

Chaque année, le tuteur devra envoyer un état de la situation des biens sous tutelle à la cour.

DOUANES

Les règles de douane du Royaume.

Ce qui est totalement interdit

Drogues, armes et explosifs, objets et littérature obscènes et pornographiques : livres, photos, DVD, contrefaçons ou articles piratés.

Les cigarettes électroniques sont interdites en Thaïlande en raison de la perte de revenus fiscaux qu'elles induisent pour l'état. Les contrevenants risquent jusqu'à cinq ans de prison et 500 000 bahts d'amende pour possession de cigarette électronique, et jusqu'à dix ans et un million de bahts d'amende en cas de vente.

Dans les faits, une tolérance existe (entrée et utilisation), mais, comme toutes les tolérances, elle dépend de la bonne volonté des policiers. Par ailleurs, il est également difficile, voire impossible, de trouver des liquides. Dans le doute, nous recommandons d'éviter une utilisation en public.

Ce qui est limité

Tabac : 200 cigarettes OU 250 g de tabac par passager majeur. Au-delà, il faut déclarer et payer les taxes.

Alcool : un maximum de 1 litre de boisson alcoolisée — sans limite de degré d'alcool — par passager majeur. Au-delà, il faut déclarer les quantités importées et payer les taxes.

Cartes à jouer : elles sont taxées — 30 bahts/100 cartes.

Médicaments personnels : remplir le formulaire de douane et fournir l'ordonnance du médecin-prescripteur.

L'importation d'aliments est soumise à licences d'importation. Théoriquement, on ne peut amener d'aliments.

Les devises doivent être déclarées si leur montant dépasse l'équivalent de 20 000 USD. Aucune taxation n'est prévue.

Ce qui est libre

Effets personnels, appareils photo, téléphones portables, ordinateurs, baladeurs MP3 (un seul appareil de chaque type par passager). Animaux domestiques (vivants) avec leurs papiers/vaccination à jour.

Pour les effets personnels, la quantité doit être raisonnable. Il n'existe aucune limite claire, celle-ci étant laissée à l'appréciation du douanier. Dans tous les cas, il existe une franchise de 10 000 bahts soit environ 250 euros. Au-delà, les marchandises doivent donc être déclarées et elles sont taxées.

La procédure

Les douanes thaïlandaises ont mis en place deux voies : « Nothing to Declare » (Rien à déclarer) en vert et « Goods to Declare » (Marchandises à déclarer) en rouge. Prenez celle qui vous concerne. Les contrôles rares sont aléatoires (scanner). Les articles non déclarés seront saisis et l'amende peut atteindre jusqu'à quatre fois la valeur des produits saisis plus des frais.

Peut-on importer des animaux ?

Les animaux doivent disposer de certificats de santé établis en anglais par un vétérinaire et visés par l'autorité compétente du pays d'origine, décrivant : le nombre des animaux et l'espèce ; la race, le sexe, l'âge, leur pelage, ou l'identification des animaux ; le nom et l'adresse du propriétaire ou du chenil d'origine ; le certificat sanitaire.

Les animaux doivent provenir d'une zone où les maladies animales sont maîtrisées. Ils doivent être en bonne santé et ne doivent montrer aucun signe de maladies infectieuses ou contagieuses ni d'ectoparasitoses, au moment du voyage.

La rage ne doit pas sévir dans le pays d'origine depuis au moins 12 mois, ou les animaux doivent être vaccinés contre la rage avec un vaccin antirabique homologué au moins 21 jours avant le départ.

Les animaux doivent également être vaccinés contre la leptospirose au moins 21 jours avant le départ, ou avoir un test de leptospirose négatif 30 jours avant le départ.

Les animaux doivent être vaccinés contre les autres principales maladies infectieuses ou contagieuses telles que la maladie de Carré, l'hépatite et la parvovirose, avec un vaccin homologué au moins 21 jours avant le départ.

Les animaux doivent être transportés dans des caisses protégeant le museau et les pattes, afin d'éviter des blessures ou des souffrances inutiles.

En cas de transit, les animaux ne doivent pas être exposés au contact d'autres animaux, et ne doivent pas quitter l'enceinte du port/de l'aéroport, sauf pour se rendre dans une zone de quarantaine déterminée.

À l'arrivée, les animaux doivent subir une quarantaine pour une période d'au moins 30 jours. Pendant ce temps, ils peuvent subir des tests ou des traitements jugés nécessaires, dont les frais inhérents incombent au propriétaire.

En cas de manquement à ces réglementations, les animaux risquent d'être renvoyés dans leur pays d'origine ou abattus sans aucun dédommagement.

Ces informations complémentaires du Département du développement de l'élevage de Thaïlande sont disponibles sur le site Web suivant :

http://www.dld.go.th/dcontrol/move/menu31e.html

Les coordonnées du Bureau du contrôle des maladies et des services vétérinaires en Thaïlande sont les suivantes :

Bureau of Disease Control and Veterinary Services

Department of Livestock Development

Phayathai Road

Ratchtavee 10400

Thailand

Tél. : (02) 653-4550-7 poste 4175

Fax. : (02) 653-4929

E-mail : quarantine_dcontrol@dld.go.th

L'importation des devises

Les résidents peuvent apporter un montant illimité de devises étrangères en Thaïlande, mais doivent les déclarer et les changer chez un agent de change autorisé contre des bahts ou bien les déposer dans un compte de dépôt en devises (Foreign Currency Deposit) ouvert auprès d'un agent/banque sous licence.

Ceci dans les 360 jours, à compter de la date d'entrée de la monnaie étrangère en Thaïlande.

L'exportation de devises

Bien que les agents autorisés puissent généralement vendre des devises étrangères à un résident, sous réserve de certaines restrictions et conditions, l'agent autorisé doit s'enquérir du motif de l'achat de devises étrangères et demander les documents pertinents à l'acheteur.

Par exemple, l'agent autorisé peut autoriser l'achat et la remise de devises pour acheter des biens immobiliers situés à l'étranger pour un montant n'excédant pas 10 000 000 USD par an et par personne, ou des titres étrangers d'au moins 10 % société off-shore (ce qui peut être fait sans limites).

Les investisseurs sont également autorisés à effectuer des investissements dans des titres étrangers émis et offerts à l'étranger par des sociétés de courtage dûment agréées ou des sociétés de gestion d'actifs en Thaïlande, sous réserve des règles établies (quota d'investissement attribué) par la Securities and Exchange Commission de Thaïlande.

Les autres règles sont plus en lien avec le droit des affaires et des entreprises. Elles n'ont pas leur place dans un guide destiné à des particuliers.

Les images de Bouddha

Vous n'êtes pas autorisé à quitter le pays avec des images du Bouddha, de l'art religieux ou des antiquités sans un permis obtenu auprès du Thaï Fine Arts Department.

Généralement, c'est le vendeur d'antiquités qui se charge de ces démarches. Le nombre est limité à 5 pièces par personne et certaines parties du corps sont soumises à des restrictions plus strictes (tête, pieds, mains).

La solution la plus simple consiste pour le propriétaire du magasin d'antiquités à prendre des dispositions pour que les fonctionnaires du département des beaux-arts thaïlandais visitent le magasin en personne, inspectent et valident les images de Bouddha offertes à la vente.

Dans ce cas, des étiquettes sont fixées aux images de Bouddha et le magasin fournira toute la documentation nécessaire pour sortir les pièces en toute légalité.

Il n'y a aucune restriction pour les images de Bouddha, les statues ou les amulettes qui sont plus petites que 12 cm. Elles peuvent être faites de n'importe quelle substance comme l'or, l'argent, le bronze, le marbre ou le bois.

Les Thaïlandais, majoritairement de religion bouddhiste, sont particulièrement offensés quand le Bouddha devient un simple objet de décoration pour un appartement ou un bar, comme le célèbre Bouddha-bar parisien.

Sortir des images de Bouddha sans les autorisations nécessaires expose à la confiscation de ces pièces et selon la gravité des faits à des poursuites.

LA CONDUITE

La Thaïlande est l'un des plus mauvais élèves en matière de mortalité routière.

En 2015, l'OMS recensait 13 650 morts sur les routes du pays, un chiffre qui monte à 24 237 si l'on inclut les blessés décédés par la suite. La mortalité pour 100 000 habitants est de 35,7 contre 5,18 en France ou 2,7 en Suède ou au Royaume uni.

73 % des morts sur la route sont des usagers de deux-roues. 53 % des conducteurs de deux-roues portent un casque contre seulement 19 % des passagers. L'alcool et la vitesse sont la cause de plus d'un tiers des accidents.

Pour lutter contre cette hécatombe, le gouvernement a progressivement durci la répression contre les comportements dangereux : consommation d'alcool, vitesse excessive, prise de stupéfiants, absence de casque, conduite dangereuse.

La loi ressemble de plus en plus à celle en vigueur dans les pays européens. Considérez en première approximation que vous êtes soumis aux mêmes règles que celles en vigueur en France.

Conduire une voiture

L'âge minimum légal pour conduire est de 18 ans pour les automobiles et les motos au-dessus de 110 cm3 et il est abaissé à 15 ans pour les motos de cylindrée inférieure à 110 cm3.

Pour un étranger résident en Thaïlande, le permis de conduire international n'est pas valable et il devra posséder un permis thaïlandais — en le repassant ou en faisant transcrire son permis.

Un conducteur doit pouvoir à tout moment présenter aux forces de l'ordre son permis de conduire et le document d'immatriculation du véhicule (équivalent de la carte grise française).

Chaque véhicule doit être muni d'une vignette fiscale renouvelable annuellement auprès du département des Transports terrestres (Department of Land Transport) qui possède des bureaux dans chaque région.

Tous les conducteurs doivent également être assurés au moins avec l'assurance automobile obligatoire (*Compulsory Motor Insurance* ou CMI) couvrant les dommages aux tiers.

Les restrictions

Les limites de vitesse sont les suivantes : 50 - 60 km/h en milieu urbain, 90 - 120 km/h sur les autoroutes.

Gardez à l'esprit qu'en raison de la densité de circulation dans les rues thaïlandaises, la vitesse moyenne sera le plus souvent limitée par le flot général du trafic.

Une importante mise à jour en 2017 de la loi (article 123) sur la circulation terrestre oblige désormais tous les passagers (automobiles, mais également taxis et bus) à boucler leur ceinture de sécurité sous peine d'une amende de… 5000 bahts !

Généralement, les amendes doivent être payées au poste de police local.

Le stationnement interdit ou gênant est également réprimé plus sévèrement. L'article 55 a été modifié pour permettre aux agents de la circulation d'enlever un véhicule garé en violation du Code de la route.

Un contrevenant a 15 jours pour payer ses amendes. Et s'il ne fait pas, la police de la circulation doit lui envoyer une lettre d'injonction à payer dans les 30 prochains jours.

Si le conducteur ou le propriétaire ne le fait pas, l'immatriculation annuelle du véhicule ne sera pas prolongée.

Il est à noter qu'il n'existe actuellement aucune exigence légale pour l'utilisation de sièges d'enfant dans les voitures.

L'utilisation du téléphone portable n'est autorisée qu'avec un système dit kit mains libres.

Conduire une moto

Lorsque vous conduisez une moto, outre votre permis moto (différent du permis auto), vous devez également avoir une vignette fiscale et l'assurance tiers minimum.

Par ailleurs, le port du casque est obligatoire et les mêmes règles concernant la conduite sous l'emprise de l'alcool s'appliquent.

Conduite sous l'emprise de l'alcool

La conduite en état d'ivresse est illégale en Thaïlande et la limite d'alcoolémie est de 0,5 g/l. Ceux qui possèdent leur permis depuis moins de cinq ans sont soumis à une limite inférieure de 0,2 g/l.

Boire de l'alcool dans tout véhicule routier est interdit. Cela inclut les passagers assis à l'arrière des taxis, dans les minibus, les vans, ou les autobus. Il n'est pas non plus permis de boire dans les véhicules en stationnement sur les routes et les rues.

Depuis 2014, il est également interdit de vendre ou de consommer de l'alcool dans les trains ou dans les gares. Le faire vous expose à une amende si vous êtes pris en infraction.

Les conducteurs présentant une alcoolémie au-dessus de la limite légale se voient imposer de fortes amendes. Ils peuvent même être condamnés à des peines de prison ferme.

Si vous êtes arrêtés en état d'ébriété à un des nombreux barrages (surtout nocturnes), vous pourriez envisager une lourde amende entre 10 000 et 60 000 bahts, et jusqu'à 6 mois de prison.

Si l'arrestation a lieu en soirée, les contrevenants peuvent faire de la garde à vue en attendant le lendemain qu'un juge statue sur leur cas.

Si le contrôle a lieu un samedi soir, la garde à vue peut être prolongée jusqu'au lundi matin. Inutile de dire que celle-ci qui a généralement lieu dans une cellule collective n'est pas une expérience très agréable.

Dans le cas d'accidents de la route impliquant un conducteur en état d'ébriété, les conducteurs ayant un taux d'alcoolémie supérieur aux limites légales perdront le droit de réclamer une couverture d'assurance pour leur véhicule et pour les autres véhicules impliqués dans un accident.

Ceci indépendamment de leur responsabilité dans l'accident. Celui qui n'est pas en tort, mais qui est alcoolisé perd donc la possibilité de bénéficier de l'assurance.

Cela signifie, par exemple, que la destruction de leur véhicule par un tiers — même en tort — ne sera pas couverte s'ils sont au-dessus des limites légales d'alcoolémie.

PRINCIPAUX PROBLÈMES PÉNAUX

Un étranger peut enfreindre une loi sans en être conscient.

Les lois thaïlandaises peuvent paraître étranges à un touriste étranger. La loi reflète un certain ordre social, elle réprime ce qui peut choquer une communauté.

Derrière une apparence de grande modernité, la culture qui prévaut en Thaïlande est très différente de celle qui prévaut en Occident.

Le cadre de la société thaïlandaise est celui d'une société d'une grande pudeur et qui respecte un ordre social strict avec au sommet de la pyramide sociale des institutions comme la monarchie et le bouddhisme.

Quelques règles doivent vous permettre de rester dans le cadre de la loi comme se comporter en public avec pudeur dans votre habillement et vos comportements et respecter les institutions que sont la monarchie et le bouddhisme.

Citons quelques exemples de lois thaïlandaises qui peuvent paraître curieuses à un Européen.

Le manque de respect à un billet de banque est puni par la loi, car celui-ci porte le portrait du souverain. Marcher sur un billet, le déchirer, le brûler, tous ces actes peuvent vous valoir des poursuites.

La conduite torse nu d'un véhicule est répréhensible et plus généralement le fait de déambuler torse nu ou dans des tenues choquantes en dehors des plages et des piscines. Le bronzage seins nus n'est pas recommandé.

Les effusions en public, comme s'embrasser dans la rue, doivent être évités. Les relations plus poussées dans des lieux publics comme des plages sont passibles de poursuites. Le cas d'un couple filmé en pleins ébats sur une plage de Pattaya a récemment défrayé la chronique.

Théoriquement, vous devez toujours avoir votre passeport avec vous. Il peut arriver (rarement) que la police vous le demande pour vérifier si vous êtes en situation régulière.

Le problème avec le fait de toujours circuler avec son passeport est que la perte de ce passeport risque d'entraîner des conséquences graves.

Une solution adoptée par beaucoup est de circuler avec une photocopie de son passeport avec le tampon d'arrivée et de la carte d'arrivée tamponnée. Cette précaution peut être doublée par une série de photos des mêmes pages de votre passeport conservées dans votre mobile.

Vous ne serez pas en conformité stricte avec la loi, mais généralement le policier comprendra que vous n'êtes pas en *overstay* et fera preuve de mansuétude.

Contrairement au cliché véhiculé, les policiers thaïlandais savent souvent se montrer courtois et compréhensifs. En réponse, une attitude respectueuse et polie est toujours payante.

Vol à l'étalage

Lors de vos achats, gardez un œil sur les limites du magasin — notamment dans les marchés.

Vous devez vous assurer de ne pas la franchir accidentellement avec un produit non payé sous peine d'être accusé de vol à l'étalage.

Le crime de lèse-majesté

Le crime de lèse-majesté est une notion juridique qui a évolué dans le temps. Elle recouvre différentes qualifications juridiques pour l'essentiel liées aux atteintes au souverain et aux signes de Sa Majesté (objets, décisions, représentants, etc.).

Connue sous le nom d'article 112, la loi thaïlandaise sur les crimes de lèse-majesté est très stricte. Elle reflète la place majeure de l'institution monarchique dans le pays. Les qualificatifs injurieux dont font l'objet certains chefs d'État occidentaux seraient inimaginables en Thaïlande.

Le plus simple pour un étranger est de se montrer respectueux, ou tout du moins réservé, sur tout ce qui touche à la monarchie. Ceci même dans ses relations privées avec des Thaïlandais.

Cette loi prévoit des peines allant jusqu'à 15 ans de prison ferme, assorties d'amendes conséquentes pour quiconque diffame le roi, la reine, son héritier ou le régent, et ceci pour chaque délit.

Les rares médias, y compris internationaux, qui évoquent ces affaires ne donnent généralement aucun détail sur les accusations, de crainte de tomber eux-mêmes sous le coup de la loi en les relayant.

Par ailleurs, plusieurs lois prévoient de lourdes peines d'emprisonnement pour des publications en ligne qui seraient jugées illégales, à l'instar du Computer Crimes Act.

Les propos tenus sur Internet n'échappent donc en aucun cas à la loi sur le crime de lèse-majesté.

Le meilleur conseil que l'on puisse donner à tout étranger vivant en Thaïlande ou y passant des vacances est de **rester à l'écart des conflits politiques du pays** qui ne le concernent pas et de s'abstenir de commenter, de partager ou même de simplement « liker » des articles critiques contrevenant aux lois thaïlandaises.

Quelques exemples frappants

Oliver Jufer, un Suisse de 57 ans originaire de Zurich et vivant à Chiang Mai a été condamné à 20 ans de prison pour la détérioration en état d'ébriété de portraits du roi défunt Rama IX commis en 2007.

Après avoir été gracié, il a été expulsé.

Harry Nicolaides, auteur australien de 41 ans, a été également condamné pour un passage offensant d'une nouvelle écrite en 2005.

Ceci avant d'être gracié et expulsé.

L'âge de consentement

Contrairement aux idées reçues en Occident, avoir une relation sexuelle avec une personne mineure est sévèrement réprimé par la législation thaïlandaise.

La loi thaïlandaise (article 279 du Code pénal) stipule que l'âge de consentement sexuel est de 15 ans. L'âge de consentement est l'âge minimum auquel une personne est considérée comme légalement assez âgée pour consentir à une activité sexuelle.

Les personnes âgées de moins de 15 ne sont pas légalement en mesure de consentir à une activité sexuelle, et celle-ci peut entraîner des poursuites pour viol.

La législation thaïlandaise n'a pas prévu d'exemption relative à la proximité d'âge (Close-in exemptions) — plus communément appelées «lois Roméo et Juliette» aux États-Unis.

Ces exemptions sont mises en place pour empêcher la poursuite de mineurs d'âge proche qui ont une activité sexuelle consentie, mais où l'un (ou les deux) des partenaires est en dessous de l'âge du consentement.

Sans exemption de ce type, il est théoriquement possible que deux individus âgés de moins de 15 ans qui se livrent volontairement à des relations sexuelles soient tous les deux poursuivis pour viol, bien que cela soit rare dans la réalité.

De même, aucune protection n'est réservée aux relations sexuelles dans lesquelles un participant est âgé de moins de quinze ans et le second d'un peu plus de quinze ans.

Mais ATTENTION, cette limite ne s'applique pas à la prostitution où elle est de 18 ans (Amendment Act de 1997 du Code pénal alinéa 283 bis).

Section 283 bis : Quiconque amène une personne de plus de quinze ans, mais de moins de dix-huit ans dans un but sexuel indécent, même avec le consentement de cette personne, sera puni d'un emprisonnement maximal de cinq ans et/ou d'une amende n'excédant pas dix mille bahts, ou les deux. Si l'infraction prévue au premier alinéa est commise contre une personne n'ayant pas encore plus de quinze ans, le contrevenant sera puni d'une peine d'emprisonnement n'excédant pas sept ans ou d'une amende ne dépassant pas quatorze mille bahts, ou les deux.

Comme vous le voyez, les peines encourues sont lourdes. Ceci, même dans le cas où la personne était consentante, et cela quel que soit le sexe du mineur.

Attention, de nombreuses prostituées mineures empruntent la carte d'une amie plus âgée et il est également très facile d'acheter de fausses cartes.

D'autre part, la législation interdit aux personnes de moins de 20 ans de travailler dans un débit d'alcool. C'est la même raison qui explique l'interdiction des boîtes de nuit aux personnes âgées de moins de 20 ans.

Normalement, les salariés travaillant dans des bars doivent avoir plus de 20 ans. Dans la réalité, ce n'est malheureusement pas toujours le cas : faux papiers, employeur contournant la réglementation.

Risques en matière de stupéfiants

Les touristes étrangers croient fréquemment que la Thaïlande est un pays très laxiste concernant la consommation des drogues douces.

Cette image vient de la période des seventies où le voyage en Asie était souvent associé à la consommation intensive de produits stupéfiants en Inde, au Népal ou dans le Triangle d'or.

Il est important de savoir que la consommation de drogues, même celles dites douces, est illégale et fortement réprimée par la législation thaïlandaise.

La possession, la consommation ou la revente de drogues sont des infractions pénales. Les quartiers touristiques de Bangkok comme Khaosan Road, Patong et Nana, qui sont des destinations populaires pour les jeunes touristes, sont très surveillés par la police, en uniforme et en civil.

C'est également le cas de destinations festives comme Koh Phangan et il n'est pas rare que des dealers en cheville avec la police tendent des pièges à des touristes naïfs.

Les contrôles urinaires (appelés vulgairement *check piss*) sont fréquents, notamment à proximité ou à la sortie des night-clubs.

Par ailleurs, on assiste récemment à une recrudescence des contrôles de police avec des barrages nocturnes ciblant les étrangers, même dans des taxis. La police procède alors à des fouilles minutieuses pour rechercher des produits stupéfiants. Inutile de tenter le sort et de rejouer Midnight Express en Thaïlande.

Les stupéfiants sont classés en plusieurs catégories à la dangerosité croissante en allant vers les classes de numéros décroissants.

Catégories de stupéfiants en Thaïlande

I - Héroïne, amphétamines, MDMA (ecstasy), méthamphétamines (Yaba et Ice), LSD

II - morphine, cocaïne, kétamine, codéine, opium et opium médicinal, méthadone

III - Médicaments contenant légalement des ingrédients de catégorie II

IV - les produits chimiques utilisés pour fabriquer les stupéfiants des catégories I et II, comme l'anhydride et le chlorure d'acétyle

V - la marijuana, Kratom, champignon hallucinogène

Au cours des dernières années, les produits les plus fréquemment trouvés par les forces de l'ordre sont : Yaba (*ยาบ้า*), marijuana (*กัญชา*), ice (*ยาไอซ์*), l'opium brut (*ฝิ่น*).

Le yaba est une méthamphétamine très populaire en Thaïlande. L'ice est également une forme d'amphétamine.

Une personne prise en possession pour usage personnel d'une substance de catégorie I pourra être condamnée à une peine entre un et dix ans de prison et/ou une amende de vingt mille bahts à deux cent mille bahts.

La possession de plus de vingt grammes de Yaba — ou de toute autre drogue de catégorie I, comme l'ice ou l'ecstasy (*ยาไอซ์ หรือ ยาอี*) — est considérée comme un trafic et peut être punie de la peine de mort.

Il est facile de se laisser emporter lors d'une Full Moon Party quand un joint circule entre des fêtards, mais se faire attraper avec ce joint peut signifier le début d'un cauchemar avec plusieurs années de prison dans des cellules surpeuplées partagées avec des meurtriers et des violeurs endurcis.

Si les gens fument de l'herbe et vous invitent à vous asseoir avec eux (étrangers ou thaïlandais), éloignez-vous.

En effet, en cas d'arrestation, la police va arrêter tout le groupe, et pas seulement ceux qui sont en possession de la drogue.

Si vous voyez quelqu'un qui consomme un type de drogue, que ce soit de la cocaïne, de l'ice, de l'ecstasy ou de l'herbe, éloignez-vous immédiatement de ce lieu.

Vous pouvez vous retrouver dans un bar-café sur une île où les gens fument librement comme sur Pi Pi Island ou Koh Phangan.

L'ambiance proche d'Amsterdam est trompeuse. Même si le propriétaire du lieu a probablement acheté une protection, cela ne le rend pas la consommation légale.

Si la police débarque pour un contrôle inopiné, vous pourrez être condamné. Même à domicile, l'odeur de certains produits peut alerter les voisins qui peuvent prévenir la police, s'ils soupçonnent l'usage de drogues.

Au regard des peines encourues, la seule option possible est de ne jamais consommer ces produits ni de fréquenter un groupe qui en consomme.

Médicaments et substances illicites

Si vous voyagez en Thaïlande avec des médicaments délivrés sur ordonnance qui pourraient contenir des substances illégales en vertu de la loi thaïlandaise, vous devriez lire les directives légales.

En effet, vous pourriez avoir besoin d'obtenir un permis.

La Food and Drug Administration de Thaïlande établit les lignes directrices suivantes pour les cas où les médicaments contiennent des stupéfiants ou des substances interdites :

Le voyageur est autorisé à transporter pour ses traitements personnels des médicaments contenant des substances classées dans la catégorie II, III, IV, à condition toutefois que leur quantité ne dépasse pas son traitement pour une durée de 30 jours d'utilisation. Le voyageur est tenu d'obtenir un permis «Formulaire IC-2» délivré par la Food and Drug Administration.

Le voyageur est également tenu de faire ce qui suit :

Soumettez un formulaire de demande. Si vous prenez des médicaments qui sont considérés comme contenant une substance narcotique/psychotrope de catégorie 2 et que vous souhaitez les transporter en Thaïlande, vous devez demander le permis au moins deux semaines avant la date d'arrivée.

Quelques exemples de stupéfiants entrant dans la catégorie 2 (Narcotics Act B.E. 2522, 1979) : codéine, dextropropoxyphène, dihydrocodéine, fentanyl, hydrocodone, hydromorphone, méthadone, morphine, oxycodone et péthidine.

Pour demander ce permis, un service en ligne est disponible sur http://permitfortraveler.fda.moph.go.th/

Ceci, au moins deux semaines avant la date d'arrivée. Les copies originales des documents doivent toujours être envoyées par la poste - par avion si possible

Transporter une prescription médicale délivrée par un médecin identifiant l'état de santé du patient ainsi que la nécessité du traitement médical, le montant total du dosage et le nom, l'adresse, le numéro de licence du médecin.

Porter le certificat délivré par l'autorité compétente établissant que le patient a le droit de transporter le médicament.

Le voyageur est tenu de déclarer les médicaments qu'il transporte en entrant ou en quittant la Thaïlande. Il est également tenu de présenter le document ou le certificat médical lors de l'entrée dans le pays (Red Channel) et à la sortie (bureau du remboursement de TVA).

Le certificat médical doit être conservé par le voyageur tout au long de son séjour dans le pays.

Le médicament doit être conservé dans le flacon original avec le contenu clairement marqué.

Le voyageur n'est pas autorisé à vendre ou à fournir des médicaments à une autre personne.

Les lignes directrices sont en constante évolution, et il est donc nécessaire de se tenir au courant des nouveaux développements dans la législation thaïlandaise sur les médicaments (prescriptions, douanes, utilisation des médicaments à l'intérieur du pays).

Signalons par exemple que des produits comme le Xanax, le Valium, le Rohypnol peuvent être achetés dans de nombreuses pharmacies en Thaïlande, mais que ce n'est pas légal.

Les pharmacies peuvent se voir imposer une lourde amende pour avoir vendu ces médicaments, et mieux vaut éviter d'être pris avec à la douane.

Les stéroïdes anabolisants

La Thaïlande a une réputation de paradis pour se procurer des stéroïdes pour les bodybuilders.

Attention, car si les stéroïdes sont vendus par certaines pharmacies, ils ne sont pas légaux pour autant.

La consommation de stéroïdes anabolisants est punie par une peine d'emprisonnement. La plupart des policiers ne se préoccupent pas de ces produits, mais d'autres, plus zélés, peuvent vous contrôler.

Acheter des stéroïdes anabolisants pour la revente est puni lourdement.

Il est déconseillé de posséder des stéroïdes à son domicile, d'en vendre que ce soit à partir d'un site ou à des personnes physiques, ou de tenter d'en ramener en Europe dans vos bagages.

CONCLUSION

Si j'ai intitulé ce livre, *Guide de survie*, c'est principalement parce qu'au contact de mes clients étrangers, j'avais parfois l'impression de les voir progresser dans une jungle tropicale dangereuse, un lieu hostile où chaque arbre, chaque détour du sentier pouvaient receler un piège capable de les conduire à la case prison, à la case faillite personnelle, ou tout du moins à des désagréments majeurs.

Le droit, comme la jungle, est une matière vivante qui évolue, se modifie. La loi change, elle s'adapte à son époque. Ce qui était interdit hier devient légal aujourd'hui. Et vice versa. La loi peut aussi se durcir en fonction de la sensibilité des autorités.

Enfin, la loi n'est en aucun cas d'une rigidité absolue. La loi peut être interprétée. Elle possède une part d'humanité et d'appréciation de la part de la cour. C'est un homme qui vous juge, pas une machine. Un juge est sensible aux arguments pour forger sa conviction. Ici comme ailleurs, un dossier présenté clairement et défendu avec vigueur et sincérité peut faire la différence et obtenir la bienveillance du juge.

Ces variations de l'environnement juridique qu'il est censé décrire font de l'écriture d'un guide un acte hautement périlleux. Au point où certains de mes amis francophones ont plusieurs fois tenté de me décourager de me lancer dans cette aventure.

Leurs arguments étaient nombreux : tu ne pourras pas tout traiter, des choses exactes deviendront inexactes l'an prochain, le lecteur risque de faire une erreur d'interprétation, d'avoir le sentiment trompeur de pouvoir se passer d'avocat.

Tous ces arguments sont parfaitement recevables Oui, la loi est semblable à une jungle, surtout dans un pays et une langue qui vous sont étrangers. Un chemin autrefois praticable est devenu trop risqué, mais une autre voie, plus sûre, plus légale, a été ouverte par des guides expérimentés.

Ce guide n'est rien de plus qu'une carte de cette jungle faite à un moment donné. Une carte est une œuvre subjective, son auteur choisit de représenter certaines choses, d'en passer d'autres sous silence. Une carte simplifie le réel. Elle le résume. Enfin, une carte n'est jamais vraiment à jour. Elle est un instantané dans le temps. La photo d'une dynamique qui se poursuit.

Comme le soulignait l'écrivain français Michel Houellebecq, il existe une différence majeure entre la carte et le territoire, mais la carte, malgré ses défauts, vous permet de vous repérer, de savoir en gros où vous vous trouvez et ce qui vous sépare de l'endroit où vous voulez aller et de savoir où se trouvent les principales opportunités et les menaces les plus lourdes.

Pour s'engager plus avant dans cette végétation dense, il est souvent indispensable de faire appel à des guides qui sauront guider vos pas. Les guides de la loi s'appellent des avocats. Ils ne connaissent souvent qu'une partie de l'immensité de la jungle et il importe de bien choisir ceux qui seront les mieux à même de vous conseiller en fonction de votre chemin : ici, un fiscaliste ; là, un spécialiste du droit pénal ; là encore, un avocat spécialisé dans le droit de la famille.

Bien sûr, une carte ne remplace pas ces guides mais elle vous permet de dialoguer plus intelligemment avec eux. De plus, vous n'avez pas forcément toujours un avocat sous la main pour vous conseiller, alors que le guide sera lui toujours présent à vos côtés.

J'espère que ce guide, malgré son incomplétude, sera un compagnon précieux dans vos projets en Thaïlande et qu'il saura vous éviter les pièges et vous aider à mieux comprendre le droit thaïlandais et, par conséquent, à mieux le respecter tout en protégeant vos intérêts.

GLOSSAIRE

Accise (*สรรพสามิต*) : L'accise est une taxe qui porte sur la quantité d'un produit et non sur sa valeur (come la TVA). Par exemple, une certaine quantité d'alcool, de carburant ou de tabac. Il s'agit d'un droit à acquitter pour accéder à la consommation de certains produits Le but recherché par le législateur est de dissuader la consommation de produits (alcools, tabac) ou de limiter les importations (pétrole, café, thé).

Amphur (*อำเภอ*) : Le terme s'écrit parfois aussi amphoe et se prononcer « amm-peu. Le terme est habituellement traduit par "circonscription" ou "district". L'amphur est la subdivision administrative du deuxième niveau de la Thaïlande. Elle se situe en dessous de la province ou changwat.

Les *amphur* sont eux-mêmes subdivisés en *tambon* ou communes.

Bai Kerd *ใบเกิด* : Certificat de naissance.

Chanote *โฉนด* : Titre de propriété foncière délivré par le département du cadastre de la Thaïlande. Il comporte le nom du propriétaire, l'emplacement du terrain, une carte de la zone montrant les limites sur les quatre côtés et sur le verso un index d'enregistrement. Seulement le document nommé Nor. Sor. 4 Jor ou Chanote est un véritable titre foncier.

Condominium *ห้องชุด* : copropriété

Deposit *เงินมัดจำ* : Acompte payé par exemple dans le cadre de l'achat d'un bien immobilier lors de la signature de la promesse de vente. Son principal objectif est de s'assurer de l'engagement de l'acheteur.

Freehold *ขายขาด* : titre de propriété permanent et absolu avec la liberté d'en disposer à volonté. On parle parfois d'*absolute title*.

House and Land Tax *ภาษีที่ดินและสิ่งปลูกสร้าง* : taxe foncière.

Juristic person ou personne morale *นิติบุคคล* :, se dit généralement pour la personne morale de la copropriété. Cette entité légale reconnue par la loi permet à un groupe de personnes physiques (les copropriétaires) d'agir à l'unisson dans un but précis : maintenir et gérer la copropriété.

Khet (*เขต*) : Bangkok bénéficie d'un statut spécial et est dirigée par la Bangkok Metropolitan Administration (BMA). La mégapole est divisée en 50 circonscriptions qui s'appellent les khet (*เขต*) et qui sont les équivalents des amphurs des provinces. Ces entités sont d'ailleurs souvent désignées comme amphur dans les documents officiels.

Khongman *ของหมั้น* : bien transféré du marié à la mariée en contrepartie de son engagement (en anglais Betrothal) à se marier.

Kratom *กระท่อม* : le Kratom (nom latin *Mitragyna speciosa*) est un arbre originaire d'Asie du Sud-Est proche du caféier. Ses feuilles mâchées sont populaires dans le sud de la Thaïlande. Elles agissent comme un opiacé et soulagent la fatigue des travailleurs, mais ses effets à long terme sont très destructeurs et conduisent à une dépendance physique et à une diminution sévère des capacités physiques.

Leasehold *ขายเช่ามีระยะเวลากำหนด* : bail de location longue durée.

Ngan *งาน* : une unité de mesure de surface en Thaïlande. Un ngan est égal à 400 mètres carrés, il y a 4 ngan dans un rai.

Or.Bor.Tor **อ.ต.บ.** : administration en charge des bâtiments et des permis de construire ainsi que de la collecte de certaines taxes.

Por.Ror.Bor **พ.ย.ร.** : assurance responsabilité civile obligatoire. La couverture minimale d'assurance requise par la loi en vertu du Road Protection Act.

Provident Fund **กองทุนสำรองเลี้ยงชีพ** : fonds de pension qui verse une somme aux employés au moment de la sortie de l'organisation.

Raï **ไร่** : unité commune de mesure de la terre en Thaïlande. Un raï (prononcer raille) est égal à 1600 mètres carrés (soit un carré de 40 mètres de côté) en mesure métrique, 1 acre est d'environ 2,5 raï. Un hectare contient 6,25 raï.

Sarn Chun-Ton **ศาลชั้นต้น** : tribunal de première instance. Chaque tribunal possède une compétence sur une juridiction géographique distincte.

Sarn U-Thorn **ศาลอุทธรณ์** : cour d'appel, l'instance de deuxième niveau permettant de faire appel des jugements des tribunaux de première instance.

Sarn Dika **ศาลฎีกา** : cour suprême, la plus haute juridiction de la Cour de justice thaïlandaise.

Sidhi-kep-kin **สิทธิเก็บกิน** : usufruit d'un bien

Sin Sod **สินสอด** : dot versée par le marié aux parents de la mariée

Sin Suan Tua **สินส่วนตัว** : biens individuels d'un époux

Sin Somros **สินสมรส** : bien matrimoniaux communs aux époux

Sinking fund **เงินทุนชำระหนี้** : le fonds d'amortissement constitué par les copropriétaires pour faire face à des dépenses exceptionnelles de la copropriété et de ses parties communes.

Sor Tor Gor *สทก.* : Document foncier délivré par le département des forêts accordant le droit à une personne privée de résider et de vivre dans une zone spécifique de forêt réservée (terres publiques interdites à la propriété privée), un Sor Tor Gor donne un droit personnel (comme le droit d'habitation). Il ne peut être vendu, mais peut être transmis par héritage.

Superficies (droit de) *สิทธิเหนือพื้นดิน* : terme juridique de droit civil. Un droit immobilier enregistré attaché à un terrain par lequel une personne obtient un droit temporaire de posséder des bâtiments, des structures ou des plantations sur des terres appartenant à une autre personne. Il est régi par les articles 1410 à 1416 du Code civil.

Tabien Baan *ทะเบียนบ้าน* : *House register book*, livret comprenant l'adresse et le registre des résidents délivrés par la municipalité pour chaque appartement, maison ou lieu de résidence. Ce livret est bleu pour les Thaïlandais et jaune pour les étnagers.

Tambon *ตำบล* : Le tambon est une unité de administrative situé sous l'amphoe ou district, lui-même placé sous la changwat ou province, le tambon constitue donc le 3e niveau de division administrative. Il est généralement traduit par "commune" ou "sous-district" en français. Les tambon sont à leur tour divisés en 69 307 villages ou muban. Il faut noter que Bangkok et Pattaya bénéficient d'un régime particulier en raison de leur taille et son des *self governing disticts*.

Tessaban ou Tessebaan *เทศบาล* : administrtion municipale thaïlandaise. Elle peut concerner une grande ville (Tessaban nakhon ou **เทศบาลนคร**), une ville moyenne (Tessaban mueang ou **เทศบาลเมือง**) ou une commune ou Tambon (Tessaban tambon ou **เทศบาลตำบล**). Ce n'est pas un niveau administratif supplémentaire à ceux de province, district ou commune mais son administration.

Visa run วีซ่ารัน : Un terme provenant des expatriés vivant en Thaïlande, un visa run est un voyage rapide, d'une journée dans un pays voisin généralement fait le jour précédant l'expiration de son visa afin de bénéficier d'une nouvelle exemption de visa et de prolonger son séjour.

Wah วา : une unité de mesure de la terre en Thaïlande. Un wah est égal à 4 mètres carrés. Il y a cent wah dans un ngan.

LES BUREAUX DE L'IMMIGRATION

RÉGION NORD

Chiang Mai Airport

60 Amphoe Mueang Chiang Mai 50200

Tél : 0-5327-7190

Mail : d2_cnx@immigration.go.th

Chiang Mai

71 Moo 3 Amphoe Mueang Chiang Mai 50200

Tél : 0-5320-1755-6

Fax : 0-5327-7510

Mail : d5_chiangmai@immigration.go.th

Chiang Rai

117 Amphoe Mae Sai Changwat Chiang Rai 57130

Tél : 0-5373-1008-9

Fax: 0-5373-1008-9 ext. 24

Mail: d5_chiangrai@immigration.go.th

Tak

188 Asia Road, Amphoe Mae Sot Changwat Tak 63110

Tél: 0-5556-3000

Fax: 0-5556-3002

Mail: d5_tak@immigration.go.th

Nan

117 Moo 4 Amphoe Mueang Changwat Nan 55000

Tél : 0-5471-1913

Fax : 0-5477-1075

Mail : d5_nan@immigration.go.th

Mae Hong Son

202 Moo 11 Amphoe Mueang Changwat Maehongson 58000

Tél : 0-5361-2106

Mail : d5_maehongson@immigration.go.th

Phitsanulok

Amphoe Mueang Changwat Phitsanulok 65000

Tél : 0-5525-9635

Mail : d5_phitsanulok@immigration.go.th

Nakhon Sawan

339 Amphoe Mueang Changwat Nakhonsawan 60000

Tél : 0-5688-1517-8

Mail : d5_nakhonsawan@immigration.go.th

RÉGION NORD-EST

Nakhon Ratchasima

7 Moo 7 Tambol Dankaewn Amphoe Chokchai Changwat Nakhonratchasima 30190

0-4449-2903-4

Fax: 0-4449-2903-4

Mail: d4_nakhonratchasima@immigration.go.th

Mukdahan

333 Moo 7 Amphoe Mueang Changwat Mukdahan 49000

Tél : 0-4267-4274, 0-4267-4045

Fax : 0-4267-4274, 0-4267-4045

Mail : d4_mukdahan@immigration.go.th

Nong Khai

106 Moo 7 Amphoe Mueang Changwat Nongkhai 43000

Tél: 0-4242-0242-4

Fax: 0-4241-1605

Mail: d4_nongkhai@immigration.go.th

Ubon Ratchathani

26 Amphoe Phibun Mangsahan Changwat Ubonratchathani 34110

Tél : 0-4544-1108

Mail: d4_ubonratchathani@immigration.go.th

Loei

32 Moo 2 Amphoe Chiang Khan Changwat Loei 42110

Tél: 0-4282-1175, 0-4282-1911

Mail: d4_loei@immigration.go.th

Si Sa Ket

Amphoe Phu Sing Changwat Sisaket

Tél: 0-4581-8056

Mail: d4_sisaket@immigration.go.th

Nakhon Phanom

654/1 Amphoe Mueang Changwat Nakhonphanom 48000

Tél : 0-4251-1235

Fax : 0-4251-1473

Mail : d4_nakhonpanom@immigration.go.th

Amnat Charoen

Amphoe Mueang Changwat Amnatcharoen 37000

Tél: 0-4545-2789

Mail: d4_amnatcharoen@immigration.go.th

Khon Kaen

Mittraphap Road, Amphoe Mueang Changwat Khonkaen 40000

Tél: 0-4346-5242

Mail: d4_khonkaen@immigration.go.th

Sakon Nakhon

Amphoe Mueang Changwat Sakonnakhon 47000

Tél : 0-4271-5219

Fax: 0-4271-4318

Mail: d4_sakonnakhon@immigration.go.th

Udon Thani

95 Posri road Tambon Mak Khaeng Amphoe Mueang Changwat Udonthani 41000

0 4224 9982 – 3

Fax: 0 4224 9984

Mail: d4_udonthani@immigration.go.th

REGION CENTRE

General StafFax: Division

507 Soï Suan Plu, Sathorn Bangkok

0-2287-3101

Fax: 0-2287-1516,

0-2287-1310

Investigation and Interrogation Division

507 Soï Suan Plu, Sathorn Bangkok

Fax: 0-2286-3397

Immigration Division 1

The Govenment Complex Chaengwattana Bangkok

0 2141 9889

Fax: 0 2143 8228

Immigration Division 3

The Govenment Complex Chaengwattana Bangkok

0 2141 9953

Fax: 0 2143 8333

d3@immigration.go.th

Suvarnabhumi International Airport

Rachadava Bangplee Samutprakarn 10540

Tél : 0-2134-0841-4

Fax: 0-2134-0845

Mail: d2_sbai@immigration.go.th

Bangkok Airport

Cherdwutargard Road Seegun, Donmuang Bangkok 10210

Tél : 0-2525-4161,

0-2535-1071

Fax: 0-2504-2555

Mail: d2_nai@immigration.go.th

Bangkok Harbour

Khlong Toei Bangkok

Tél : 0-2249-4122

Fax: 0-2249-0807

Mail : d3_bangkokport@immigration.go.th

Nonthaburi

62 Moo 7 Amphoe Bang Bua Thong Changwat Nonthaburi 11110

Tél: 0-2834-2223

Fax: 0-2834-2226

Mail: d3_nonthaburi@immigration.go.th

Pathum Thani

138 Moo 9 Amphoe Sam Khok

Changwat Pathumthani 12160

Tel: 0-2593-1991

Fax: 0-2593-1212

Mail: d3_pathumthani@immigration.go.th

Samut Prakan

Amphoe Mueang Changwat Samutprakan 10270

Tel: 0-2395-0029

Mail: d3_samutprakan@immigration.go.th

Samut Sakhon

17 Moo3 Amphoe Mueang Changwat Samutsakhon 74000

Tél : 0-3486-7666

Mail : d3_samutsakhon@immigration.go.th

Kanchanaburi

Amphoe Mueang Changwat Kanchanaburi 71000

Tél : 0-3456-4279

Mail : d3_kanchanaburi@immigration.go.th

Chon Buri

75/265 Moo 12 Amphoe Banglamung Changwat Chonburi 20260

Tél : 0-3825-2750-4

Fax : 0-3825-2750 ext.100

Mail : d3_chonburi@immigration.go.th

Sa Kaeo

6 Amphoe Aranyaprathet Changwat Sakaeo 27120

Tél : 0-3723-1131

Mail: d3_sakaeo@immigration.go.th

Prachuap Khiri Khan

296/1 Moo 6 Amphoe Mueang Changwat Prachuapkhirikhan 77000

Tél : 0-3281-0567

Fax: 0-3281-0565

Mail : d3_prachualp@immigration.go.th

Rayong

5 Amphoe Mueang Changwat Rayong 21150

Tél : 0-3868-4544

Fax : 0-3868-4544 ext.21

Mail : d3_rayong@immigration.go.th

Trat

181 Moo 1 Amphoe Laemngob Changwat Trat 23120

Tél : 0-3959-7261

Mail : d3_trat@immigration.go.th

Chanthaburi

Moo 1 Amphoe Pong Nam Ron Changwat Chanthaburi 22140

Tél : 0-3938-7127

Fax : 0-3938-7127 ext.18

Mail : d3_chanthaburi@immigration.go.th

Phra Nakhon Si Ayutthaya

Amphoe Mueang Changwat Phranakhonsiayutthaya

Tél : 0-3532-2667

Mail : d3_ayutthaya@immigration.go.th

Chachoengsao

1/20 Amphoe Mueang Changwat Chachoengsao

Tél: 0-3851-4011

Mail: d3_chachoengsao@immigration.go.th

Nakhon Pathom

53/11 Moo 2 Amphoe Sam Phran Changwat Nakhonpathom

Tél: 0-3431-8996-7

Fax: 0-3431-8996

Mail: d3_nakhonpathom.@immigration.go.th

Lop Buri

Amphoe Mueang Changwat Lopburi

Tél : 0-3642-2909

Mail: d3_lopburi@immigration.go.th

RÉGION SUD

Hat Yai

Airport 99 Moo 3 Amphoe Khlong Hoi Khong Changwat SongKhla 90115

Tél: 0-7425-1096

Fax: 0-7425-1096

Mail: d2_hdy@immigration.go.th

Phuket

482 Phuket Road, Amphoe Muenag Changwat Phuket

Tél: 0-7622-1905

Fax: 0-7621-2108

Mail: d6_phuket@immigration.go.th

Phuket airport

Airport Amphoe Thalang Changwat Phuket 83110

Tél: 0-7632-7138

Mail: d2_hkt@immigration.go.th

Songkhla

103 Phet Kasem Road Amphoe Khlong Hoi Khong Changwat SongKhla

Tél: 0-7425-7019

Mail: d6_songkhla@immigration.go.th

Satun

Burivanit Road, Amphoe Mueang Changwat Satun 91000

Tél : 0-7471-1080

Mail: d6_satun@immigration.go.th

Narathiwat

70 Charoen Khet Road Amphoe Su-ngai Kolok Changwat Narathiwat 96120

Tél : 0-7361-1231

Mail: d6_narathiwat@immigration.go.th

Krabi

116 Amphoe Mueang Changwat Krabi 81000

Tél : 0-7561-1097

Mail : d6_krabi@immigration.go.th

Ranong

71/10 Amphoe Mueang Changwat Ranong 85000

Tél : 0-7782-1216, 0-7782-2331

Fax: 0-7782-1216

Mail: d6_ranong@immigration.go.th

Surat Thani

39 Amphoe Ko Samui Changwat Suratthani 84140

Tél : 0-7742-1069

Fax: 0-7723-6665

Mail : d6_suratthani@immigration.go.th

Nakhon Si Thammarat

1/1-2 Amphoe Mueang Changwat Nakhonsithammarat 80000

Tél : 0-7532-0727, 0-7534-6679

Mail: d6_nakhonsithammarat@immigration.go.th

Pattani

2/12 Paknam Road Amphoe Mueang Changwat Pattani 94000

Tél : 0-7346-0202

Mail: d6_pattani@immigration.go.th

Pang Nga

37 Moo 3 Amphoe Mueang Changwat Pangnga 82000

Tél : 0-7646-0512

Mail: d6_phangnga@immigration.go.th

Yala

370 Sukyang Road Amphoe Beton Changwat Yala 95110

Tél : 0-7323-1292

Mail : d6_yala@immigration.go.th

Warunee KADCHIANGSAEN

Jours fériés en Thaïlande pour 2018

1 et 2 janvier	Jour de l'An
16 février	Nouvel An chinois
1 mars	Makha Bucha
6 avril	Chakri Day
13 au 17 avril	Festival de Songkran
1 mai	Fête du Travail
29 mai	Visakha Bucha
1er juillet	Vacances de milieu d'année
27 juillet	Asahna Bucha
30 juillet	Report anniversaire du roi Rama X
13 août	Report anniversaire de la reine/Fête des mères
13 octobre	Commémoration du décès du roi Rama IX
23 octobre	Jour de Chulalongkorn
5 décembre	Anniversaire du roi Rama IX/fête des Pères/
10 décembre	Jour de la Constitution
24 et 25 décembre	Noël
31 décembre	Saint-Sylvestre

À noter qu'un jour férié qui tombe un week-end se traduit par un lundi férié, on parle de report. Ainsi, aucun jour férié n'est perdu en Thaïlande.

Par ailleurs, des changements arrivent. Ainsi, après la disparition du Roi Rama IX et la succession par le Roi Rama X, deux jours fériés ont été ajoutés :

– 28 juillet : Jour de l'anniversaire de Rama X

– 13 octobre : Jour de décès de Rama IX

Par contre, une date fériée a été supprimée :

– 5 mai : Anniversaire du couronnement de Rama IX

AU SUJET DE L'AUTEUR

Mademoiselle Warunee Kadchiangsaen a obtenu une licence en droit thaïlandais à l'université de Burapha.

Elle a ensuite poursuivi ses études en France avec le cours de civilisation française de la Sorbonne puis à l'Université Paris 2 (Panthéon-Assas) où elle a obtenu un Diplôme supérieur d'université (DSU) mention Droit de l'Union européenne et un Master 2 de culture juridique française et européenne

Son travail de mémoire de master portait sur l'étude comparée de la libre circulation des marchandises dans l'Union européenne et l'ASEAN.

Inscrite au barreau de Bangkok, Mademoiselle Warunee Kadchiangsaen parle anglais et français, elle est avocate associée et fondatrice du cabinet Themis Legal & Consulting qui exerce principalement à Bangkok, Chonburi et Pattaya.

Avec son équipe, elle s'intéresse en particulier aux domaines relatifs au droit des personnes étrangères en Thaïlande (droits de la famille, de la propriété, des affaires, des visas, des successions) auprès d'une clientèle essentiellement francophone et anglophone.

L'auteur peut être contacté à l'adresse suivante :

fpwatch-warunee@yahoo.fr

www.ingramcontent.com/pod-product-compliance
Lightning Source LLC
Chambersburg PA
CBHW020627220526
45464CB00001B/45